Christina Reichenbach | Helge Thiemann

Lehrbuch diagnostischer Grundlagen der Heil- und Sonderpädagogik

Christina Reichenbach | Helge Thiemann

Lehrbuch diagnostischer Grundlagen der Heil- und Sonderpädagogik

verlag modernes lernen

Unser Buchprogramm im Internet: www.verlag-modernes-lernen.de

Veröffentlicht in der Edition:
verlag modernes lernen · Schleefstraße 14 · D-44287 Dortmund

Titelgrafik: Daniela Krause

Gesamtherstellung in Deutschland: Löer Druck GmbH, Dortmund

Bestell-Nr. 1247 ISBN 978-3-8080-0695-5

Inhalt

III Praxisrelevante Anwendung und Professionalisierung 115

I Grundlagen

In diesem einführenden Kapitel möchten wir einen ersten Einblick in das große Gebiet der heil- und sonderpädagogischen Diagnostik geben.

Wir haben das vorliegende Buch bewusst für Heilpädagogen und für Sonderpädagogen geschrieben, da sich zahlreiche Parallelen hinsichtlich der Klientel, des Entwicklungsverständnisses und zum Teil auch der Arbeitsbereiche finden lassen. Wir möchten in aller Kürze zeigen, wo Heil- und/oder Sonderpädagogen tätig sind, um zu klären, welche Gemeinsamkeiten und Überschneidungen es in Abhängigkeit von der Klientel, vom Auftraggeber und vom Arbeitsfeld gibt bzw. geben kann.

Auch wenn es unterschiedliche Ausbildungs- und Studiengänge für HeilpädagogInnen gibt, so ist das Fachgebiet doch relativ klar. **Heilpädagogen** arbeiten im präventiven und rehabilitativen Bereich, wobei die Klientel hinsichtlich Unterstützungsbedarf und Alter sehr heterogen ist (Lotz, 2009). Die Arbeitsfelder sind vornehmlich Frühförderzentren, Sozial-Pädiatrische-Zentren, Heilpädagogische Praxen, Kinder- und Jugendkliniken, Wohnheime, aber auch zunehmend Schulen.

Das Berufsfeld von Fachkräften mit sonderpädagogischer Ausbildung ist dahingehend umfangreicher, da hier nicht allein FörderschullehrerInnen gemeint sind, sondern auch Fachkräfte mit anderweitigen sonderpädagogischen Berufsausbildungen, z. B. DiplompädagogInnen, RehabilitationspädagogInnen, LerntherapeutInnen etc.. Werden die verschiedenen sonderpädagogischen Ausbildungen berücksichtigt, so beschränken sich die Arbeitsfelder von **Sonderpädagogen** hier nicht allein auf (Förder-)Schulen, sondern sind ähnlich breit gefächert wie bei den HeilpädagogInnen und erstrecken sich ebenso über die gesamte Lebensspanne und verschiedene Klientel.

Zur **Klientel** sei nur so viel gesagt, dass sie sich aus individuellen Lebenssituationen heraus bestimmt und sehr heterogen ist. Es geht um die Menschen, die Unterstützungsbedarf wünschen sowie um die Einbeziehung ihrer Bezugspersonen (Lotz, 2007).

Eine weitere Gruppe, die zwar keine explizit heil- oder sonderpädagogische Ausbildung absolviert haben, jedoch dennoch mit Menschen jeden Alters und mit verschiedenen Entwicklungsbeeinträchtigungen und Unterstützungsbedarfen arbeiten, sind ErzieherInnen, MotopädInnen, MotologInnen, ErgotherapeutInnen u.ä.. Wir denken, dass das vorliegende Nachschlagewerk auch für diese Berufsgruppen nützlich sein kann, um diagnostische Aufträge und Prozesse strukturiert zu planen und auszuführen (z. B. im Rahmen von Eingangsdiagnostiken, Förderplanerstellung, Bildungsdokumentationen usw.).

Wir werden im Folgenden stets von heil- und sonderpädagogischer Diagnostik schreiben und explizit darauf hinweisen, wenn es prägnante Unterschiede gibt.

Heil- und sonderpädagogische Diagnostik

Der Begriff „Diagnostik“ stammt aus der griechischen Sprache (griech.: diá gnósis) und beschreibt vom Wortursprung ein „durch und durch Erkennen“. Es handelt sich somit um einen neutralen Begriff, der einen Erkenntnisprozess meint.

Im Lauf der Jahrhunderte und Jahrzehnte wurden zahlreiche Definitionen des Begriffs Diagnostik formuliert, die dann spezifischere Ziele als ein „Erkennen“ umfassten. Es ging und geht häufig darum, Unterscheidungen oder Vergleiche zu treffen, sowie eine Zuordnung bezüglich vorliegender Bildungs- und Erziehungsprozesse vorzunehmen.

Eine Auswahl von **Definitionen** finden Sie hier:

„Die sonderpädagogische Diagnostik ist nichts anderes als eine pädagogische Diagnostik zur Begleitung von Prozessen der Bildung, Erziehung und Förderung unter erschwerten Bedingungen und als Spezifikation im allgemeinen Begriff enthalten“ (Schuck, 2000, S. 233).

„Einer heilpädagogischen Unterstützung sollte eine Heilpädagogische Diagnostik vorangehen, in der die Indikationsfrage geklärt wird“ (Lotz, 2009, S. 85).

Diagnostik „stellt im Ergebnis eine unterscheidende Beurteilung und Erkenntnis dar, die als Orientierungsgrundlage für zukünftige (heil-) pädagogische Handlungen verstanden werden kann“ (Lanwer, 2006, S. 8).

Wie eine heil-/sonderpädagogische Diagnostik konkret gestaltet wird, hängt vom Einzelfall ab. Es gibt keine einheitliche Definition oder Vorstellung davon, wie genau eine heilpädagogische oder sonderpädagogische Diagnostik verläuft oder was diese beinhaltet.

Ziele und Aufgaben

Anlehnend an Lanwer (2006, S. 8) steht die Diagnostik im heil- und sonderpädagogischen Bereich „im Zusammenhang mit Bildung, Förderung, Unterstützung und Lebensbegleitung für Menschen, die als behindert bezeichnet werden“ bzw. für Menschen, die eine individuelle Unterstützung suchen.

Als Ziele bzw. Aufgaben einer heil-/sonderpädagogischen Diagnostik gelten (vgl. u.a. Lanwer, 2006; Lotz, 2007; Fischer & Renner, 2011):

- Verstehen- und Kennenlernen des Kindes/Jugendlichen/Erwachsenen und seiner individuellen Ausgangsbedingungen,
- Erkennen und Verstehen der Randbedingungen und Umweltfaktoren, d.h. einen Einbezug des sozialen Umfeldes des Kindes/Jugendlichen/Erwachsenen,
- Entwicklungsstände mittels verschiedener diagnostischer Methoden abklären,
- Hypothesen aufstellen,
- ausgewählte unterstützende Maßnahmen finden und begründen,
- vorläufige Handlungsziele bestimmen,
- Entwicklungsverläufe beschreiben und dokumentieren.

Die Aufgaben einer heil- und sonderpädagogischen Diagnostik liegen einerseits *vor* einer individuellen Unterstützungsmaßnahme als auch andererseits *begleitend* zu einer individuellen Unterstützungsmaßnahme.

Schuck macht deutlich, dass es in der pädagogischen Diagnostik auch darum geht „die entwickelten und gebräuchlichen Konzepte der Diagnostik hinsichtlich ihrer Menschenbilder, ihrer wissenschaftstheoretischen Annahmen, ihrer ethischen Implikationen und ihrer klassischen Verwertungszusammenhänge wahrzunehmen und im Hinblick auf ihre Brauchbarkeit und Veränderungsnotwendigkeit auf dem Hintergrund der aktuellen gesellschaftlichen Entwicklungen zu prüfen“ (2000, S. 246f.).

Die **Reflexion** heil- und sonderpädagogischer Überlegungen zur Diagnostik ist ein fortwährendes Anliegen, um stets professionell und auf dem aktuellen Stand zu arbeiten.

Inhalte

Inhalte einer heil-/sonderpädagogischen Diagnostik orientieren sich an der individuellen Fragestellung bzw. dem **Auftrag** einer diagnostischen Überprüfung.

Die diagnostische Abklärung kann sich auf **verschiedene Entwicklungsbereiche** (v.a. Wahrnehmung, sozial-emotionale Entwicklung) oder beeinflussende **Um-**

weltbedingungen beziehen. Unter Umständen wird auch deutlich, dass Fachkräfte anderer Professionen hinzugezogen werden müssen (z. B. bei der Abklärung von ADHS oder einer Autismus-Spektrum-Störung).

Schlee (2002) verdeutlicht prägnant, welche **Bedingungen** erfüllt sein müssten, um konstruktiv eine (heil-/sonderpädagogische) Diagnostik zu konzipieren. Er fordert hier vor allem:

- eine klare Vorstellung vom „regulären" Lernen und Verhalten und damit auch von Entwicklung,
- eine Erweiterung und Optimierung pädagogischen Handlungswissens und Kompetenzen; Entwicklung neuer (Menschenbild-)Modelle,
- eine Sichtweise von Förderdiagnostik mit dem Ziel der Überprüfung von pädagogischem Tun,
- eine Ergänzung der Diagnostik aus der Außenperspektive um eine Diagnostik der Innensicht; das heißt, dass die Person selbst in jedem Fall einbezogen wird, so dass ihre Sichtweise deutlich wird,
- eine theoretisch sorgfältig fundierte und begründete (heil-/sonderpädagogische) Diagnostik,
- eine Entwicklung von Konzepten und (Güte-)Kriterien, um willkürliche Vorgehensweisen zu vermeiden.

Die von Schlee aufgeführten Bedingungen sind noch keineswegs durchweg erfüllt, sollten jedoch bei Weiterentwicklungen in Erinnerung bleiben und mit in Überlegungen einbezogen werden.

Zur Überprüfung von Entwicklungsständen können verschiedene **Methoden** genutzt und damit unterschiedliche Wege eingeschlagen werden. Abhängig von den gewählten Methoden (vgl. Kapitel zu Methoden, S. 45 ff.) gestaltet sich der Vergleich des Menschen anhand verschiedener Bezugssysteme, auf die im Folgenden eingegangen wird.

Bezugssysteme

Ziel oder auch Bestandteil einer Diagnostik ist immer ein Vergleich. „Und ein Vergleich impliziert immer eine Norm. Diagnostik ist daher auch **immer** normorientiert, welcher Art diese Normen auch sein mögen und ob die Normen selbst bewusst und/oder begründet sind oder nicht." (Schöler, 2008, S. 4).

Die Frage nach dem „Bezugssystem“ meint: Mit was oder wem wird ein Mensch verglichen? Was sind die angelegten „Maßstäbe“?

Es können verschiedene „Normen“ bzw. Bezugssysteme unterschieden werden:

- Alter (Altersnorm)
- Individuum (individuelle Norm)
- Peers/ Klassenkameraden (Gruppennorm)
- Bücher (schriftliche Norm)
- Erfahrungswerte (Erfahrungsnorm)
- körperliche Funktionen (Körpernorm)
- Gesellschaft (Gesellschaftsnorm)

Bei jeder Vergleichsmöglichkeit muss sich der Diagnostiker/die Diagnostikerin fragen, ob ein Vergleich mit diesem Bezugssystem im individuellen Einzelfall sinnvoll ist.

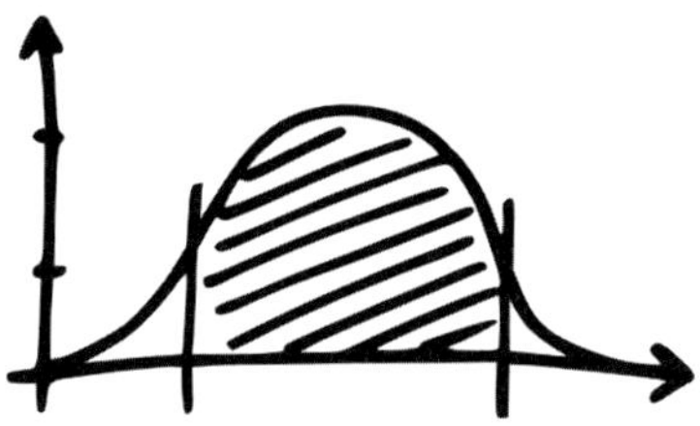

Die **Altersnorm** als Bezugsystem stellt einen Vergleich zu einer Normierungsgruppe (Eichstichprobe) aus einer „Normalpopulation“ dar (z. B. alle Kinder im Grundschulalter von 6-9 Jahren). Diese Vergleichsgrundlage findet sich in normierten Testverfahren. Wenn dieses Bezugssystem gewählt wird, so ist unter anderem entscheidend zu hinterfragen, wie alt die Normierung ist. Eine Normierung sollte i.d.R. nicht älter als zehn Jahre sein, um soziokulturellen Veränderungen entgegenzuwirken (Flynn 1987). Weitere Informationen finden sich auf S. 74 (Normen).

Wird das **Individuum** als Bezugssystem genutzt, so wird der Mensch, der sich im Diagnostikprozess befindet, mit sich selbst verglichen. Das heißt, dass dieses Bezugssystem für eine prozess- und verlaufsorientierte Diagnostik geeignet ist. Der Mensch wird hinsichtlich verschiedener Entwicklungsaspekte und -fragen zu verschiedenen Zeitpunkten gesehen und dementsprechend ein individueller Entwicklungsverlauf beschrieben. Dies wird auch als Intra-individuelle Norm bezeichnet.

Ist eine **Gruppe** das Bezugssystem, so kann dies auf das Alter bezogen sein (s. Altersnorm) oder aber auf eine altersunabhängige Gruppe (z. B. Vergleich von sportlich und/oder musikalisch interessierter Klientel). Ein Gruppenvergleich kann unabhängig von einer normierten Stichprobe stattfinden (z. B. Vergleich der Schüler einer einzelnen Klasse/Schule) und basiert dann ausschließlich auf dem interindividuellen Vergleich der Menschen dieser Gruppe.

Einige Diagnostiker nutzen als Vergleich zur Einschätzung von Verhalten und Entwicklung Bücher oder andere **schriftliche Dokumente**. Die in den schriftlichen Ausführungen gesetzten „Normen" müssen nicht überprüft oder empirisch belegt sein, sondern dienen als eine grobe, meist erfahrungsbasierte, Grundlage. Derartige schriftliche Ausführungen finden sich oftmals im Kleinkindbereich (z. B. Festlegung, wann ein Kind krabbeln sollte).

Auch wenn seit einigen Jahrzehnten immer wieder darauf hingewiesen wird, dass sich kein Mensch in ein derartiges Schema von Entwicklung pressen lässt, so findet sich die Anwendung derartiger Vergleiche nach wie vor in der Praxis (z. B. Holle, 2000).

Das Bezugssystem der **Erfahrungswerte** liegt oftmals Screenings und zum Teil auch Diagnostischen Inventaren zugrunde. Entweder wurden die hier vorgegebenen „Normen“ erfahrungsbasiert von Autoren formuliert und/oder es wird dem Diagnostiker der Freiraum gelassen, eigene Erfahrungen bei der Einschätzung von Entwicklung und/oder Verhalten einzubringen. Eigene individuelle Erfahrungen spielen in jedem (heil-/sonderpädagogischen) Diagnostikprozess eine bedeutende Rolle; wichtig ist auch hier, sich klar zu machen, wie umfänglich eigene Erfahrungen sind und in welchen Kontexten diese gesammelt wurden.

Körperliche Normen als Bezugssystem finden sich vor allem bei medizinischen Abklärungen (z. B. Sehfähigkeit, Hörfähigkeit).

Jede Kultur und jede **Gesellschaft** bringt ihre eigenen Vorstellungen von Entwicklung und Verhalten mit sich. Für Menschen mit Migrationshintergrund stellt dies ein Bezugssystem dar, dem besonders viel Beachtung geschenkt werden sollte. Jedoch ist dieses Bezugssystem auch sehr vom epochalen Zeitgeist eines Landes oder einzelner Regionen bestimmt und dementsprechend Änderungen unterlegen (z. B. unterschiedliche Schwerpunktsetzung von jedem Bundesland).

Jedes Bezugssystem bringt sicherlich Vor- und Nachteile mit sich. An dieser Stelle kann nur darauf hingewiesen werden, dass es für jeden diagnostischen Prozess bedeutend ist, sich über vorgegebene und eigene implizite oder explizite Bezugssysteme klar zu werden.
Unter Umständen kann es sein, dass ein Mensch bezüglich seines Unterstützungsbedarfes, abhängig vom genutzten Bezugssystem, sehr different eingeschätzt wird.

Durchführung und Rahmenbedingungen

Unabhängig von gewählten Methoden (s. S. 45 ff.) ist das vorliegende **Setting** einer heil-/sonderpädagogischen Diagnostik (Lotz, 2009; Lotz, 2007). Gerade für die Gestaltung von heil-/sonderpädagogischen Diagnostiksituationen gibt es wünschenswerte Rahmenbedingungen:

- Persönlicher **Empfang** und Vorstellung der eigenen Person und ggf. Profession; ggf. Fragen zur aktuellen Erlebnissituation,

- Art der persönlichen **Ansprache** (z. B. über Mimik, Gestik, Blickkontakt),
- Frage(n) über Wissen bezüglich der Untersuchungssituation; Aufklärung hinsichtlich **Erwartungen** bezogen auf den Termin,
- Art der **situativen Bedingungen** (z. B. Atmosphäre im Raum; Anordnung von Materialien),
- **Beziehungsgestaltung** (Wertschätzung, Akzeptanz, Dialog, ...).

„Eine größtmögliche Transparenz, auch über Förderinhalte und -ziele, ermöglicht eine individuell optimale Teilhabe und Mitbestimmung bei der Unterstützung von Kindern und Familien" (Lotz, 2009, S. 89).

Die Durchführung von Überprüfungssituationen und die damit verbundenen Rahmenbedingungen sind in jedem Fall methodenabhängig. Es kann vor allem folgende **Unterschiede** geben:

- Einzel- oder Gruppensituation (abhängig vom speziellen Verfahren, nicht zwangsläufig von der Methode),
- standardisierte Situationen (z. B. gleicher Ablauf, Reihenfolge etc. empfohlen),
- standardisierte und normierte Situationen (z. B. gleiche Durchführungsbedingungen und -abläufe unabhängig von der Person),
- förderdiagnostisches Vorgehen (z. B. subjektive Reihenfolge, freie Aufgabenerklärung, Verbindung von Diagnostik und Förderung).

Heil- und/oder Sonderpädagogen können sich aller Methoden und Vorgehen bedienen, je nach Anliegen und auch je nach eigener Kompetenz und Einstellung hinsichtlich der Nutzbarkeit verschiedener Methoden.

Der Ablauf eines diagnostischen Prozesses hingegen gestaltet sich in der Regel nach bestimmten Kriterien bzw. beinhaltet verschiedene Schritte, die wir nun im Folgenden beispielgestützt aufzeigen möchten.

Diagnostischer Prozess

Als diagnostischer Prozess kann der Vorgang bzw. der Ablauf von Maßnahmen in einer bestimmten Reihenfolge verstanden werden. Ziel ist es, eine vorgegebene Fragestellung so zu beantworten, dass für einen Auftraggeber eine Entscheidungshilfe bzw. eine Entscheidung herbeigeführt werden kann.

Der Vorgang der Diagnostik erfolgt in einer bestimmten Reihenfolge, dem diagnostischen Prozess, der in der folgenden Abbildung verdeutlicht wird.

Abbildung 1: Darstellung des diagnostischen Prozesses

1. **Klärung der Fragestellung und Formulierung des Auftrags**
   (Ableitung einer Fragestellung, Formulierung des Auftrags, Beteiligte und Motivlage)
2. **Bildung von Hypothesen**
3. **Planung und Durchführung der diagnostischen Untersuchung:**
   (Hypothesengeleitete Gewinnung von Informationen durch Anwendung diagnostischer Methoden, Prozessschritt wird ggf. wiederholt, bis alle Hypothesen abgeklärt sind)
4. **Analyse der Ergebnisse in Bezug auf die Hypothesen**
   (Treffen der (Förder-)Entscheidung, ggf. Kommunikation mit den Beteiligten)
5. **Intervention**
   (Durchführung von Handlungen mit dem Ziel der Veränderung)
6. **Evaluation/ Bewertung:**
   (Feststellung des Erfolgs der Fördermaßnahme bzw. der Entscheidung, ggf. Bildung neuer Hypothesen -> zurück zu Schritt 2).

1. Klärung der Fragestellung und Formulierung des Auftrags

Im Rahmen des ersten Schrittes erfolgt eine **Klärung der Aufgabenstellung** und des Auftrags. Dies geschieht zum Teil in Absprache mit einem Auftraggeber (z. B. Betroffene, Eltern, Angehörige, professionelle Dritte wie Lehrer), zum Teil sind es Fragestellungen, die den Heil- und Sonderpädagogen im Rahmen der eigenen Tätigkeit und Interaktion mit dem Klienten umtreibt und für die er oder sie bislang noch keine Antwort gefunden hat.

Sollten von außen Fragestellungen an den Heil- oder Sonderpädagogen herangetragen werden, ist zu prüfen, ob es sich dabei um eine für die eigene **Profession** beantwortbare und ethisch vertretbare Fragestellung handelt.

Bisweilen müssen Fragestellungen in Absprache mit Auftraggebern umbenannt und/oder präzisiert werden. Oft vermuten z. B. Eltern hinter dem herausfordernden Verhalten des Kindes bestimmte hinderliche Angewohnheiten oder Schwierigkeiten des Kindes, obwohl der eigentliche Verursacher das hindernde Umfeld oder sogar ungünstiges Elternverhalten ist. Hier ist dann die Fragestellung so zu formulieren, dass im Sinne einer ganzheitlich orientierten Kind-Umfeld-Analyse (Sander, 2000) auch im Umfeld nach möglichen Gründen für herausfordernde Verhaltensweisen gesucht werden kann. Natürlich liegt oft nicht nur eine Frage, sondern vielmehr ein Bündel von Fragen vor. Das Vorgehen ist dabei prinzipiell dasselbe.

Fragestellungen können sehr unterschiedlich sein, oft spielt die Frage nach hindernden Bedingungen und der dadurch notwendigen Verbesserung von Teilhabemöglichkeiten eine Rolle.

Folgende Fragestellungen wären beispielhaft denkbar:

- *Aus welchem Grund ist Michael gegenüber Dritten körperlich oft aggressiv?*
- *Warum läuft Melanie dienstags und donnerstags auf dem Weg zum Schulbus weg und muss aufwändig vom Betreuer „gefangen" und zum Bus geleitet werden?*
- *Aus welchem Grund fällt es Jonas schwer, sich während des Unterrichts zu konzentrieren?*

Dementsprechend lassen sich verschiedene Aufträge oder Ziele beispielhaft formulieren:

- *Was ist zu tun, damit Michael sein aggressives Verhalten reduziert? Was ist zu tun, damit sich Michael Dritten gegenüber sachlich und personell in angemessener Weise verhält?*
- *Was ist zu tun, um Melanie dazu zu bewegen, auch dienstags und donnerstags allein in den Schulbus zu steigen?*
- *Was ist zu tun, um es Jonas zu ermöglichen, sich innerhalb der Schulzeit mindestens 30 Minuten am Stück auf den Unterricht zu konzentrieren?*

Wichtig ist hierbei die **Formulierung**. Sie sollte positiv sein. Es gilt, das Verhalten zu skizzieren, das gezeigt werden soll. Es reicht in der Regel nicht, sich ausschließlich auf das Verhalten zu konzentrieren, das reduziert oder nicht mehr gezeigt werden soll.

Eine gute Anleitung zur Prüfung von Zielen sind die sogenannten **SMART-Kriterien**. Kurzgefasst bedeutet dies:

S	spezifisch	Ziele sind eindeutig und präzise formuliert
M	messbar	Ziele sind erkennbar und nachweisbar; ggf. messbar
A	akzeptiert	Ziele sind übereinstimmend akzeptiert
R	realistisch	Ziele sind möglich zu erreichen
T	terminierbar	Ziele/Teilziele sind bis zu einem geplanten Termin umzusetzen

2. Bildung von Hypothesen

Hypothesen (griech.: hypotithénai = (dar)unterstellen) sind möglicherweise gültige Aussagen, deren Wahrheitsgehalt noch zu prüfen ist. Es werden hierbei auf fachwissenschaftlicher Grundlage **Annahmen** gebildet, die mit der Fragestellung zusammenhängen und besondere Verhaltens- und Erlebensweisen erklären könnten.

Grundlegend für den Prozess der Hypothesenbildung ist:

- Hypothesen sind *nicht* bewiesen oder allgemein gültig,
- Hypothesen werden provisorisch als gültig angesehen,
- eine Hypothese darf sich in selbst nicht widersprüchlich sein und sie darf auch nicht im Widerspruch zu anerkannten Tatsachen stehen,
- Hypothesen sind nicht fest, sondern können jederzeit nach Überprüfung modifiziert, bestätigt, verworfen und/oder neu entwickelt werden.

Der Prozess der Hypothesenbildung ist die Grundlage für die nachfolgende Klärung von Fragestellungen. Eine voreingenommene und oberflächliche Bildung von Hypothesen ist eine der häufigsten Fehlerquellen im diagnostischen Prozess, zumindest, wenn sie nicht im weiteren Verlauf des diagnostischen Prozesses präzisiert und angepasst werden.

Zu betonen ist, dass Hypothesen eine **wissenschaftliche Orientierung** haben sollten, sie sollten also fundiert sein und nicht ausschließlich dem *common sense*, dem gesunden Menschenverstand, entspringen.

Hypothesen können sich auf verschiedene Bereiche beziehen, z. B.:

- Ursachen bzgl. bestimmter Verhaltensweisen und/oder Behinderungen,
- Anforderungsprofil bzw. -analyse,
- Vermittlung von Förderangeboten,
- Effektivität von Fördermaßnahmen,
- Eltern(mit)arbeit,
- ...

In Tabelle 1 sind Beispielhypothesen aufgeführt. Sie verdeutlichen, dass es zur Aufstellung von Hypothesen eines bestimmten Wissens bedarf, in diesem Fall ist es ein Wissen über Ursachen körperlicher Aggressivität. Diese finden sich in diversen wissenschaftlichen Veröffentlichungen. Zusammenstellungen haben unter anderem Petermann und Petermann (2012) herausgegeben.

Regelhaft wird in Seminaren und auch in der Praxis leider die Erfahrung gemacht, dass der Aufwand einer guten **Recherche** aus Zeit- und/oder Kostengründen gescheut wird. Dies führt wiederum zu unvollständigen und manchmal unschlüssigen Hypothesen, die der Komplexität menschlichen Verhaltens, Fühlens und Denkens nicht immer gerecht werden.

Werden zu wenige Hypothesen aufgestellt, führt dies im weiteren diagnostischen Verlauf zu **übereilten Interpretationen** und damit zu Fehleinschätzungen und falschen Empfehlungen oder Maßnahmen. Es ist also immer notwendig, **Alternativhypothesen** aufzustellen!

Tabelle 1: Von der Fragestellung zur Hypothese unter Einbezug von Theorien

Fragestellung: Aus welchem Grund ist Michael gegenüber Dritten körperlich oft aggressiv?
Auftrag: Was ist zu tun, damit Michael sein aggressives Verhalten reduziert?
Hypothesen (Auswahl)
Michael hat ADHS (biologisch-medizinische Grundlage des Verhaltens)
Michael wird von den anderen oft geärgert und reagiert dann aggressiv, um sich zu schützen (systemisch-sozialpsychologische Grundlage des Verhaltens)
Michaels Eltern zeigen selbst oftmals aggressives Verhalten, welches von ihm nachgeahmt wird (Modelllernen nach Bandura)
Michaels Freundeskreis belohnt Aggressionen. Er zeigt sie, um sich Geltung zu verschaffen (Operantes Konditionieren nach Skinner)
...

3. Planung und Durchführung der diagnostischen Untersuchung

Es gilt nun, die aufgestellten Hypothesen zu prüfen. Hierzu müssen diagnostische Untersuchungen geplant und durchgeführt werden. Dazu stehen verschiedene Methoden zur Verfügung:

1. Interview/Gespräch
2. Beobachtung
3. Screening
4. Fragebogen
5. Test
6. Inventar
7. Arbeitsprodukt
8. Fehleranalyse

Weitere Informationen zu jeder der vorgestellten Methoden finden sich in dem dazugehörigen Kapitel in diesem Buch (S. 45 ff.). In Bezug auf die zugrunde liegenden Hypothesen müssen eine oder mehrere Methoden ausgewählt und inhaltlich weiter spezifiziert werden. Wichtig ist, dass die **Formulierung der Hypothesen vor der Festlegung der genutzten Methoden** geschieht.

Beim vorgenannten Beispiel wären beispielhaft in einem nachfolgenden Schritt zwei Aspekte zu klären:

(1) *Wie aggressiv ist Michael tatsächlich (aus verschiedenen Perspektiven betrachtet, zum Beispiel Selbsteinschätzung und Fremdeinschätzung)? Es ist eine Einschätzung des aktuellen „Zustands" nötig, um eine Veränderung später belegen zu können.*

(2) *Erfolgt die Überprüfung der verschiedenen Hypothesen? (vgl. Tabelle 2). Hierbei ist zu beachten, dass die Betroffenen eigene Hypothesen über das Zustandekommen des herausfordernden Verhaltens haben könnten. Insoweit sind Hypothesen immer als vorläufig zu betrachten und ggf. dazu geeignet, gute Ideen zu ergänzen.*

Tabelle 2: Von der Hypothese zur Durchführung der diagnostischen Untersuchung

Fragestellung: Aus welchem Grund ist Michael gegenüber Dritten körperlich oft aggressiv?	
Ziel: Was ist zu tun, damit Michael sein aggressives Verhalten reduziert?	
Ist-Zustand	**Methode/ Zielgruppe/ Inhalt**
Wie aggressiv erlebt sich Michael? Wie aggressiv ist er aus Sicht von anderen Personen (Eltern, Lehrer, Kinder, Experteneinschätzung des Heil- oder Sonderpädagogen)?	Interview: Michael, Michaels Eltern, Michaels Lehrer; Inhalt: Allgemein Aggressionen und eigene Hypothesen zu den Gründen Beobachtung: Michael in einer Alltagssituation, z. B. auf dem Schulhof, Inhalt: s.o. Fragebogen: Erfassungsbogen für aggressives Verhalten in konkreten Situationen (EAS), Elternfragebogen über das Verhalten von Kindern und Jugendlichen (CBCL 4-18)
Hypothese	**Methode/ Zielgruppe/ Inhalt**
Michael hat ADHS (biologisch-medizinische Grundlage des Verhaltens)	Interview: Michael, Michaels Eltern, ggf. Michaels Lehrer; Inhalt: Symptome ADHS Beobachtung: Michael im Kontakt zum Untersucher; Inhalt: Symptome ADHS Test: d2-R

Michael wird von den anderen oftmals geärgert und reagiert dann aggressiv, um sich zu schützen (systemisch-sozialpsychologische Grundlage des Verhaltens)	Interview: Michael, Michaels Eltern, ggf. Michaels Lehrer; Inhalt: Auslösende Situationen aggressiven Verhaltens Beobachtung: Michael im Kontakt zu Mitschülern auf dem Schulhof (Pausenhofbeobachtung) Fragebogen: FEESS 1-2
Michaels Eltern zeigen selbst oftmals aggressives Verhalten, welches von ihm nachgeahmt wird (Modelllernen nach Bandura)	Interview: Michael, Michaels Eltern, ggf. Michaels Lehrer; Inhalt: Verhältnis zu den Eltern, Erziehungsmethoden der Eltern Beobachtung: Michael im Kontakt zu den Eltern, zum Beispiel in einer Spielsituation, Inhalt: wie unter Interview Fragebogen: Erziehungsstil-Inventar (ESI)
...	...

Deutlich wird, dass eine Hypothese immer durch verschiedene, sich ergänzende Methoden geprüft werden sollte (**Multimethodalität**). Zudem sollten verschiedene Personen eine Einschätzung vornehmen (**Multimodalität**). Beides erhöht die Validität (Gültigkeit) der Ergebnisse. Weisen Befunde aus verschiedenen Quellen und verschiedenen Methoden in dieselbe Richtung, ist die Wahrscheinlichkeit, etwas für den Klienten Wichtigem auf der Spur zu sein, hoch.

In einem letzten Schritt werden die gesammelten Methoden in einem **Untersuchungsplan** gebündelt, aus dem dann zum Beispiel Ablaufpläne (welche diagnostischen Maßnahmen führe ich wann wo durch?) oder Gesprächsleitfäden entwickelt werden. Diese Leitfäden unterstützen Heil- und SonderpädagogInnen dabei, während des Gesprächs an alle wesentlichen Aspekte zu denken. Zudem erlaubt der Untersuchungsplan die Bereitstellung von Materialien und die dazugehörige Vorbereitung wie z. B. psychologische Tests oder Fragebögen.

4. Analyse der Ergebnisse in Bezug auf die Hypothesen

Nach der Durchführung der diagnostischen Untersuchungen werden die erhobenen Daten ausgewertet und in Bezug auf die jeweilige Hypothese integriert. Es gilt zu entscheiden, ob eine Hypothese zutrifft oder verworfen werden muss.

Einfach ist es, wenn die zu einer Hypothese gesammelten Informationen in eine gemeinsame Richtung zeigen, also zum Beispiel alle gesammelten Erkenntnisse (aus Interviews, Beobachtungen, etc.) darauf hinweisen, dass Michael z. B. keine ADHS-Problematik hat.

Komplexer wird die Situation, wenn die Befunde verschiedener Methoden einander widersprechen. Dann ist zum Beispiel zu gewichten, welche Quellen gültigere Informationen liefern. Oder es ist zu prüfen, ob die Hypothese ggf. modifiziert werden muss, um der Komplexität des Lebens eines Klienten Rechnung zu tragen.

> *Beispielsweise könnte Michael bei einigen Freunden trotz Ärgerns durch diese die Ruhe bewahren, bei anderen hingegen reagiert er schnell auch ohne größere Provokation aggressiv. Hier wäre dann zu klären, wie es ihm gelingt, bei dem einen Freundeskreis ruhig zu bleiben und was es ihm schwer macht, das auch bei den anderen Freunden zu schaffen.*

Nach diesem Schritt verfügt der Heil- oder Sonderpädagoge über eine **Einschätzung** hinsichtlich der an ihn herangetragenen Fragestellung. Es wird an dieser Stelle auch von einer Interpretation gesprochen.

> **Interpretation** (von lat. Interpretatio) meint so viel wie eine Erklärung oder Auslegung von Daten und damit eine vorläufige Festlegung aufgrund mehrerer Beobachtungen und begründeter Hypothesen. Im Brockhaus von 1895 wird von „Gesetzen des Verstehens" und von einer „Auslegekunst" gesprochen.

Es wurden bislang verschiedene, wissenschaftlich begründete Hypothesen aufgestellt, geprüft und bestätigt oder verworfen. Besonders interessant sind natürlich nachfolgend die bestätigten Hypothesen. An diese docken die zu planenden Interventionen an.

5. Intervention

Bedeutend ist eine Rückmeldung der Ergebnisse an den Auftraggeber und damit verbunden eine (vorläufige) Beantwortung der Fragestellung.

Bei diesem Schritt ist die pädagogische Kompetenz des Heil- und/ oder Sonderpädagogen gefragt. Es gilt vor dem Hintergrund der verstandenen Lebenslage des Klienten maßgeschneiderte Interventionen zu entwickeln, die ihm in seiner bzw. ihrer Lebenslage eine bestmögliche und gewünschte Unterstützung ermöglicht. Das kann beispielsweise geschehen, indem der Klient neue Kompetenzen hinzugewinnt, seine Interpretation der Welt anpasst oder neue Erkenntnisse über sich sammelt. Ein sehr guter Einblick hinsichtlich handlungsorientierter heilpädagogischer Unterstützung findet sich bei Greving und Ondracek (2009a).

6. Evaluation/Bewertung

Aufgabe des diagnostisch tätigen Heil- oder Sonderpädagogen bei der Evaluation der Interventionen ist es, während der Förderung bzw. Intervention aufmerksam zu beobachten und durch Gespräche oder auch weitere diagnostische Methoden herauszufinden, inwieweit die durchgeführten Maßnahmen dem Ziel einer positiven „ent-beeinträchtigenden“ Einflussnahme zuträglich sind.

> *So könnte beispielsweise festgestellt werden, dass Michael tatsächlich – wie hypothetisch vermutet worden war - viel am Computer spielt. Als Intervention hat Michael den Computerkonsum drastisch reduziert. Allerdings führte dies nicht zu einer Reduktion der Aggressivität. Die Schlussfolgerung aus diesem Ergebnis ist, dass die Hypothese, dass die Aggressivität Michaels durch seinen Computerspielkonsum hervorgerufen worden ist, trotz erster bestätigender Befunde zu verwerfen ist. Es müssen also alternative Hypothesen aufgestellt und geprüft werden.*

Hier schließt sich der Kreis, da durch neue Erkenntnisse neue Hypothesen generiert oder alte Hypothesen relativiert werden können. Der diagnostische Prozess wird erst dann beendet, wenn das pädagogische Ziel erreicht ist.

Theoriebezug – Rahmentheorien

Menschenbildannahmen

Jede Wissenschaft vom Menschen macht sich ein Bild, wie der Mensch ist, welches Kräfte und Bedingungen für bzw. von Entwicklung sind und wodurch Kontinuität oder Wandel entstehen (Schuck, 2000).

Auch im Rahmen diagnostischer Prozesse in der Heil- und Sonderpädagogik liegen unbewusst oder bewusst bzw. implizit oder explizit bestimmte Annahmen bezüglich der menschlichen Entwicklung und/oder des menschlichen Seins zugrunde.

„Die diagnostische Beurteilung und Erkenntnis wird beeinflusst von dem ihr zugrunde liegenden Menschenbild und von den wissenschaftstheoretischen Annahmen, die quasi ihre Maßstäbe darstellen“ (Lanwer, 2006, S. 8). Das Menschenbild dient damit als Orientierungsgrundlage für die Diagnostik.

Das Tun bzw. Handeln basiert entweder auf Wissenschafts- oder/und Alltagstheorien. Diese darin verborgenen Annahmen beeinflussen den Beobachtungsfokus, die Auswahl der diagnostischen Instrumente bzw. Methoden und letztlich auch die Interpretation der Befunde.

Dieser Tatsache sollte sich jeder Heil-/Sonderpädagoge bewusst werden, in dem er sich über seine Haltung, sein ihm zugrunde liegendes Menschenbild klar wird und dieses analysiert und reflektiert. Welche Gefahr nicht bewusst gemachte

Menschenbilder in sich bergen können, beschreibt Haeberlin (1998, S. 18) für die Heilpädagogik wie folgt: „Wir wären in der heilpädagogischen *Praxis* handlungsunfähig, wenn unser Tun nicht spontan durch den Filter eines bestimmten Menschenbildes vorsortiert würde. Aufgrund dieser Notwendigkeit stehen wir als reine Praktiker andauernd in der Gefahr, dass wir uns wegen Arbeitsüberlastung und Zeitmangels keine Rechenschaft über das Menschenbild ablegen, welches unser Tun leitet. So können wir jederzeit Opfer von Vorurteilen, von Ideologien, von Modeströmungen werden. Diese Gefahr droht uns, wenn wir aufhören, über die Grundlagen unseres Handelns nachzudenken, weil uns der Kleinkram der Praxis völlig in Beschlag nimmt."

Eine nähere Ausführung, welche Menschenbilder in der Heil- und Sonderpädagogik auftreten, würde an dieser Stelle zu weit führen. Hier kann sich sehr gut bei Haeberlin (1998) oder auch bei Greving und Ondracek (2009b) informiert werden.

Theorien

Verbunden mit den Menschenbildannahmen stehen verschiedene Theorien, die bewusst oder unbewusst zur Erklärung und Beeinflussung von Entwicklung genutzt werden.

Um zielorientiert handeln zu können, bedarf es theoriebasierter Ideen. Und hier gibt es in dem großen Feld heil- und sonderpädagogischer Diagnostik zahlreiche Überlegungen und „Programme", die letztlich darum bemüht sind, im Sinne der Klientel und möglichst interdisziplinär, Kompetenzen und Bedarfe zu erkennen und einen optimalen, wenn auch subjektiv begründeten, Unterstützungsbedarf anzuregen. Inwiefern Theorien einbezogen werden, hängt vom Diagnostiker, seinem Wissen, seiner Positionierung und auch dem Arbeitsfeld ab, in dem er/sie tätig ist.

Unbestritten ist, dass es zur Begründung der Handlungen im diagnostischen Prozess eines fundierten und theoriegeleiteten Handlungswissens bedarf.

Auch Lanwer hebt theoretische Voraussetzungen für eine heilpädagogische Diagnostik hervor: „Erkennen bzw. Denken und Handeln kennzeichnet die Diagnostik, d.h. der Zusammenhang von Theorie und Praxis" (2006, S. 5).

Insbesondere für die Hypothesenbildung und für die Interpretation des gezeigten Verhaltens ist es notwendig, theoretische Bezüge herzustellen. Die Heil-/Sonderpädagogik nutzt im Rahmen der Erkenntnisgewinnung **verschiedene Theorien** aus den Referenzwissenschaften der Erziehungswissenschaft, der Philosophie, der Psychologie, der Soziologie u.v.m. (Schuck, 2000; Schuck, 2003; Greving & Ondracek, 2009b). Eine exemplarische Zusammenstellung von theoretischen Konstrukten und diagnostischen Fragestellungen findet sich bei Fischer und Renner (2011).

Eine Ausarbeitung zur theoriebezogenen Unterscheidung förderdiagnostischer Ansätze lieferten Suhrweier und Hetzner (1993). Sie unterschieden den entwicklungsstrukturierten, den persönlichkeitsorientierten, den interaktionalen, den sozialwissenschaftlichen, den behavioristischen und den medizinischen Ansatz. Alle diagnostischen Ansätze können hinsichtlich ihrer theoretischen Ausgangspunkte, der Ziele/Aufgaben, der Vorgehensweisen, der Methoden, der Normierung etc. unterschieden werden. Entsprechend der Denk- und Arbeitsansätze unterscheiden sich diagnostische Strategien und Arbeitsweisen.

Letztlich gibt es zahlreiche Modelle bzw. theoretische Überlegungen, die in die heil- und sonderpädagogische Diagnostik und auch Förderung einfließen. Die Positionierung ist insofern subjektiv, da sie vom Individuum des Diagnostikers abhängig ist.
Auch den individuell ausgewählten und angewendeten diagnostischen Verfahren liegen theoretische Konstrukte bzw. Modelle und Annahmen von Entwicklung zugrunde, die oftmals nicht transparent sind. Es gibt nicht eine Begrifflichkeit aus der Psychologie oder Pädagogik, die eindeutig und übergreifend definiert und anerkannt ist und dies betrifft nicht allein die von Schlee hervorgehobenen Behinderungsbegriffe. Vor dem gleichen Problem stehen die Entwicklungs- und Lerntheorien, die letztlich allesamt eher Modelle anstelle vollständiger und belegter Theorien darstellen (Miller, 1993).

Uns ist es wichtig, dass Sie sich zum einen bewusst sind, dass sowohl Sie als Person als auch das genutzte diagnostische Verfahren, welches von Menschen entwickelt wurde, theoretische und menschenbildbezogene Vorstellungen haben bzw. beinhalten. Zum anderen möchten wir darum bitten, diese zugrundeliegenden Annahmen zu reflektieren und ihre Bedeutung für den Diagnostikprozess bewusst zu machen.

Im vorliegenden Buch werden im Weiteren verschiedene Überlegungen zur Förderdiagnostik vorgestellt, unterschiedliche Methoden im Rahmen diagnostischer Prozesse werden aufgezeigt und es wird anhand praktischer Beispiele und anhand theoretischer Überlegungen versucht, zur Reflexion eigenen Tuns anzuregen. Wir möchten mit einem Zitat von Schuck, welches zu einer andauernden Reflexion auffordert, dieses Kapitel schließen.

Es besteht die Aufforderung, „die entwickelten und gebräuchlichen Konzepte der Diagnostik hinsichtlich ihrer Menschenbilder, ihrer wissenschaftstheoretischen Annahmen, ihrer ethischen Implikationen und ihrer klassischen Verwertungszusammenhänge wahrzunehmen und im Hinblick auf ihre Brauchbarkeit und Veränderungsnotwendigkeit auf dem Hintergrund der aktuellen gesellschaftlichen Entwicklung zu prüfen“ (2000, S. 246f.).

Förderdiagnostik

In der heil- und sonderpädagogischen Diagnostik hat ein Perspektivwechsel hinsichtlich der Einschätzung von Lebens- und Lernsituationen von Menschen mit Behinderung stattgefunden (Eggert, 1997; Lanwer, 2006).

Im folgenden Kapitel möchten wir das Augenmerk auf förderdiagnostische Prozesse lenken, da diese in der Regel mehr Möglichkeiten für Heil-/ Sonderpädagogen eröffnen, lernprozessbegleitend zu (inter-)agieren.

Auch wenn die Auseinandersetzung über förderdiagnostische Fragestellungen seit über vier Jahrzehnten geführt wird, so gibt es nach wie vor unterschiedliche Vorstellungen, Verständnisse und Bekanntheitsgrade. Immer wieder stehen Fragen im Raum wie:

- Was genau ist Förderdiagnostik, was sind ihre Merkmale?
- Welche Ziele verfolgt Förderdiagnostik?
- Welche Methoden können für Förderdiagnostik genutzt werden?
- Welche Theorien begründen das Handeln?
- Wer darf diagnostizieren?
- Wer macht Förderdiagnostik?

Nachfolgend möchten wir Ihnen einen Überblick hinsichtlich verschiedener Sichtweisen von Förderdiagnostik geben und Ihnen die Unterschiede aufzeigen, so dass Sie selbst eine Position beziehen können.

Entwicklung der „Förderdiagnostik"

Die **Grundlagen** der so genannten Förderdiagnostik entwickelten sich Mitte der 60er und in den 70er Jahre des 20. Jahrhunderts. Die Fachwissenschaften, die sich damit befassten, waren die Psychologie, die Pädagogik und die Sonderpädagogik. Die ersten Überlegungen standen im Zusammenhang mit Reformbestrebungen im Bildungswesen – die Schlagworte waren Ökonomie, Ausbildung vs. Chancengleichheit – und auch heute sind derartige Weiterentwicklungen stets von der Bildungspolitik beeinflusst.

Ansatzpunkt einer Kritik bezüglich traditioneller Diagnostik (v.a. klassische Testdiagnostik) war die Diskussion in verschiedenen psychologischen und pädagogischen Handlungsfeldern und die damit verbundene Erkenntnis, dass die bis dato bevorzugten Methoden und Vorgehensweisen sowie die dadurch erzielten Befunde wenig hilfreich bei der Veränderung von Verhalten und/oder bei der Förderung von/Interventionen für Menschen waren (Krapp, 1994). Die Diskussion entflammte nicht allein im pädagogischen, sondern auch im psychologischen Bereich (Pawlik, 1976), der dies in seinem Herausgeberband „Diagnose der Diagnostik“ deutlich macht. Es bestand der Wunsch nach Abstand zu einer Diagnostik, die „Selektion“ zum Ziel hatte. Stattdessen sollte sie hingehen zu einer Diagnostik, die auf Modifikationsstrategien abzielte und damit stärker therapie- oder förderungsorientiert war, die sogenannte Integrative Diagnostik oder Interventionsdiagnostik. Zu dieser Zeit zogen Experten aus verschiedenen Fachwissenschaften (v.a. Psychologie und Pädagogik) an einem Strang und es entfachte sich eine Zeit der Diskussion, der Konstruktivität und des fachbezogenen Austauschs (Kornmann et al., 1983).

Pawlik hob stets den Wert einer von ihm so benannten prozessorientierten diagnostischen Strategie im Vergleich zu einer statusorientierten diagnostischen Strategie hervor. Dabei setzt er eine statusorientierte Strategie mit einer klassifizierenden Strategie gleich. Im Folgenden wird auf die Ausführungen und Überlegungen Pawliks etwas näher eingegangen, da diese zu Beginn der Auseinandersetzung eine große Bedeutung erlangten und in Teilen bis heute in das Denken über Förderdiagnostik einfließen.

Nach der Darstellung von Pawliks Ausführungen, werden wir sie einer kritischen Würdigung aus heutiger Sicht unterziehen.

Pawlik stellt die Status- und Prozessdiagnostik einander in vier Dimensionen gegenüber (1976, S. 23ff.):

- Ziel:
  - Statusdiagnostik sei prognostisch angelegt und diene dazu einen Ist-Zustand feststellen. Das Ergebnis wird als stabil und verallgemeinerbar angesehen. „Statusdiagnostik (und die in ihr implizite Stabilitätsannahme) ist die Voraussetzung für Interventionen vom Typ der *Selektionsstrategie*“ (ebd. 24).
  - Prozessdiagnostik orientiere sich hingegen an einer Feststellung von Veränderungen. Hier ist es in jedem Fall bedeutend zu erfassen wann, in welchem Zeitraum und wieso ein bestimmtes Verhalten entsteht (Bedingungen) und welche Variabilitäten innerhalb eines Individuums über die Zeit entstehen. Prozessdiagnostik sei die Voraussetzung für Interventionen vom Typ der *Modifikationsstrategie*.

- Bezugssystem:
  - Statusdiagnostik sei statistisch normorientiert , d.h., sie zielt darauf ab, das einzelne Ergebnis im Hinblick auf statistische Bezugswerte/ Normen zu vergleichen, so dass i.d.R. individuelle Unterschiede in Bezug zur jeweiligen Altersgruppe aufgezeigt werden.
  - Prozessdiagnostik sei hingegen eine kriterienorientierte Diagnostik, für die es wichtig ist, die individuelle Position einer Person im Hinblick auf ein Verhaltenskriterium zu bestimmen. Die Norm basiert hierbei auf der subjektive Einschätzung des Pädagogen, also auf ihrer oder seiner Erfahrung.

- Verständnis
  - Bei einer Statusdiagnostik (einmaliges Testen) gehe es darum einzelne Eigenschaftswerte im Rahmen einer Verhaltensstichprobe zu bestimmen. Es werde davon ausgegangen, dass die Grundgesamtheit des Verhaltensrepertoires einer Person homogen ist.
  - Inventarisieren verstehe sich als „eine diagnostische Untersuchung mit dem Ziel, möglichst sämtliche Elemente in dem durch die Fragestellung gekennzeichneten Ausschnitt des Verhaltensrepertoires einer Person zu erfassen“ (Pawlik, 1976, S. 32). Bei einer prozessorientierten Diagnostik (Inventarisieren) gehe es um eine möglichst vollzählige Erfassung (Auflistung, Inventarisierung) all der Aspekte, die für eine Person bedeutend sind; es geht also darum, ein gesamtes Verhaltensrepertoire für einen ausgewählten Aspekt zu erkennen und dieses hierarchisch einzuordnen; von einer Homogenitätsannahme wird Abstand genommen.

- Aufgabe
  - Statusdiagnostik verstehe sich als Messung mit dem Ziel einen zeitstabilen Eigenschaftswert zu schätzen bzw. zu bestimmen.
  - Prozessdiagnostik verstehe sich als Information für und über „Behandlung“/Intervention und zielt auf Entscheidungs- und Behandlungsoptimierung ab. Es wird eine Rückkopplung von Diagnostik und Behandlung/Förderung angestrebt.

Die Überlegungen von Pawlik aus den 1970er Jahren sind, wie bereits ersichtlich, aus heutiger Sicht förderdiagnostisch ausgerichtet. Weiterhin wird klar herausgestellt, dass jedem diagnostischen Verfahren stets eine (Persönlichkeits-) Theorie zugrunde liegen muss. Bemerkenswert ist, dass Pawlik in seinen Überlegungen explizit sowohl Psychologen als auch Pädagogen als Diagnostiker und Therapeuten/Förderer einbezieht und anerkennt.

Die Darlegungen Pawliks sind vor dem Hintergrund der gängigen Praxis seiner Zeit nachvollziehbar. Sein Ziel war es auch, eine fachliche Diskussion anzustoßen und die damalige Praxis der Sonderschulzuweisung mittels Intelligenztest zu überwinden. Insoweit war sein Ziel nicht nur fachlich, sondern auch politisch motiviert, was seine aus heutiger Sicht polarisierende Gegenüberstellung von „böser“ Statusdiagnostik (= Tests) und „guter“ Prozessdiagnostik (= alle anderen qualitativen Methoden) unterstreicht. Obgleich die Autoren dieses Buches seine Kritik an der Praxis der Förderortzuweisen teilen (vgl. S. 147 ff. – Intelligenzdiagnostik), so sind seine oben angeführte Begründungen aus unserer Sicht fachlich nicht mehr uneingeschränkt zu halten. Fassen wir seine Ausführungen zum Begriff der Statusdiagnostik kurz zusammen, so stellen wir fest, dass aus seiner Sicht unter anderem gilt, Statusdiagnostik...:

1. ... sei fest gekoppelt und synonym mit der Methode „Test“,
2. ... fordere zeitstabile Eigenschaften
3. ... sei selektierend (Selektionsstrategie),
4. ... nutze immer statistische Normen.

Zu 1) ... sei fest gekoppelt und synonym mit der Methode „Test“

Der Wortbedeutung nach steht aus unserer Sicht Statusdiagnostik für eine Querschnittsdiagnostik, die zu einem Zeitpunkt „einen Status“, einen „aktuellen Ist-Zustand“ von bestimmten Einstellungen, Merkmalen oder Leistungen eines Klienten und/oder seines Umfelds erhebt. Bei diesem Verständnis ist Statusdiagnostik also keinesfalls mit einer bestimmten Methode wie einem psychologischen Test „gekoppelt“, wie Pawlik es darstellt. Dies ist auch nicht bei der Prozessdiagnostik der Fall, die wir im Sinne einer Längsschnittdiagnostik verstehen als beständige Erhebung der ebengenannten Informationen begleitend zum pädagogischen Förderprozess. Vielmehr werden Statusdiagnostik und Prozessdiagnostik zunächst nur durch die unterschiedliche Anzahl der Erhebungen differenziert.

Statusdiagnostik ist dem folgend auch mit einem Gespräch, einer Beobachtung in einem beliebigen Kontext oder der einmaligen Durchführung eines Inventars zu einem bestimmten Zeitpunkt durchführbar. Eine Kopplung des zeitlichen Unterschieds zwischen einmaliger Informationserhebung (Statusdiagnostik) und laufender und begleitender Informationserhebung (Prozessdiagnostik) mit einer bestimmten Erhebungsmethode ist aus unserer Sicht fachlich nicht begründet. Es sei in diesem Zusammenhang nur an die Situationen in der pädagogischen Praxis erinnert, in denen es nur zu einem einmaligen Gespräch mit einem Klienten kommt, in dem eine Haltung, Einstellung o.ä. erfragt wird.

> *In der förderungsorientierten Praxis vermischen sich beide Methoden ferner regelhaft. Beispielhaft sei eine motorische Förderung angeführt, in der mittels eines Motoriktests zu Beginn der Förderung ein quantitativer Ist-Zustand eines Klienten erhoben wird. Zum Beispiel könnte er im Bereich Grobmotorik 4 von 10 Aufgaben bewältigen. Nach der Förderung könnte derselbe Motoriktest erneut vorgegeben werden mit dem Ergebnis, dass der Klient nun 7 von 10 Aufgaben bewältigt. Ist das nun Statusdiagnostik oder Prozessdiagnostik? Eigentlich beides, denn es wird zu Beginn eines Prozesses ein Ist-Zustand (Statusdiagnostik) erhoben und am Ende des Prozesses erneut (Statusdiagnostik). Der Unterschied zwischen den beiden statusdiagnostischen Erhebungen bildet aber den Erfolg des Förderprozesses ab.*

Selbstverständlich ist: In der Heil- und Sonderpädagogik wird auch prozessbegleitende Diagnostik durchgeführt. Im Rahmen des Förderprozesses wird der Klient beobachtet, es werden Gespräche mit ihm geführt, ggf. Inventare durchgeführt, Fehler analysiert und/oder Arbeitsprodukte analysiert. Insoweit wird deutlich, dass sich prozessbegleitende Diagnostik mit statuserhebender Diagnostik sinnvoll und für den Klienten nutzbringend verbinden lässt.

Zu 2) ... sei selektierend (Selektionsstrategie)

Wie aus dem oben stehenden Beispiel deutlich wird, müssen Tests keinesfalls zur „Selektion“ genutzt werden. Neben dem Aspekt, dass die Verwendung des

Begriffs der „Selektion“ in Deutschland bestimmte Assoziationen an das dritte Reich hervorrufen kann, wird Statusdiagnostik im vorgestellten Beispiel vielmehr zur Evaluation bzw. zum Nachweise des positiven Effekts einer Förderung eingesetzt. Durch Statusdiagnostik können also zeitliche Veränderungen im Erleben und Verhalten eines Menschen sichtbar gemacht werden, keinesfalls ist Statusdiagnostik also immer mit dem Ziel einer „Selektion“ verbunden.
Auch gibt es bestimmte Testverfahren, die explizit zur Unterstützung von Förderprozessen entwickelt worden (Modifikationsstrategie). So existieren zum Beispiel Testverfahren, die schulisches Arbeits- und Lernverhalten erfassen mit dem Ziel, ungünstiges Lernverhalten und ungünstige Lernstrategien identifizieren zu helfen. Eine klare Aufteilung von „Statusdiagnostik gleich Selektionsdiagnostik“ und „Prozessdiagnostik gleich Modifikationsdiagnostik“ halten wir vor diesem Hintergrund für nicht hinreichend differenziert.

Zu 3) ... fordere zeitstabile Eigenschaften

Statusdiagnostik, verstanden als Querschnittsdiagnostik zu einem einzigen Zeitpunkt, erfordert keine zeitstabilen Merkmale, wie Pawlik behauptet. Diese Annahme ist vermutlich ebenfalls auf den damals vorherrschenden Glauben an zeitstabile Merkmale zurückzuführen, der heute nur noch für wenige Merkmale und auch dann erst ab einem bestimmten Alter aufrecht erhalten werden kann (vgl. z. B. S. 151 ff. für die Zeitstabilität des Konstrukts „Intelligenz“). Heutzutage ist es mit Testverfahren auch möglich, zeitlich variable Konstrukte wie die aktuelle Stimmung, die aktuelle Lebenszufriedenheit oder das Ausmaß der aktuellen Depressivität eines Menschen zu erheben. Für alle genannten Facetten menschlichen Erlebens liegen Testverfahren vor, wobei natürlich keines dieser Verfahren den Anspruch erhebt, dass Stimmung, Lebenszufriedenheit oder Depressivität zeitlich stabil sein müssten. Ganz im Gegenteil legen diese Instrumente Wert darauf, änderungssensitiv zu sein, also Veränderungen im zeitlichen Verlauf möglichst präzise nachzeichnen zu können, sonst würden sie an diagnostischem Wert und Nützlichkeit einbüßen.

Zu 4) ... nutze statistische Normen.

Selbstverständlich sind auch für psychologische Testverfahren intra-individuelle Normen oder kriteriumsorientierte Normen anwendbar. Obgleich jedes Testverfahren normiert ist, ist niemand gezwungen im Testmanual die Normwerte eines Klienten zu ermitteln, seine Antworten oder Leistungen also in einen Vergleich zu einer Eichstichprobe zu stellen. Genauso gut kann mit den Rohwerten gearbeitet werden, wenn die Gefahr der unerwünschten Stigmatisierung des Klienten besteht. Im oben genannten Beispiel des Motoriktests wird beispielsweise die intra-individuelle Norm verwendet, der Klient wird mit sich selbst verglichen. Ein Vergleich mit anderen findet nicht statt (vgl. zu Bezugssysteme S. 11 ff.).

Zusammenfassend halten wir die polarisierende Aufteilung von Pawlik in eine Status- und eine Prozessdiagnostik vor dem Hintergrund der damals gängigen Praxis für nachvollziehbar. Wir halten seine Argumente in dieser Rigidität heut-

zutage aber für nicht mehr hinreichend differenziert. Vielmehr plädieren wir für die Verwendung beider diagnostischer Strategien, wenn die eine und/oder die andere für die Förderung eines Klienten gewinnbringen eingesetzt werden kann. Eine undifferenzierte „Verdammung" von Statusdiagnostik bzw. von Testdiagnostik halten wir für genauso wenig angemessen wie ihre undifferenzierte „Glorifizierung", in dem Glauben, ein Testverfahren liefere eine objektive, rationale, einfache und schnelle Entscheidungsgrundlage für komplexe pädagogische Herausforderungen (vgl. S. 147 ff. – Intelligenzdiagnostik).
So viel zu den Überlegungen von Pawlik.

Im Verlauf der **Geschichte** gab es immer wieder Phasen, in denen das Thema Förderdiagnostik umfänglich diskutiert wurde, auch im Rahmen von umfassenden Neuorientierungen, z. B. in der Sonderpädagogik. Hier wurde auch bereits in den 70er Jahren von Kobi von einem Paradigmenwechsel, der das gesamte Denken und Handeln in der Praxis meint, gesprochen. Ende der 90er Jahre wurde ein „Paradigmenwechsel", auch im gesamten heil-/sonderpädagogischen Bereich erneut ein Thema bei Eggert (1997), der eine individuelle stärkenorientierte Vorgehensweise und ein lebenslanges Lernen und Entwickeln in Diagnostik und Förderung herausstellte. Die Vorstellungen reichten durchgängig von extremen Positionen bis zu mittleren unentschiedenen Auffassungen zu dem Thema Förderdiagnostik.

Gerade auch in der anfänglichen Diskussion waren also sowohl Pädagogen als auch Psychologen gleichermaßen beteiligt (Pawlik, 1976). Im weiteren Verlauf wurde das **„Diagnostik"-Feld** allerdings oftmals ausschließlich Medizinern oder Psychologen überlassen, so dass Suhrweier und Hetzner in den 90er Jahren erneut betonen mussten, dass auch Pädagogen (Förder-) Diagnostik betreiben. Die Diskussion dauert bis heute an: Es gibt nach wie vor auf der einen Seite Skepsis, ob (Heil-/ Sonder-)Pädagogen auch Diagnostik betreiben können bzw. dürfen. Auf der anderen Seite besteht eine Skepsis, ob psychologische Diagnostik ressourcen- und kompetenzorientiert ist bzw. sein kann (Petermann & Petermann, 2006).

Wir sind der Meinung, dass die Berufsbezeichnung wenig über individuelle Kompetenzen aussagt. Diagnostik wird in allen pädagogischen Ausbildungen (mehr oder weniger umfangreich) gelehrt und dennoch sind in der Praxis sehr differierende Kenntnisse und Erfahrungen anzutreffen. Insoweit kommt es auf eine kritische Auseinandersetzung mit den eigenen Möglichkeiten und Grenzen an. Welche Erfordernisse aus unserer Sicht sinnvoll sind, haben wir im Kapitel zur Qualifikation festgehalten (S. 169 ff.).

Definitionen und Verständnisse von Förderdiagnostik

Es existiert **keine einheitlichen Vorstellung** von Förderdiagnostik. Vielmehr entwickelte sich eine Vielfalt, die sich auch in den nachfolgenden verschiedenen Definitionen zeigt.

Kobi versteht unter Förderdiagnostik ein absolut heilpädagogisches Gebiet und sieht die Aufgabe darin „im Anschluß und in Ergänzung zu den vorgenannten [deskriptiven, klassifizierenden, funktionalen, kausalen, selektierenden, typisierenden] Diagnoseverfahren sich Klarheit zu verschaffen über die Bildungsmöglichkeiten und die damit korrespondierenden erzieherischen und unterrichtlichen Notwendigkeiten und Zielsetzungen. Es handelt sich in diesem Sinne um eine Bildbarkeitsdiagnostik" (1994, S. 13).

Laut Krapp bestand Konsens darin „ [...] daß Förderdiagnostik das Insgesamt jeder (diagnostischen) Aktivitäten bezeichnet, die im pädagogischen Kontext eine optimale individuelle Betreuung ermöglichen. Förderdiagnostik ist integraler Bestandteil von Maßnahmen (Treatments) und Entscheidungen, die dem Ziel der individuellen Förderung dienen" (1994, S. XXV).

Schuck (1988, S. 30) beschreibt das zentrale Prinzip der Förderdiagnostik wie folgt: „Es geht um die Entwicklung anderer Bezugssysteme für die Beurteilung individueller Leistungen. Nicht mehr die Bewertung einer sehr globalen und zusammengesetzten Leistung oder eines Entwicklungsstandes im Hinblick auf den Leistungs- und Entwicklungsstand anderer, wie es in der «normorientierten» Diagnostik geschieht, steht zur Diskussion, sondern die Entwicklung von diagnostischen Verfahren, die sehr genau die Strukturen eines Lerngegenstandes, einer kognitiven, kommunikativen oder sozialen Leistung abbilden".

Einen interessanten Versuch zur Umschreibung der Förderdiagnostik unternehmen Schröder (1994) und auch Schlee (1994, 2002, 2004), obgleich sie in den gesamten Ausführungen mit dem Begriff „Förderdiagnostik" hadern. So könnte der Begriff auch offen konstruktiv interpretiert werden, in dem beide Begriffe für sich betrachtet und anschließend wieder zusammengefügt werden:

Wird der Begriff Förderung ursprünglich als Begriff aus dem Bergbau stammend im Sinne von „etwas zu Tage bringen" oder „hervorheben" verstanden, so kann es bildlich gesehen auch ein Hervorheben von Ressourcen sein (Speck, 1995). Diagnostik meint ein „durch und durch Erkennen".
Beides zusammen könnte also ganz simpel auch so verstanden werden, dass der diagnostisch Tätige versucht, Ressourcen zu erkennen und herauszustellen. Der Erkenntnisgewinn bezieht sich auf ausgewählte Entwicklungsaspekte (z.B. Motorik, Selbstkonzept), die zuvor bestimmt werden oder die zufällig und spontan entdeckt werden, so wie auch im Bergbau nach ausgewählten Rohstoffen gesucht wird und es vorkommt, dass unerwartet auf andere Rohstoffe gestoßen wird. Weitergedacht kann dann genau an diesen Ressourcen für eine Förderung angesetzt werden.

Alleinige Beschreibungen (Deskriptionen) von „Ist-Zuständen" bzw. derzeitigen Fähigkeiten nützen vor dem Hintergrund dieses Ziels kaum, ohne entsprechende subjektiv theoriegeleitete Bewertungen (Präskriptionen). Die Kunst für den diagnostisch Tätigen besteht also vor allem darin, eine Vielfalt von Theorien und Möglichkeiten der Interpretation und Förderung zu kennen und auch darin, sich mit anderen Personen und Professionen, die andere Theorien und Erklärungen haben, auszutauschen, so dass ein klareres Bild entsteht. Im Zusammenspiel von Diagnostik, Interpretation und methodischem Handlungswissen entstehen dann ressourcenorientierte Förderungen für den Klienten.

„Förderdiagnostik" meint zusammenfassend ein Erkennen und damit Aufzeigen von Ressourcen eines Menschen in Bezug auf ausgewählte Entwicklungsaspekte. Die erhaltenen Erkenntnisse dienen dann im weiteren Verlauf und unter Einbezug theoriegeleiteter Überlegungen einer Interventionsplanung.

Aufgaben und Ziele von Förderdiagnostik

„Anzustreben ist eine Diagnostik, deren Ergebnisse ausschließlich für die Indikation, Planung, Durchführung, Kontrolle und Evaluation von Fördermaßnahmen im sonderpädagogischen Bereich verwendet werden sollen" (Kornmann et al., 1983, S. XI). Zur Klärung bzw. Umsetzung dieses Ziels sind vier zu klärende Aspekte zentral:

- Bestimmung des theoretischen Bezugsrahmens für Diagnostik und Förderung; **Theorien** für Förderdiagnostik,
- Formulierung diagnostischer **Fragestellungen**, die einer Entscheidungshilfe und Durchführung für Förderung dienen (vgl. Diagnostischer Prozess, S. 16),
- **Methodenauswahl** und/oder Methodenentwicklung, um Fragestellungen zu beantworten (vgl. Methoden, S. 47 ff.),
- Auswahl von Kriterien und Methoden zur **Beurteilung der Qualität** förderdiagnostischer Konzepte.

Eine Aufgabe von Förderdiagnostik sollte die Berücksichtigung der umfassenden **Entwicklung und Entwicklungsbedingungen** eines Menschen sein. Ein Mensch sollte nicht auf einzelne Merkmale reduziert werden, sondern möglichst „ganzheitlich" in seinen wesentlichen Entwicklungsbereichen und Entwicklungsmöglichkeiten betrachtet werden.

Die in den 70er und 80er Jahren formulierten Ziele haben nach wie vor Ihren Bestand und sollten aufgrund der Vielfalt an Konzepten und Ideen noch jeweils gründlicher analysiert und hinterfragt werden. Aufgrund der unterschiedlichen Auslegungen von „Förderdiagnostik" werden die Ziele variabler und die Umsetzung allerdings zunehmend unschärfer (Hofmann, 2003).

Merkmale von Förderdiagnostik

Wie bereits deutlich wurde, bestehen bis heute unterschiedliche Verständnisse von Förderdiagnostik (Suhrweier & Hetzner, 1993). Ebenso gibt es zahlreiche Ausführungen zu Merkmalen einer förderungsorientierten Diagnostik und wodurch sie sich gegenüber anderen diagnostischen Vorstellungen auszeichnet bzw. auszeichnen sollte (Suhrweier, 2003; Schlee, 2002; Mutzeck, 2002; Eggert et al., 2007; Reichenbach & Lücking, 2007; Petermann & Petermann, 2006). Wir möchten an dieser Stelle, die für uns wesentlichen Merkmale nennen und kurz inhaltlich beschreiben.

Ein wesentliches Merkmal einer Förderdiagnostik ist der direkte **Einbezug des Menschen** in die Diagnostik. Schlee (2003) schreibt hier von einer „Diagnostik der Innensicht“, um die subjektiven Sinn- und Wirklichkeitskonstruktionen zu rekonstruieren. „Kinder und Jugendliche sind dann nicht durch dritte Personen zu beurteilen, sondern es wird gefragt, wie sie selbst als denkende und handelnde Subjekte Tatbestände und Zusammenhänge sehen“ (ebd. 2003, S. 189). Dazu ist es bedeutend, dass dem Menschen erklärt wird, warum sein Verhalten bezüglich bestimmter Aspekte untersucht wird und was mit ihm gemacht wird. Der Mensch wird nach seiner Sicht der Dinge und seinem Sinn für das gezeigte Verhalten gefragt. Es geht nicht darum *über* einen Menschen zu sprechen, sondern *mit* ihm zu überlegen, wie Kompetenzen aus- oder aufgebaut werden können. In diesem dialogischem Sinne erfolgt auch ein Einbezug zukunftsorientierter Wünsche sowie Überlegungen hinsichtlich zur Gestaltung von Lernprozessen (Eggert et al., 2007).

„Sobald Sie anfangen, das Menschliche zu messen, ist es schon falsch“ (Milani Comparetti zit. nach Wocken 1994, S. 64). Damit verbunden steht ein Plädoyer für den Einbezug der Klienten in den Erkenntnisprozess (s.o.). Wichtig sind also die Berücksichtigung der Emotionen, Bedürfnisse, Interessen sowie persönliche Erlebensweisen und Deutungen (vgl. Wocken, 1994). Genau das ist bzw. sollte ein wesentliches Anliegen von heil-/sonderpädagogischer Diagnostik sein: es geht wie gesagt nicht darum, Aussagen *über* einen Menschen zu treffen, sondern *mit* ihm gemeinsam Entwicklungsstände zu erkunden und zu beschreiben.

Wurde der Gedanke, die Betroffenen als Subjekte in die Aufklärung und Bearbeitung eigener Bedarfe einzubeziehen, in den 70er bis 90er Jahren eher als Trend der Alternativpädagogik gesehen (vgl. Wocken, 1994), so ist er heute im Rahmen heil-/sonderpädagogischer Diagnostik eine Selbstverständlichkeit (Eggert et al., 2007).

Förderdiagnostik erfasst also sowohl **Stärken** bzw. Kompetenzen als auch Probleme und Schwierigkeiten, sie ist in diesem Sinne ganzheitlich. Sowohl in der Diagnostik als auch in der Förderung wird davon ausgegangen, dass ein Mensch Stärken hat und diese gilt es weiter auszubauen. Das heißt nicht, dass die Schwierigkeiten und Förderbedürfnisse ignoriert werden sollen. Ansatzpunkt einer Förderung stellen jedoch stets die Stärken dar.

Förderdiagnostik stellt einen **Prozess des Erkenntnisgewinns** dar, bei dem kontinuierlich und wiederholt Informationen gesammelt und in fortlaufende Überlegungen einbezogen werden. Sie ist keine „einmalige Angelegenheit", sondern begleitet pädagogische Handlungen und Interventionen (vgl. Diagnostik als Prozess, S. 16 ff.) und kann somit auch zur Evaluation eingesetzt werden. Ein förderdiagnostischer Prozess ist fortlaufend durch Veränderung gekennzeichnet. Dadurch ist es erforderlich kontinuierlich zu beobachten, zu beschreiben, Hypothesen zu bilden und die Fördervorschläge zu überdenken und entsprechend zu gestalten.

Als Kernanliegen wird oftmals die Nutzung der erhaltenen Ergebnisse aus diagnostischen Untersuchungen für die Förderung bzw. für die Intervention gesehen. Es wird damit an verschiedenen Stellen eine **Einheit von Diagnostik und Förderung** herausgestellt. Die Einheit selbst wird wiederum sehr verschieden betrachtet. Eine Möglichkeit ist es, den Prozess der Diagnostik so zu sehen, dass innerhalb der Erkenntnisgewinnung bereits interveniert werden kann und darf und, dass umgekehrt jede Intervention neuen Erkenntnissen dient (Reichenbach & Lücking, 2007).

Förderdiagnostik erfordert eine Bezugnahme hinsichtlich (entwicklungs-) psychologischer, erziehungswissenschaftlicher, soziologischer, (heil-/sonder-) pädagogischer u. a. **Theorien**, um Verhalten erklären und handeln zu können. Hypothesen werden vor dem Hintergrund dieser Theorien entwickelt und diagnostisch geprüft. Die gewonnenen Erkenntnisse werden wiederum vor dem Hintergrund der Theorien bewertet und führen zu Förderungen.

Förderdiagnostik umfasst eine auf individuelle Kompetenzen abgestimmte Förderplanung auf der Grundlage einer **Anforderungsanalyse**. Die Anforderungsanalyse kann sich u. a. auf bestimmte Fähigkeiten in einzelnen Lernbereichen, auf das sozial-emotionale Befinden in verschiedenen Lebenskontexten, auf die Lehr- und Lernmethoden etc. beziehen.

Wenn Förderdiagnostik als ein **auf das Individuum zugeschnittener** Prozess verstanden wird, so meint dies vor allem, dass nicht eine „Standard-Überprüfungs-Batterie" angewendet wird, sondern nach ersten Gesprächen mit den Menschen und ggf. ihren Bezugspersonen gemeinsam überlegt wird, welche Fragestellungen beantwortet werden sollen und welche Methoden bzw. Verfahren zur Beantwortung geeignet wären (Eggert et al., 2007). Das bedeutet nicht – auch wenn die Gefahr besteht –, dass eine unüberlegte, beliebige und unverbindliche Auswahl von Aufgaben und/oder Verfahren erfolgt.

Auch wenn immer eine „Norm" als Maßstab für Entwicklung vorhanden ist, so warnt Mutzeck davor, dass sich die Förderdiagnostik nicht allein an Normabweichungen, Differenzen zum Mittelwert einer Bezugsgruppe, an Defiziten u. a. orientierten sollte, sondern den Menschen „in seinem Umfeld mit seiner Selbst- und Weltsicht, seinen subjektiven Sinnstrukturen, seinen Kompetenzen und Ressourcen" gesehen werden muss (2002, S. 7). Die Heterogenität von Menschen sollte akzeptiert und die Suche nach einer Homogenität von Gruppen vernachlässigt werden (Eggert, 1997).

Die **Mit- und Umwelt** sind in den diagnostischen Prozess einzubeziehen. Ein Mensch lebt und lernt nicht für sich allein, sondern in verschiedenen Kontexten (z. B. Familie, Kita, Schule, Arbeit, Altenheim). Dementsprechend sollte in Erfahrung gebracht werden, wie sich der Mensch zum Beispiel in anderen Kontexten fühlt und welchen Einfluss diese auf seine Entwicklung haben. In diesem Zusammenhang kann der Mensch und sein Umfeld aus verschiedenen Perspektiven gesehen werden, um einseitigen Betrachtungsweisen entgegenzuwirken (Mutzeck, 2003).

Förderdiagnostik ist **interdisziplinär** angelegt. Neben einer Zusammenarbeit mit dem Kind/Jugendlichen/Erwachsenen und seiner Familie ist es notwendig sich mit weiteren evtl. entwicklungsbeeinflussende Bezugspersonen (z. B. ErzieherInnen, LehrerInnen, TherapeutInnen) auszutauschen. Die Interdisziplinarität betrifft außerdem Gespräche mit anderen Fachkräften bzw. Professionen. Der Einbezug von Außenstehenden dient der Neugewinnung von Informationen sowie einer Fundierung eigener pädagogischer/diagnostischer Arbeit.

Förderdiagnostik ist nicht allein eine Betrachtung von Ergebnissen spezifischer Handlungen und Situationen, sondern auch eine Analyse von **lebenslangen Entwicklungs- und Entstehungsprozessen** (Mutzeck, 2003).

Vom **Setting** her erweist es sich als empfehlenswert, wenn die Datenerhebung und die Förderung „alltagsnah", d.h. in einer gewohnten Umgebung stattfinden. Zudem sollte die Uhrzeit für eine gezielte Diagnostik und Förderung so sein, dass eine optimale Leistung zu erwarten ist (z. B. morgens).

Förderdiagnostik nutzt zur Informationsgewinnung vielfältige Methoden, sie arbeitet also **multimethodal**. Variabilität und Differenzierungen werden je nach förderdiagnostischer Sichtweise empfohlen, um dem Menschen hinsichtlich seiner Kompetenzen entgegenzukommen und um entsprechende Stärken herauszufiltern.

Eine Förderdiagnostik setzt ein explizites fundiertes pädagogisches und auch psychologisches **Handlungs- und Erklärungswissen** voraus, um erhaltene Befunde und Fördermaßnahmen theoretisch sorgfältig begründen und planen zu können. Für ein förderdiagnostisches Vorgehen ist es unabkömmlich, dass der Pädagoge/Psychologe über differenziertes Wissen (z. B. Menschenbilder, Entwicklungstheorien) und ein umfangreiches methodisches Handlungsrepertoire verfügt.

Nachdem nun ein erster Einblick in die unterschiedlichen Sichtweisen auf die Förderdiagnostik erfolgt ist und die aus unserer Sicht wichtigen Merkmale dargestellt sind, möchten wir die Verknüpfung zur Praxis in den Vordergrund stellen.

Wie steht es um die Förderdiagnostik aktuell? Wie ist die Haltung von den Personen, die sie – zumindest aus Sicht von einigen Forschern – anwenden sollten?

Theorie und Praxis – Kontroverse Diskussionen

Heute kennen leider nicht mehr alle diagnostisch Tätigen der verschiedenen Fachwissenschaften den Begriff „Förderdiagnostik“ und die Auseinandersetzung um den Begriff. Zum einen wird Förderdiagnostik, wie beispielhaft angedeutet, nicht in allen Ausbildungsgängen thematisiert, so ist es z. B. nicht curricular im Studiengang Psychologie enthalten. Zum anderen wird das Thema nach wie vor unterschiedlich und kontrovers diskutiert. Nachfolgend werden die Aspekte, die auch heute noch kontrovers diskutiert werden, kurz dargestellt.

Förderdiagnostik versus Auslesediagnostik?!

Oftmals wird Förderdiagnostik als absolute Gegenposition zu anderen Diagnostiken verstanden und es wird/wurde eine scharfe Trennung zwischen Förder- und Auslesediagnostik bzw. zwischen Prozess- und Selektionsdiagnostik gezogen (Kobi, 1994).

Es gab seit jeher jedoch auch Positionen, die Förderdiagnostik nicht als Alternative, sondern als Ergänzung zur Psychometrie gesehen haben oder sehen (Hildeschmidt, 1994; Schuck, 1994).

Kritik herrschte zumeist an den Alternativvorschlägen, v.a., weil der Glaube bestand bzw. besteht, dass man mit einer klassischen Testdiagnostik wirklich wahre Werte erzielen und Diagnosen erhalten könne. So schreibt Krapp (1994, S. XXVII): „Die Vorstellung, daß eine ‚vorurteilsfreie‘ Inventarisierung von Beobachtungen und Ereignissen zu fundierten Diagnosen führen könnte, ist reichlich naiv.“

In die gleiche Richtung gehen auch die Überlegungen von Schlee (2002), der herausstellt, dass Selektionsprozesse in allen Lebensbereichen erforderlich und unvermeidbar sind (u. a. auch in der Auswahl von Fördermethoden). Er kritisiert nicht die Selektion an sich, sondern die ihnen folgenden Taten und hält fest, dass sich Selektion und Förderung nicht ausschließen.

Förderdiagnostik = „Revolution“ versus „alter Hut“?!

Es gab und gibt einige Autoren und Fachkräfte, die Förderdiagnostik als „neu“ ansehen und sich mit einer subjektorientierten „Modifikationsstrategie“ neue Erkenntnisse erhoff(t)en. Das wurde teilweise in der Fachwelt anerkannt, jedoch gleichzeitig abgewertet, in dem Förderdiagnostik als „wissenschaftlich indiskutabel“ eingeordnet wurde, da Diagnostik dadurch einen vermehrt subjektiven Charakter erhält. „Eine ausschließlich pädagogische Sichtweise erschwert eine unvoreingenommene Beurteilung noch zusätzlich“ (Plaum, 1994, S. XXXV). Andere Fachleute sahen in den Überlegungen zur Förderdiagnostik nichts Neues, sondern verstanden die Förderdiagnostik sowie die Testdiagnostik als nebeneinander stehende Methoden der Informationsgewinnung in der Praxis. Laut Plaum ist die Förderdiagnostik damit als „ganz normale“ Diagnostik mit einer ehrwürdigen Tradition anzusehen. Oder wie Schlee es formuliert: „Förderdiagnostik kennzeichnet das, was Pädagogen schon immer betrieben haben“ (1983). Also ist Förderdiagnostik ein „alter Hut“? War sie nie etwas Neues?

Förderdiagnostik: psychologisch versus pädagogisch?!

Psychologie und Pädagogik – wie ist die Förderdiagnostik vor diesem Hintergrund einzuordnen? Lässt sich eine Trennung zwischen psychologisch und pädagogisch überhaupt vollziehen und ist dies erforderlich? Wir sind der Ansicht, dass eine solche Differenzierung unbedeutend ist. Festzuhalten bleibt: Die gesamten Methoden der Diagnostik haben ihre Wurzeln in der Psychologie, es gibt demnach keine fundierte rein pädagogische Diagnostik. Die Förderdiagnostik beruht „wie andere diagnostische Modelle ebenso (...) im Wesentlichen auf psychologischen Konzeptionen“ (Plaum, 1994, S. XXXVI). Wenn Diagnostik im Sinne Pawliks aber vor allem eine Modifikation und Prozessorientierung zum Ziel hat, anstelle einer selektiven, defizitorientierten Funktionsbeschreibung, dann bedeutet das nicht, dass sie damit rein pädagogisch ist. Diagnostik soll stets theoriegebunden bzw. wissenschaftlich fundiert sein. Findet also eine Orientierung am Ziel statt, nämlich an der möglichst optimalen Förderung und Unterstützung von Menschen, so ist es doch letztlich ganz gleich, ob eine psychologische oder pädagogische Intervention/Förderung darauf folgt.

Unkenntnis versus Ignoranz?!

Von Plaum (1983) wird weiterhin der Gedanke eingebracht, Förderdiagnostik als Politikum zu sehen. Er führt hier sehr interessant Wurzeln von Förderdiagnostik und deren theoretische Zuordnungen auf. Demnach gibt es zum einen die „sowjetischen Vorbilder“ zur Förderdiagnostik und zum anderen „american science“, die der Psychometrie zugehörig sind. Den Gedanken näher auszuführen, würde an dieser Stelle zu weit gehen, jedoch ist es schon interessant zu sehen, wie lange „Vorherrschaften“ unbewusst vorhanden sind.

Wie steht es um die Förderdiagnostik in der Psychologie? Eine Recherche in den 90er Jahren ergab, dass die damaligen aktuellen Lehrbücher der Psychodiagnostik Förderdiagnostik gar nicht bis kaum thematisieren (Plaum, 1994). Auch heute sieht es nicht anders aus; in dem 800 Seiten umfassenden Standardwerk zur Psychologischen Diagnostik von Petermann und Eid (2006) als Herausgeber fällt zweimal das Wort „Förderdiagnostik". Hier wird sie zum einen von Langfeldt der „Behindertendiagnostik" zugeschrieben und wird demnach als „Programm" gesehen und zum anderen wird Förderdiagnostik von Domsch und Lohaus im Rahmen von Beratung als pädagogische Aufgabe von „Sonderschullehrern" verstanden. Die Bemühungen von Pawlik u. a. wurden insoweit nicht anerkannt und umgesetzt.

Bereits in den 90er Jahren schreibt Plaum (1994), dass diese genannten Situationen und Einstellungen dazu geführt haben „daß fast alle, die sich an (west-) deutschen Hochschulen mit Psychodiagnostik befassen, die Förderdiagnostik nicht zur Kenntnis nehmen bzw. sie höchstens als skurrile Randerscheinung abtun und/oder ausschließlich der Pädagogik zuordnen" ebd. XXXVII). Das kann heute auf das gesamte Bundesgebiet übertragen werden: es ist abhängig vom Lehrenden, z. B. vom Psychologie-Professor, ob angehende Psychologen und/oder Pädagogen Förderdiagnostik und deren Spannbreite kennen oder nicht.

Wer arbeitet förderdiagnostisch?

„Förderdiagnostik wird von (Sonder-)Pädagogen/innen und Frühpädagogen/innen ausgeübt. Sie stellt einen permanenten und immanenten Bestandteil ihrer Tätigkeit dar" (Suhrweier, 2003, S. 49)

In Bezug auf Schule und damit verbunden dem Auftrag zur Feststellung und/oder Fortschreibung von sonderpädagogischem Förderbedarf gibt es länderspezifische Regelungen (s. Kap. zur Feststellung sonderpädagogischen Förderbedarfs, S. 143 ff.).

Zugrunde liegende Gesetze und Regelungen bzw. Verordnungen bieten in der Regel für jede Berufsgruppe und jede Institution ausreichend Spielraum, in der (förder-)diagnostische Vorgehensweisen umgesetzt werden können. Dennoch ist es nach wie vor so, dass es keine passende förderungsorientierte Diagnostik für ein „unerbittlich normorientiertes" Schulsystem gibt (Schuck, 2003) und sich hier erhebliche Widersprüche zwischen „Selektion" und „Inklusion" zeigen. Ein weiteres Problem stellt eine gewisse Ignoranz des förderdiagnostischen Ansatzes in der Praxis dar, so dass „Lehrer ungeachtet förderdiagnostischer Programmatik die seit Jahren übliche Standardstrategie praktizieren, die in der Überprüfung der Intelligenz und der Schulleistung besteht und sich den konzeptionellen und programmatischen Einflüssen zu widersetzen scheint" (Hofmann, 2003, S. 106).

Anspruch an Förderdiagnostik: Objektivität versus Subjektivität?!

Es wird immer wieder deutlich, dass von einer Mehrheit der Autoren unter „Diagnostik“ die Anwendung normierter Verfahren – in der Regel Tests – verstanden wird. Die Vorstellung bzw. die Idee, Erkenntnisse zu einem Menschen auch mittels anderer nicht-normierter und auch nicht-standardisierter Methoden zu erhalten, scheint diesen Fachleuten abwegig. Es wird immer wieder auf die Notwendigkeit einer Normierung und damit verbunden einer Objektivität der Erkenntnisse verwiesen (Schröder, 1994).

Zudem sollte jedem diagnostisch Tätigen bewusst sein, dass es nie eine absolute Objektivität geben kann und dass jede diagnostische Handlung durch subjektive Faktoren geprägt ist, sei es in der Durchführung und erst recht in der Interpretation. Beides ist von den subjektiven Theorien und vom theoretischen als auch vom (Erfahrungs-)Wissen des Diagnostikers abhängig.

Weiterhin sollte jedem Heil-/Sonderpädagogen klar sein, dass immer eine bestimmte „Norm“ vorliegt, d.h. dass jeder Diagnostiker einen Maßstab für „reguläre“ oder „optimale“ Entwicklung setzt (vgl. Bezugssysteme, S. 11 ff.), um Entwicklung einzuschätzen und folglich Förderung zu planen. Auf eine Negierung derartiger norm- und diagnosebezogener Probleme verweist auch Hofmann (2003).

Wenn keine „objektive Norm“ basierend auf einer statistisch gewonnenen Eichstichprobe vorliegt, dann nutzt der diagnostisch Tätige seine subjektive Erfahrungsnormen, die basiert auf Erfahrungen mit anderen Klienten, um Leistungen einzuordnen und Stärken wie Schwächen zu bestimmen. Insoweit bleibt festzuhalten, dass auch eine Förderdiagnostik, die auf statistisch normierte Testverfahren verzichtet, normorientiert vorgeht. Gleichsam spielt die Verwendung von vermeintlich objektiven Testverfahren wie dem Intelligenztest immer auch eine gewisse Subjektivität eine Rolle. Darüber hinaus sind bei Intelligenztests neben diesem Aspekt noch die Probleme der Reliabilität zu berücksichtigen. Diese werden in den Kapiteln zu Methoden (S. 47 ff.) und zu Intelligenz- und Entwicklungsdiagnostik (S. 147 ff.) ausführlich behandelt.

Ziele: individuumbezogen oder umfeldbezogen?!

Die Schwerpunkte dieser Auseinandersetzung sind unterschiedlich. Einigen Fachleuten ist es wichtig, außerindividuelle Umstände bzw. Entwicklungsbedingungen in die Diagnostik als wesentliches Merkmal einzubeziehen und zu analysieren (z.B. Hildeschmidt & Sander, 1988). Das Ziel besteht hier im Einbezug psychosozialer, motivationaler und gegenstandsspezifischer Aspekte.
Anderen Fachleuten ist es wichtiger, vor allem individuelle Merkmale und Entwicklungsbedingungen herauszustellen. Ihr Ziel ist mehr die Erfassung der aktuellen gegenstandsspezifischen Lernvoraussetzungen.

Ableitung von Förderzielen: ja versus nein

Häufig wird geschrieben, dass sich aus der Diagnostik direkt Förderziele ableiten lassen. Es wird aber nicht beschrieben, welche genauen Schritte und Aufgaben beim Nichtlösen einer Aufgabe durchgeführt werden sollen. Somit ist anzunehmen, dass entsprechende Vertreter hier eher den Wert darin sehen, dass ihre Interpretationen freier in Richtung Förderung und nicht allein in Richtung Feststellung gehen.

Schlee betont ausdrücklich, dass sich aus den förderdiagnostischen Daten allein keine Handlungsanweisungen ableiten lassen (1994; 2002). Entscheidend hierfür sind - wie bereits dargestellt - die weiterführend genutzten Theorien und die damit verbundenen „Normen" bzw. Normvorstellungen. Die von Kobi postulierte automatische Koppelung zwischen Diagnostik und Förderung besteht laut Schlee nicht, „da in diagnostischen Daten keine zusätzlichen Informationen darüber enthalten sind, wie man sie zu interpretieren habe und welche Schlussfolgerungen man aus ihnen ziehen soll. Diagnosen können nur Ist-Werte liefern, sie können jedoch keine Soll-Werte oder Zielvorstellungen ermitteln. Wer glaubt, aus diagnostischen Daten Handlungskonsequenzen ableiten zu können, hat in Wirklichkeit andere Größen als Bezugspunkte herangezogen und sich außerdem auf übergeordnete Wert- und Zielvorstellungen bezogen, die schon vor der diagnostischen Datenerhebung bestanden" (Schlee, 2002, S. 183).

> Fakt ist: Allein aus Daten lassen sich keine Konsequenzen (z. B. in Form von Förderplänen oder -methoden) ableiten. Die Aufstellung eines Förderplans erfolgt durch subjektive und/oder theoriegeleitete Ziel- und Normvorstellungen, die bereits vor der Diagnostik vorhanden sind. Bedeutend erscheint es im Rahmen jeglicher Förderdiagnostik, dass sich der Diagnostiker seiner eigenen theoretischen Quellen, seiner Normen bzw. Bezüge sowie seiner Ziele und Möglichkeiten bewusst ist und, dass diese in den Erkenntnisprozess einfließen. Vor diesem Hintergrund kann es also grundsätzlich nicht Aufgabe und Ziel von diagnostischen Verfahren sein, Aussagen über Förderziele und/ oder -methoden zu treffen.

Diagnostik: Initiiert oder alltäglich?!

Während einige Autoren das Besondere einer Förderdiagnostik durch Förderschullehrer hervorheben, so sehen andere Diagnostik im Wesentlichen als alltägliche Aufgabe an. „**Eine Tätigkeit des Feststellens, des Beobachtens, des Erhebens von Informationen. Diese – im weitesten Sinne diagnostische – Tätigkeit betreiben wir notwendigerweise und unausweichlich**" (Schröder, 1994, S. 58). Hier lässt sich sehr gut an die heutige immer wiederkehrende Diskussion anknüpfen, wer Diagnostik betreiben darf und, ob beispielsweise (konkret) ErzieherInnen Diagnostik machen dürfen. Wenn Diagnostik als Erkenntnisprozess und damit als Notwendigkeit für die Einleitung weiterer Interventionen gesehen wird, dann wird überall da diagnostiziert, wo professionell gehandelt wird. So stellt Probst zurecht die Frage: „Wie also könnte man es rechtfertigen, ohne Wissen über individuelle Ausgangsbedingungen und momentane Voraussetzungen auf ein Kind pädagogisch einzuwirken?“ (1994, S. 113). Und er führt fort: „Keine Handlung ist ohne eine Phase der Diagnose/der Antizipation/der Information über Ist- und Soll-Lage sinnvoll und vorstellbar“ (ebd. S. 114). Es ist ja auch schließlich so, dass erste Eindrücke von Kindern, Jugendlichen, Erwachsenen stets von den Fachkräften eingebracht werden, die regelmäßig mit der Klientel zu tun haben. Wenn die Fachkräfte dann an ihre Grenzen stoßen, werden weitere Fachkräfte hinzugezogen, die versuchen, spezielle Fragestellungen zu beantworten und damit den Erkenntnisprozess voran zu bringen.

Fazit

Die Diskussion um Förderdiagnostik währt lange und wird noch lange anhalten. Es ist bis heute um- und bestritten, ob es eine Förderdiagnostik gibt und wenn ja, wie diese zu verstehen ist.

> Eine bedeutende Erkenntnis aus einem Förderdiagnostik-Kongress 1981 war: „Es sind konkurrierende Konzepte von Förderdiagnostik vorhanden. Die Unterschiedlichkeit von theoretischen Grundlegungen, Begriffsgebrauch, Arbeitsweisen, Anwendungsbereichen ist groß“ (Kornmann, Meister & Schlee 1994, S. 229). An dieser Erkenntnis hat sich auch über 30 Jahre später nichts geändert.

Auch Hofmann macht sehr deutlich, dass es immer mehr Differenzen beim Verständnis von Förderdiagnostik gibt. Sie geht so weit und schreibt, „dass sich ein konturiertes Konzept im Laufe der Jahre zu einem unspezifischen Sammelbecken diagnostischer Aufgabenstellungen entwickelt hat, deren Gemeinsamkeit allenfalls in der Programmatik des Förderns liegt“ (2003, S. 106).

Es wird immer verschiedene Sichtweisen und Konzepte von Förderdiagnostik geben (Ricken et al., 2003). Eine Vereinheitlichung sollte nicht angestrebt werden, da dies im Widerspruch zu den individuellen Anliegen einer Förderdiagnostik stehen würde (Bundschuh, 1994). Wie Förderdiagnostik betrieben wird, hängt stets von der Klientel, von den Diagnostikern und seinem jeweiligem theoretischen und handlungspraktischen Wissen sowie von den institutionellen Rahmenbedingungen ab.

Festzuhalten bleibt: Allgemeingültige Programme und **„Einseitigkeiten werden der Komplexität der Alltagspraxis nicht gerecht!“** (Plaum, 1994, S. XXXIX). Aufgrund dessen ist es ein Anliegen im Rahmen förderdiagnostischer Arbeit, mit unterschiedlichen Fachleuten und Professionen sowie mit den Menschen selbst und ihren Familien zusammenzuarbeiten sowie die Methodenvielfalt der Erkenntnisgewinnung zu nutzen.

Festzuhalten bleibt auch: Obwohl bereits in den 70er Jahren beispielsweise die „Auslesediagnostik“ im Rahmen der „Überweisungsverfahren für Sonderschulen“ kritisiert wurde, so gibt es sie dennoch heute – 40 Jahre später – noch unverändert (vgl. Verfahren zur Feststellung des sonderpädagogischen Förderbedarfs, S. 137 ff.). Es gibt viele Sonderpädagogen und/oder Förderschullehrer, die genau die damals kritisierte Diagnostik betreiben und Verfahren bevorzugen, die Zuschreibungen vornehmen, nach dem Motto: „Es muss ein IQ rauskommen, der mir sagt, auf welche Schule das Kind geht!“.

Inhaltliche und konzeptionelle Weiterentwicklung

Die theoretische und praktische Auseinandersetzung zur Förderdiagnostik ist nach wie vor im Gange. Es werden von verschiedenen Seiten immer wieder Erfordernisse für eine notwendige Weiterentwicklung eingebracht (Mutzeck, 2002). Gesucht werden vor allem:

- Programmartige Konzeptionen
- Theoretische Bezüge (u. a. Menschenbild, Entwicklungstheorien)
- Gegenstands- und Methodenverständnis

Auch wenn verschiedentlich diskutiert wird, ob Förderdiagnostik fördern kann, so besteht doch immer noch das Ziel, einen Ansatz bzw. ein Konzept zu entwickeln, in dem die individuelle Diagnostik und die Förderung eine „untrennbare Einheit“ bilden (Mutzeck, 2002).
Beispielhaft werden an dieser Stelle einige Konzepte genannt, die im weiten Feld förderdiagnostischer Arbeit anzutreffen sind:

- Ledl (1993): Kinder beobachten und Fördern
- Kretschmann et. al. (1998, 1999): Förderdiagnostik in den Lernbereichen Deutsch und Mathematik
- Hobusch, Lutz & Wiest (2012): Sprachstandsüberprüfung und Förderdiagnostik für Ausländer- und Aussiedlerkinder (SFD): 1. bis 4. Schuljahr
- Häußler, Fritzsche & Tuckermann (2013): TEACCH – Informelle Förderdiagnostik
- Fröhlich & Haupt (2004): Förderdiagnostik mit schwerstbehinderten Kindern.

II Methoden in der Diagnostik

Sowohl in der theoretischen als auch in der praktischen Auseinandersetzung mit diagnostischen Fragestellungen scheint oftmals nicht klar oder nicht explizit benannt zu sein, was genau Methoden und was Verfahren diagnostischer Arbeit sind. Wir möchten in diesem Kapitel Grundbegriffe und wesentliche Inhalte der entsprechenden Methoden erklären und jeweils einzelne Verfahren beispielhaft nennen. Zudem wird gezielt auf weitere Quellen hingewiesen, so dass sich die Leserin/der Leser bei einer wissenschaftlichen Auseinandersetzung, z. B. im Rahmen der Durchführung einer Studie, weitere detailliertere Informationen zu ausgewählten Methoden und speziellen Verfahren aneignen kann.

Grundbegriffe

Eine **Methode** (griech.: méthodos, „nachgehen" bzw. einen Weg verfolgen) ist ausgehend vom Ursprungsbegriff der Weg, *wie* man etwas tut, um ein Ziel zu erreichen. Die zentrale Fragestellung, wenn von Methoden gesprochen wird, lautet: Welcher Weg wird nach und nach eingeschlagen, um ein Ziel zu erreichen?

Diagnostik (griech.: diá gnósis. durch und durch/hindurch sowie erkennen/Erkenntnis) beschreibt vom Wortursprung ein „durch und durch Erkennen". Es handelt sich somit erst einmal um einen neutralen Begriff, der einen Erkenntnisprozess meint (S. 9).

Wird also von **Methoden der Diagnostik** gesprochen, so geht es darum, einen Weg für das Erkennen zu finden, d.h. mit welchen Methoden kann ich Informationen von Menschen erlangen, die mir für weitere Erkenntnisprozesse und letztlich auch z. B. für (Förder-) Planungen bedeutend sind.

Eine Methode ist übergeordnet und sagt allgemein etwas zum Vorgehen aus. Spezifischer wird das Vorgehen durch eine konkrete Auswahl von **Verfahren**, d. h. eine ausgewählte Maßnahme. Ein Beispiel vorweg: wähle ich als Methode einen Test, kann das ausgewählte Verfahren beispielsweise der Entwicklungstest ET6-6-R sein.

Es ist immer empfehlenswert die Vielfalt der Methoden oder zumindest ein Teil des Methoden-Repertoires für diagnostische Prozesse zu nutzen. Wenn ich als Diagnostiker bestimmte Methoden bevorzuge, kann ich hier verschiedene Verfahren pro Methode einsetzen.

Eine korrekte Verwendung von Begrifflichkeiten ist notwendig, um das eigene professionelles diagnostisches Handeln begründen zu können und auch, um Position bzgl. der Anwendung und ggf. Bevorzugung einzelner Methoden je nach Einzelfall beziehen zu können.

In der Literatur werden meist explizit keine Methoden benannt, sondern es wird allgemein von Diagnostik geschrieben oder gleich auf konkrete Verfahren eingegangen. Um die Vielfalt an diagnostischen Möglichkeiten ausschöpfen zu können und um eine Struktur für den diagnostischen Prozess zu erlangen, erachten wir ein grundlegendes Methodenverständnis als zwingend erforderlich. Hierzu zählen eine Kenntnis über die Vielfalt von Methoden, deren Unterscheidung sowie Möglichkeiten und Grenzen im Rahmen eines diagnostischen Prozesses.

Methoden

Bei der Erhebung und Interpretation (heil-)pädagogisch-psychologischer Informationen werden übliche Methoden der psychologischen Diagnostik genutzt.

Unabhängig davon, welche Methode(n) genutzt werden, sollte stets klar sein, dass der Einsatz der Methoden und Verfahren nicht zum Selbstzweck dient, sondern die Auswahl stets im Sinne einer Erkenntnisgewinnung für den Klienten erfolgt.

Es ist immer empfehlenswert die Vielfalt der Methoden oder zumindest einen Teil des Methoden-Repertoires für diagnostische Prozesse zu nutzen. Wenn ich als DiagnostikerIn bestimmte Methoden bevorzuge, kann ich verschiedene Verfahren pro Methode einsetzen.

In der Diagnostik werden folgende Methoden unterschieden (Suhrweier & Hetzner, 1993; Eggert et al., 2008):

- Test
- schriftliche Befragung/Fragebogen
- Beobachtung
- Interview/Gespräch/mündliche Befragung
- Screening
- Diagnostisches Inventar
- Arbeitsprodukt
- Fehleranalyse

Wir möchten in diesem Abschnitt jede Methode in Kürze vorstellen, Beispiele nennen und die Bedeutung für die Heil- und Sonderpädagogik herausstellen.

In der Heil- und/oder Sonderpädagogik wird oftmals die Methode „Test“ als sehr kritisch gesehen und mit einem „Unbehagen“ verbunden (Eggert, 1997; Mand, 2003). Wir möchten bereits vorab deutlich machen, dass aus unserer Sicht jede Methode ihre Berechtigung hat, solange sie auch korrekt und reflektiert angewendet wird.

Bevor wir jedoch mit der Methode Test beginnen, stellen wir vorab noch einen Abschnitt zu den zum Verständnis notwendigen statistischen Grundlagen.

Statistische Grundlagen

Die Beherrschung elementarer statistische Grundlagen ist zum Verständnis quantitativer Testverfahren unumgänglich. Die notwendigen Kenntnisse zur Anwendung quantitativer Testverfahren sind aber zum Glück wenig umfangreich und schnell zu erlernen. Um die elementaren Prinzipien quantitativer Tests zu verstehen, reicht es, vier verschiedene statistische Konzepte zu kennen:

1. den Mittelwert,
2. die Varianz,
3. die Normalverteilung,
4. die Korrelation.

Mittelwert

Den Mittelwert, auch Durchschnitt oder präziser als das Arithmetische Mittel benannt, kennt jeder aus der Schule, denn wer hat nicht schon mal seinen Notendurchschnitt berechnet. Die Durchschnittsnote eines Zeugnisses bestimmt sich aus der Summe aller Einzelnoten dividiert durch die Anzahl der auf dem Zeugnis stehenden Fächer. Genauso gut könnte man natürlich zwei Klassen nehmen, einen Motoriktest mit allen Schulkindern durchführen und nachfolgend schauen, welche Klasse im Durchschnitt wie gut abschneidet. Mathematisch verallgemeinert bestimmt sich der Mittelwert also dadurch, dass ich alle Einzelwerte aufsummiere und die entstehende Summe durch die Anzahl aller Einzelwerte teile.

Warum haben Sie eigentlich eine Durchschnittsnote Ihres Zeugnisses bestimmt? Sie haben dies vermutlich getan, um in einer einzigen Kennzahl auszudrücken, wie es um Ihre Leistung des Schuljahres bestellt war. Sie wollten sich vielleicht Eltern, Großeltern oder Geschwistern gegenüber präsentieren (oder genau das vermeiden), sich mit anderen Mitschülern vergleichen oder sich mit eigenen Leistungen aus den Vorjahren messen.

Aus welchem Grund berechnet man Durchschnittswerte? Bei der Berechnung von Durchschnittswerten geht es häufig um eine Zeitersparnis und um eine Komplexitätsreduktion. Kennzahlen wie der Mittelwert reduzieren die Komplexität erheblich, weil viele Informationen in einer einzigen Zahl kondensiert werden, und sie erlauben so eine schnelle, zeiteffiziente Kommunikation.
Natürlich bezahlt man für diese Vorteile einen Preis. Dieser Preis besteht unter anderem in der mangelnden Genauigkeit. Detailinformationen darüber, wie gut Sie in welchem Fach genau waren, gehen bei der Bestimmung eines Durchschnittswertes verloren. Manchmal kann das gewünscht sein, zum Beispiel wenn Sie ihre schlechte Mathematiknote verschleiern wollen. Manchmal ist das aber auch ungünstig. Genauso gehen in der Bestimmung einer einzigen Kennziffer für die Intelligenz eines Menschen (IQ) Details verloren. Erbrachte die Person in allen gemessenen Bereichen dieselbe, gleiche Leistung? Gab es Bereiche, in denen er oder sie stärker war als in anderen? Lassen sich daraus Stärken, Begabungen,

aber auch Schwächen und Gefahren ableiten? Alle diese Informationen gehen bei der Berechnung eines IQ als Gesamtwert verloren.

Ebenfalls lässt sich aus einem Mittelwert nicht ableiten, welche Gründe zu einem bestimmten Ergebnis führten. Eine Durchschnittsschulnote sagt nur etwas über die durchschnittliche Leistung in den abgeprüften Fächern aus. Sie sagt nichts darüber aus, wie es zu diesem Ergebnis gekommen ist.

Varianz

Die Varianz ist ebenso wie der Mittelwert bzw. der Durchschnitt eine Kennziffer, die viele Informationen bündelt. Die Varianz ist ein Maß dafür, wie unterschiedlich die einzelnen Daten sind. Um im Beispiel der Schulnote zu bleiben, beantwortet die Varianz Ihrer Schulnoten die Frage, wie unterschiedlich Ihre Schulnoten in den einzelnen Fächern sind.
Haben Sie in allen Fächern ein „gut“, also eine „2“? Dann sind ihre einzelnen Schulnoten einander im höchsten Maß ähnlich (eigentlich sind sie ja sogar alle gleich) und die Varianz als Kennziffer ist demnach gleich null. Das ist der geringste Wert, den die Varianz annehmen kann. Wenn alle Werte gleich sind, dann ist die Varianz Null.
Haben Sie aber in der Hälfte der Fächer ein „sehr gut“ (eine 1) und in der anderen Hälfte ein „befriedigend“ (eine 3), dann sind ihre Schulnoten unterschiedlich und die Varianz als Maß dieser Unterschiedlichkeit steigt an. Je unterschiedlicher ihre Schulnoten in den einzelnen Fächern sind, desto höher ist die Varianz als Maß dieser Unterschiedlichkeit. Berechnet wird die Varianz – vereinfacht und mathematisch nicht ganz richtig, aber vielleicht verständlicher – als **durchschnittliche Abweichung vom Mittelwert**. Es wird also zunächst der Mittelwert der Daten berechnet und dann geschaut, wie weit weichen die Daten von diesem Mittelwert ab. Je mehr sie abweichen, desto höher ist die Varianz.

Angenommen Sie hätten 5 Noten in der Schule erhalten. Diese wären 2,2,2,3,3 gewesen. Dann ist die Varianz dieser Noten 0,3. Wären die Noten 2,2,3,3,4 gewesen, dann steigt die Varianz auf 0,7. Weichen die Noten noch weiter voneinander ab, z. B. 2,2,4,4,6, steigt sie weiter auf 2,8.
Um zu verdeutlichen, dass Mittelwert und Varianz unterschiedliche Aspekte einer Verteilung erfassen, nachfolgend noch zwei Beispiele: Bei den 6 Noten 3,3,3,3,3,3 ist der Mittelwert natürlich 3. Die Varianz beträgt 0, da es keinerlei Abweichungen vom Mittelwert gibt. Jede einzelne Note entspricht dem Mittelwert. Bei den Noten 1,1,1,5,5,5 beträgt der Mittelwert ebenfalls 3. Allerdings weicht jede Note vom Mittelwert ab, die Varianz beträgt 4,8.

Normalverteilung

Die Normalverteilung ist eine für die Diagnostik sehr bedeutsame Verteilung. Aber was ist überhaupt eine Verteilung? Allgemein gesprochen, ist eine Verteilung eine Grafik oder eine Funktion, die zu jedem beliebigen Wert (im folgenden Beispiel die Körperlänge) die Häufigkeit des Auftretens angibt. Denn: „Alle menschlichen Eigenschaften kommen bei Kindern und Erwachsenen in unterschiedlichen Ausprägungen vor. Man betrachte beispielsweise die Körpergröße. Es gibt sehr kleine und sehr große Menschen – und alle Abstufungen dazwischen. Misst man nun bei einer bestimmten Gruppe – beispielsweise bei zweijährigen Kindern in einem Land – die Körpergröße, bilden die Messergebnisse eine Verteilung. Wenn die Gruppe der gemessenen Kinder groß genug ist, hat diese Verteilung meist die Form einer Glocke. Diese Form wird (Gaußsche) Normalverteilung genannt. Für jede Gruppe kann ein Mittelwert errechnet werden. Besteht eine Normalverteilung, dann liegt dieser Mittelwert genau in der Mitte der Glocke" (Kohnstamm, 2006, S. 32).

Gauß hat herausgefunden, dass die meisten natürlich vorkommenden Dinge, wie zum Beispiel Körperlänge, Gewicht, etc. nicht beliebig verteilt sind, sondern sich gut durch eine sogenannte Normalverteilung, auch Gauß-Verteilung genannt, beschreiben lassen. Diese Verteilung hat die Besonderheit, dass sie genau einen Gipfel in der Mitte hat und dann rechts und links des Gipfels symmetrisch abflacht.

Abbildung 2: Normalverteilung
(Petermann, Macha, 2005 http://entwicklungsdiagnostik.de/standardwerte.html)

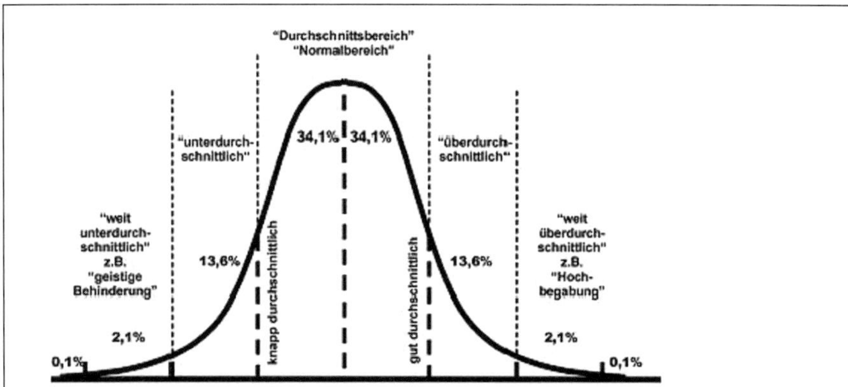

-3SD	-2SD	-SD	MW	+SD	+2SD	+3SD	Mittelwert/Streuung
0,1%	2,2%	15,8%	50,0%	84,2%	97,7%	99,9%	Prozentrang
55	70	85	100	115	130	145	IQ-Skala (100/15)
0	1	3	5	7	9	10	C-Skala (5/2)
-3	-2	-1	0	1	2	3	Z-Skala (0/1)
20	30	40	50	60	70	80	T-Skala (50/10)
70	80	90	100	110	120	130	T-Skala (100/10)

Die Normalverteilung hat den Vorteil, dass sie mathematisch sehr gut untersucht ist. Es zeigt sich, dass im Bereich zwischen -1 und +1 Standardabweichung ca. 68% aller Fälle liegen. Im Bereich zwischen -2 und +2 Standardabweichungen um den Mittelwert herum liegen bereits ca. 95% aller Fälle. In einem Bereich zwischen -3 und +3 Standardabweichungen liegen ca. 99% der Fälle.

Was heißt das konkret?
Nehmen wir erneut einen Intelligenztest und damit verbunden die Bestimmung des Intelligenzquotienten (IQ). Ein Intelligenztest hat immer einen Mittelwert von 100 und eine Standardabweichung von 15. Das heißt, dass 68% aller Menschen in einem IQ-Bereich zwischen 85 (100 - 15, also -1 Standardabweichung) und 115 (100+15, also +1 Standardabweichung) liegen. Das wird als durchschnittliche Intelligenz bezeichnet.
In einem IQ-Bereich zwischen 70 (100 - 2 x 15, also zwei Standardabweichungen unter dem Mittelwert) und 130 (100 + 2 x 15, also zwei Standardabweichungen über dem Mittelwert) liegen bereits 95% aller Menschen. Nur 2,5% aller Menschen haben demnach einen IQ größer als 130, nur 2,5% haben einen IQ kleiner als 70.
Menschen mit einem IQ von über 130 werden als „hochbegabt" bezeichnet, das sind ca. 2 Millionen Deutsche (2,5% von 82 Millionen). Genauso gilt umgekehrt, dass ca. 2 Millionen Menschen der bislang geltenden Definition gemäß „geistig behindert" sind, was bei einem IQ kleiner 70 der Fall ist. Menschen mit einem IQ zwischen 70 und 85 werden oftmals als „lernbehindert" bezeichnet.

Zu beachten ist hierbei, dass – wie im Kapitel zur Intelligenz- und Entwicklungsdiagnostik (S. 147) noch genauer ausgeführt wird – Intelligenz ein von Menschen **erdachtes Konstrukt** ist, über das auch noch keine definitorische Einigkeit besteht (Holling, Preckel & Vock, 2004).

Auch die genannten strikten **Grenzen**, ab derer ein Mensch das Label „lernbehindert" oder „geistig behindert" erhält, verlangen eigentlich einen extrem präzise bzw. reliabel messenden Intelligenztest.

Festzuhalten ist aber: Kein heute verfügbarer Intelligenztest erfüllt den für diese strengen und strikten Grenzen erforderlichen qualitativen Genauigkeitsanspruch.

Eine **Zuweisung von Menschen zu bestimmten Schulformen** allein aufgrund eines Intelligenztestergebnisses ist aus psychometrischen Erwägungen heraus deshalb sehr fraglich. Hinzu kommen natürlich noch kritische pädagogische, ethische und soziologische Erwägungen einer Sonderbeschulung, die aber in diesem Kapitel nicht weiter ausgeführt werden (vgl. hierzu ausführlich Mand, 2012).

Korrelation

Die Korrelation gibt Auskunft über den Grad bzw. die Stärke des Zusammenhangs zweier Merkmale.

> *Denken Sie zum Beispiel an die Merkmale Schuhgröße und Körperlänge. Besteht zwischen den Merkmalen ein Zusammenhang? Wahrscheinlich schon, denn es dürfte gelten: „Je länger jemand ist, desto größere Schuhe braucht er oder sie".*

Das ist zunächst eine Hypothese, also eine ungeprüfte Annahme, die dem common sense, also dem „gesunden Menschenverstand“, entstammt. Diese Hypothese kann empirisch überprüft werden. Wenn Körperlänge und Schuhgröße in einem Zusammenhang miteinander stehen, dann müsste eine signifikante („bedeutsame“) Korrelation zwischen ihnen bestehen.

Eine Korrelation wird immer mit dem Buchstaben *r* abgekürzt. Diese Kennziffer kann allgemein zwischen r = -1 und r = +1 schwanken. Korrelationen größer als +1 oder kleiner als -1 gibt es nicht. Es gilt:

- r = -1 steht für einen perfekten negativen Zusammenhang, in dem die Regel gilt: „Je *mehr* A, desto *weniger* B (linke Grafik in Abbildung 3),
- r = +1 steht für einen perfekten positiven Zusammenhang, es gilt die Regel: „Je *mehr* A, desto *mehr* B“ (mittlere Grafik in Abbildung 3) und
- r = 0 steht für keinen Zusammenhang, es gibt also keine Regel zwischen A und B (rechte Grafik in Abbildung 3).

Abbildung 3: Darstellung dreier beispielhafter Korrelationen

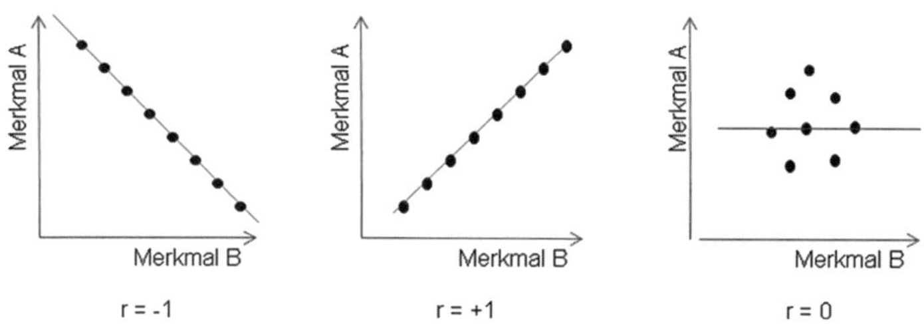

Kommen wir zur Ausgangsfrage über den Zusammenhang zwischen Körperlänge und Schuhgröße zurück. Das nachfolgende Diagramm wurde mit Studierenden der Heilpädagogik eines Diagnostik-Seminars der Evangelischen Fachhochschule Bochum erstellt (Abbildung 4). Jede Raute steht dabei für eine(n) TeilnehmerIn des Seminars mit ihrer individuellen Kombination aus Schuhgröße und Körperlänge.

Abbildung 4: Korrelation zwischen Schuhgröße und Körperlänge

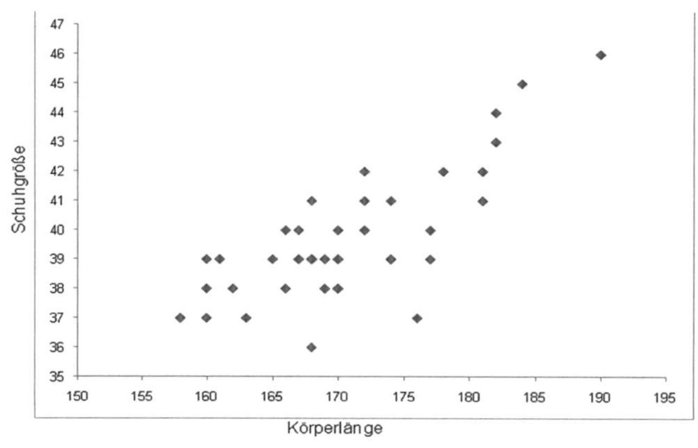

Die Korrelation aus Abbildung 4 beträgt r = 0,78. Das ist eine recht hohe Korrelation, die auch statistisch bedeutsam ist. Es zeigt sich also, dass in dieser Stichprobe von Studierenden die Hypothese bestätigt werden kann, dass Schuhgröße mit Körperlänge in einem Zusammenhang steht. Die Regel: „Je länger jemand ist, desto größere Schuhe hat er" gilt tendenziell, zumindest in der überprüften, nichtrepräsentativen Stichprobe.

Test

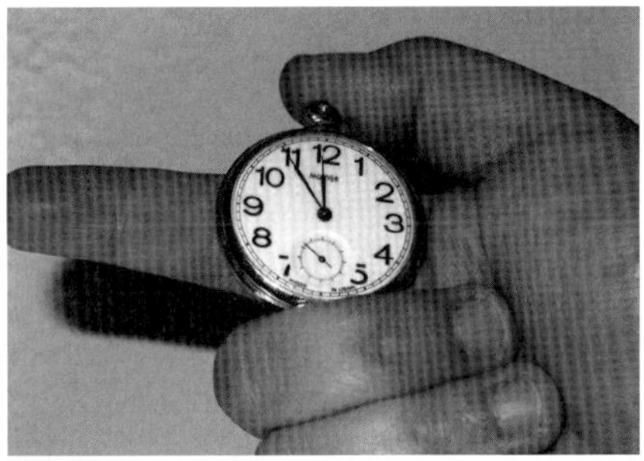

Definition

Der Begriff „Test" stammt aus dem englischen Sprachraum und bedeutet „Probe".

In der Psychologie wird ein Test definiert als:

„ein wissenschaftliches Routineverfahren zur Untersuchung eines oder mehrerer empirisch abgrenzbarer psychologischer Merkmale mit dem Ziel einer möglichst genauen quantitativen Aussage über den Grad der individuellen Merkmalsausprägung" (Lienert & Raatz, 1994, S. 1).

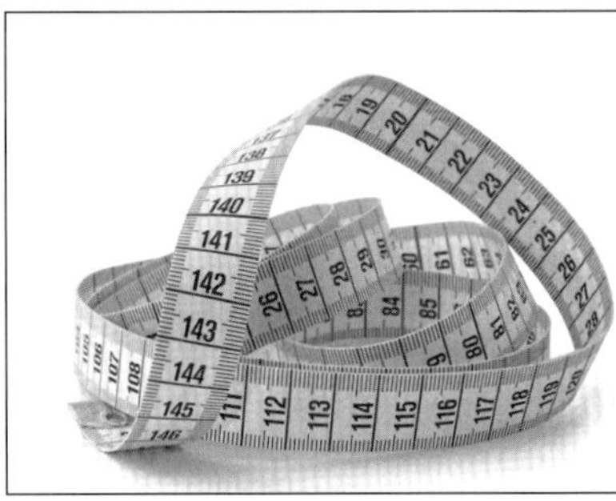

Individuelle Merkmale können Intelligenz, Konzentration oder Aspekte der Persönlichkeit wie Extraversion, Offenheit für neue Erfahrungen oder Gewissenhaftigkeit sein. Dadurch, dass Wissenschaftlichkeit eingefordert wird, ist nicht jedes beliebige Verfahren ein psychologisches Testverfahren. Es müssen **Mindeststandards** erfüllt sein und zwar hinsichtlich der Hauptgütekriterien Objektivität, Reliabilität und Validität (s. S. 56 ff.). Bei einem quantitativen Testverfahren wird versucht ein beliebiges empirisches Merkmal in einem Zahlenwert auszudrücken, und zwar im besten Fall so, dass sich reale Unterschiede zwischen den Personen sich auch in den Zahlenwerten widerspiegeln. Die numerische Zuordnung im Test soll also die empirischen Relationen abbilden.

Arten Quantitativer Testverfahren

Es gibt verschiedene Arten von psychologischen Testverfahren. Grob teilen sich Testverfahren auf in Leistungstests und Persönlichkeitstests sowie andere Fragebögen (Fisseni, 2004).

Leistungstests erfassen maximale Leistung einer Person und aufgrund der gezeigten Leistung im Test wird auf ein bestimmtes Ausmaß von Begabung geschlossen. Beispiele für Leistungstests sind: Intelligenztests, Konzentrationstests, Gedächtnistests, Entwicklungstests oder Schultests. Bei Leistungstests werden Aufgaben mit nur einer richtigen Antwort gestellt. Alle anderen Antworten sind falsch.

> *Bei einem Leistungstest zur Erfassung mathematischer Begabung müsste die Person beispielsweise so viele Mathematik-Aufgaben wie möglich richtig lösen, wobei jede Aufgabe genau eine eindeutig richtige Lösung hat.*

Bei Leistungstests wird ferner unterschieden zwischen Speed- und Power-Tests. Bei **Speed-Tests** gibt es eine exakte Zeitvorgabe und in der Regel reicht die Zeitvorgabe nicht aus, um alle Aufgaben bearbeiten zu können (z. B. d2-R). Bei **Power-Tests** gibt es hingegen keine Zeitvorgabe, es steht so viel Zeit zur Verfügung, wie die Person sich nimmt. Bei Power-Tests entscheidet also in unserem Beispiel ausschließlich die mathematische Begabung über die Anzahl der gelösten Aufgaben, bei Speed-Tests kommt es zudem auf motorische Schnelligkeit im Antwortprozess (Schnelligkeit, mit der die Antwort markiert wird), auf die Konzentrationsfähigkeit und (je nach Persönlichkeit und persönlichen Erfahrungen des Getestetem) auf die Stressresistenz an.

Bei einem ***Persönlichkeitstest*** oder anderen **Fragebögen** gibt es hingegen keine richtige oder falsche Antwort, sondern lediglich ein Ausmaß, in dem eine Antwort die Person bzw. deren Einstellung wiedergibt. Sie erlauben somit eine formalisierte Selbstbeschreibung.

> *Zum Beispiel könnte gefragt werden: „Sollen in Deutschland weitere Atomkraftwerke gebaut werden?“ oder „Gehen Sie gern auf Partys?“. Die Antworten „Ja“ oder „Nein“ geben dann die persönliche Einstellung des Antwortenden wider.*

Üblicherweise gibt es eine großzügige Zeitvorgabe, Stress oder Zeitdruck entstehen nicht. Beispiele für diese Art von Tests sind: Persönlichkeitstests wie der NEO-FFI, Einstellungs- und Interessen-Tests oder Klinische Tests (z. B. Symptom-Listen wie der BDI).

Bestandteile Quantitativer Testverfahren

In der Regel bestehen Testverfahren aus drei Bestandteilen:

1. dem Testmanual
2. dem Testmaterial
3. den zusätzlichen Auswertungshilfen (z. B. Schablonen, Lochfolien)

Im ***Testmanual*** wird ein Test vollumfänglich und ausführlich beschrieben. Es finden sich Information zur Entstehung des Tests, seiner wissenschaftlichen und theoretischen Grundlagen sowie Durchführungs- und Interpretationsanweisungen samt Normen. Adressat ist in der Regel der Testleiter.

Das ***Testmaterial*** erhält hingegen regelhaft der Klient. Es besteht bei schriftlich zu beantwortenden Fragen aus einem Testheft, in dem die Items (Aufgaben, Fragen oder Statements) und die Anleitung zur Bearbeitung des Tests enthalten sind, sowie aus dem Antwortbogen, in dem der Klient die Antworten markiert. Abhängig vom Test hat der Testleiter auch einen Protokollbogen vorliegen, in dem er die erreichten Lösungen dokumentiert. Werden ausschließlich praktische Aufgaben durchgeführt, liegt standardisiertes Kleinmaterial vor, welches ausschließlich für die Testanwendung vorgesehen ist.

Zusätzliche Auswertungshilfen sollen dem Testleiter nach der Bearbeitung die Auswertung erleichtern, indem zum Beispiel in Form einer Schablone oder Lochfolie die richtigen Antworten hervorgehoben werden. Oftmals gibt es zusätzlich CDs mit einem Auswertungsprogramm für Computer.

Allgemeiner Aufbau Quantitativer Testverfahren und Auswertungsprozess

Ein Test hat verschiedene Ebenen. Unterste und konkreteste Ebene ist in der Regel ein einzelnes **Item**. Bei einem Leistungstest wäre das zum Beispiel eine einzelne Aufgabe eines Intelligenztests im Bereich Zahlenfolgen: „Wie lautet die nächste Zahl der Reihe: 1, 3, 5, 7, x?“. Diese Aufgabe kann der Klient entweder richtig oder falsch lösen.

Die Summe der richtigen und falschen Lösungen mehrerer gleichartiger Aufgaben wird im Rahmen einer sogenannten **Skala** gebündelt. Die Summe wird bezeichnet als **Rohwert einer Skala**, in unserem Beispiel ist es der Rohwert der Skala „Zahlenfolgen“. Häufig bestehen Testverfahren aus mehreren Skalen, in unserem fiktiven Beispiel könnte neben einem Testteil „Zahlenfolgen“ auch in einem eher verbal orientierten Testteil „Wortanalogien“ abgefragt werden: „Baum verhält sich zu Wald wie Ähre zu x?“. Dann ergeben sich für einen Klienten sowohl ein Rohwert in der Skala „Zahlenfolgen“ wie auch ein Rohwert in der Skala „Wortanalogien“.

Hätte man neben diesen beiden Skalen weitere Skalen erfasst, dann könnten alle Ergebnisse weiter zu einem **Gesamtergebnis** wie dem „Intelligenzquotienten“

(IQ) gebündelt werden. Dafür wird zunächst der Gesamtrohwert aus der Summe aller Skalenrohwerte gebildet. Letztlich ist das nichts anderes als die Gesamtsumme der richtigen Lösungen eines Klienten.

Nachfolgend kann aus einer sogenannten **Normtabelle**, z. B. bei einem Intelligenztest, entnommen werden, welcher Intelligenzquotient (IQ) diesem Gesamtrohwert entspricht. Dabei gilt: Je mehr Aufgaben der Klient richtig gelöst hat, desto höher ist sein IQ. Per Definition entspricht ein durchschnittliches Ergebnis, also einer durchschnittlichen Leistung gelöster Items, einem IQ von 100.

Natürlich gibt es diverse Tests, die keinen IQ erfassen und in denen insoweit auch kein IQ-Ergebnis der Testbearbeitung und -auswertung ist. In einem solchen Fall stehen **weitere Normskalen** zur Verfügung (T-Skalen, Prozentränge, etc.), die in zur Normierung (S. 71f.) weiter ausgeführt werden.

Gütekriterien Quantitativer Testverfahren

Die wissenschaftlichen (Güte-)Kriterien sind nach Lienert und Raatz (1998):

Hauptgütekriterien:

1. Objektivität,
2. Reliabilität,
3. Validität.

Nebengütekriterien:

1. Normierung,
2. Fairness (ergänzt nach Moosbrugger & Kelava, 2008),
3. Vergleichbarkeit,
4. Ökonomie,
5. Nützlichkeit.

Ein Test ist nur dann tatsächlich ein Test, wenn er in einem gewissen Mindestmaß objektiv, reliabel und valide ist. Nachfolgend wird auf alle Hauptgütekriterien und auf die ersten beiden Nebengütekriterien vertiefend eingegangen. Die anderen Kriterien werden nur kurz benannt, weil ihnen bei vielen heil- und sonderpädagogischen Fragen keine hervorgehobene Bedeutung zukommt. Vertiefende Erläuterungen für Interessierte zu den fehlenden Nebengütekriterien finden sich zum Beispiel bei Lienert und Raatz (1994) oder Moosbrugger und Kelava (2008).

Objektivität

„Objektivität ist der Grad, in dem die Ergebnisse eines Tests unabhängig vom Untersucher sind“ (Lienert & Raatz, 1998). Anders ausgedrückt:

„Ein Test ist dann objektiv, wenn dasjenige Merkmal, das er misst, unabhängig von Testleiter, Testauswerter und von der Ergebnisinterpretation ist“ (Moosbrugger & Kelava, 2008).

Bei der Betrachtung der Objektivität sind demnach drei Arten von Objektivität bedeutsam:

1. Durchführungsobjektivität,
2. Auswertungsobjektivität,
3. Interpretationsobjektivität.

Die ***Durchführungsobjektivität*** betrifft den Grad der Unabhängigkeit der Testergebnisse von zufälligen oder systematischen Verhaltensvariationen des Untersuchers während der Testdurchführung – die ihrerseits zu Verhaltensvariationen des Teilnehmers führen und dessen Ergebnis beeinflussen. Variieren können auf Seiten des Untersuchers z. B. die Formulierung der Aufgabenstellung, der Umfang der Erklärungen, etc.

Auswertungsobjektivität betrifft die numerische oder kategoriale Auswertung der gegebenen Antworten nach vorgegebenen Regeln. Die Frage ist also, inwiefern dieselbe Antwort zu einer identischen Bewertung zum Beispiel als „richtig“ oder „falsch“ bei einem Item führt.

Die ***Interpretationsobjektivität*** betrifft den Grad der Unabhängigkeit der Interpretation des Ergebnisses von der Person des Interpretierenden. Der Interpretierende muss nicht mit dem Untersucher oder dem Auswertenden identisch sein. Interpretationsobjektivität ist dann gegeben, wenn aus den gleichen Auswertungsergebnissen anhand des Manuals gleiche Schlüsse gezogen werden. Ein Intelligenztest beispielsweise hat eine hohe Interpretationsobjektivität, da das Ergebnis nach festgelegten Regeln eindeutig zugeordnet werden kann.

Eine bewährte Hilfestellung zur Herstellung von Objektivität ist die **Standardisierung**. Durch eine Standardisierung werden die Bedingungen bei der Durchführung, Auswertung und Interpretation eines Tests vereinheitlicht und damit seine Objektivität erhöht. Die Standardisierung bezieht sich auf die Strukturierung der Situation (zum Beispiel hinsichtlich Mobiliar, Zeitbegrenzungen), die Vorgabe bestimmter Materialien, die exakte Formulierung verbaler Instruktionen sowie die präzisen Anleitungen und Beschreibungen von Bewertungs- und Auswertungsoperationen.

> Es ist sehr bedeutsam, dass die Standardisierungshinweise im Manual streng eingehalten werden, weil nur dann die Ergebnisse mit den Normstichproben verglichen werden können.

Als **Beispiel** für ein Verfahren mit geringer Objektivität können Projektive Verfahren dienen. Projektive Verfahren geben auslegungsfähiges Bildmaterial vor und sollen dadurch Projektionen des Untersuchten auslösen. Sie sind in der Regel tiefenpsychologisch ausgerichtet und erfordern aufgrund dessen bei der Anwendung eine entsprechende zusätzliche Qualifikation.

Bei dem Projektiven Verfahren „Familie in Tieren" von Brem-Gräser (1995) soll das Kind seine Familie in Tiere verwandelt darstellen. Basierend auf der Annahme, dass das Kind unbewusst seine Familiensituation in die Tiere projiziert, werden aus der Zeichnung psychoanalytisch determinierte Rückschlüsse auf die Wahrnehmung der einzelnen Familienmitglieder wie auch auf die Beziehungen zwischen den einzelnen Familienmitgliedern durch das zeichnende Kind gezogen. Als Informationsquelle genutzt wird unter anderem die Art des Tieres (Hund, Papagei, Affe, Elefant, etc.), seine Blickrichtung, seine zeichnerische Gestaltung und sein allgemeines Arrangement im Bild (zum Beispiel Hintergrund oder Vordergrund).
Im Manual finden sich keine Angaben zu den Gütekriterien. Kubinger, Schrott und Maitz prüften deshalb 2001 die Objektivität des Verfahrens. Sie gaben insgesamt 756 Kindern im Alter zwischen sechs und zwölf Jahren zu je zwei Zeitpunkten im Abstand von einem Monat die Aufgabe zweimal unmittelbar hintereinander ihre Familie zu zeichnen. Insgesamt fertigte jedes Kind also vier Zeichnungen an, zwei zu jedem Zeitpunkt. Die Zeichnungen wurden nach den oben genannten Kriterien durch acht verschiedene Beurteiler ausgewertet. Den Beurteilern war nicht bekannt, welche Zeichnung zu welchem Kind gehörte. Danach wurden die Interpretationen der Beurteiler über ein und dasselbe Kind verglichen. Gleiche Beurteilungen zwischen der Interpretation der unmittelbar hintereinander erfolgten Zeichnungen wären ein Indikator für die Objektivität des Verfahrens, da davon auszugehen ist, dass sich die Familiensituation nicht veränderte.
Im Ergebnis zeigten sich jedoch nur extrem geringe Zusammenhänge zwischen den Interpretationen der Zeichnungen bei einem Kind: In nur 0,84 % aller Fälle gab es Übereinstimmungen, in 18,49 % gab es einen gewissen Zusammenhang, in 80,67 % der Fälle zeigte sich überhaupt kein inhaltlicher Zusammenhang zwischen den Interpretationen durch die Beurteiler bei ein und demselben Kind. Es zeigte sich also, dass die Schlüsse auf die familiäre Situation des Kindes kaum vom Bild des Kindes abhingen, sondern sie waren stark abhängig vom jeweiligen Beurteiler. Insoweit ist davon auszugehen, dass bei dem Verfahren „Familie in Tieren" die Objektivität nicht gewährleistet ist. Wie wir noch ausführlicher besprechen werden, ist Objektivität allerdings die Grundlage für Reliabilität und Validität.

Die Autoren sprechen daher auch von einer „Null-Objektivität, Null-Reliabilität und daher Null-Validität" des Verfahrens Familie in Tieren. Das Verfahren ist also aufgrund mangelnder Objektivität weder zuverlässig (reliabel) noch gültig (valide). Es genügt somit nicht den Anforderungen, die an ein wissenschaftliches psychologisches Testverfahren zu stellen sind, weshalb es im Text auch nur als „Verfahren" bezeichnet wird und nicht als „Testverfahren". Projektive Verfahren oder Screenings spielen in der modernen Testpsychologie aufgrund der zweifelhaften Objektivität kaum mehr eine Rolle.

Im Internet findet sich zudem folgender kritischer Hinweis von Personen, die das Verfahren Familie in Tieren absolvierten:

„Als ich als Kind (8) unter Schlafproblemen gelitten habe, hat mich meine Mutter zum Therapeuten geschickt. Ich musste dort den gleichen Test machen, meine Familie als Tiere darstellen. Ich habe mir dabei kaum Gedanken gemacht, einfach die Tiere gezeichnet, die ich eben gut zeichnen konnte. Mein Vater war z. B. ein Löwe, weil er von Sternzeichen Löwe ist, die Therapeutin meinte dann, ich hätte Angst vor ihm, weil ich ihn als wildes Tier zeichne. Meine Schwester war ein Pferd, damals 17 Jahre und die Ärztin meinte, ich hätte sie als Pferd gezeichnet, weil sie so oft unterwegs ist (Fluchttier...) In Wirklichkeit war das damals mein Lieblingstier und ich konnte es gut zeichnen - genauso gut hätte ich „Mama" darunter schreiben können... Also ich finde mit viel Fantasie kann man in jedes Tier etwas hinein interpretieren... völliger Quatsch dieser Test xgg""

Sowohl aus wissenschaftlicher Sicht wie auch aus Sicht mancher Betroffener ist die Anwendung von projektiven Verfahren als diagnostisches Instrument wenig geeignet, um einen Erkenntnisgewinn zu erzielen. Wenn man trotzdem auf ein solches Verfahren zurückgreifen möchte, ist zu empfehlen, die entstandenen Hypothesen als vorläufig zu betrachten und sie mit dem Kind und/oder mit den betroffenen Eltern zu besprechen und so zu validieren. Letztlich wird zum Beispiel beim Verfahren „Familie in Tieren" das Bild des Kindes so zu einem kommunikativen Zugang, um mit den Beteiligten über die familiären Strukturen in ein Gespräch zu kommen. Es wird nicht mehr als für sich allein stehende, aussagekräftige Informationsquelle genutzt.

Reliabilität

Unter der Reliabilität versteht man die Zuverlässigkeit eines Tests. **Reliabilität misst den Grad der Genauigkeit, mit der ein bestimmter Test misst, unabhängig davon, ob er dieses Merkmal auch zu messen beansprucht** (das würde die Validität betreffen). Ein Test wäre demnach dann vollkommen reliabel, wenn mithilfe des Tests die Testperson fehlerfrei beschrieben bzw. exakt auf der Testskala lokalisiert werden könnte.

Beispiele für sehr reliable, also exakt oder genau messende Messinstrumente des Alltags wären zum Beispiel ein Maßband zur Messung der Körperlänge oder eine Waage zur Messung des Körpergewichts. Aber auch diese Messinstrumente messen nicht zu 100 % genau. Wenn Sie dreimal hintereinander dieselbe Person mit einem Maßband vermessen würden, würden sie vermutlich zu ähnlichen aber nicht zu exakt identischen Ergebnissen kommen. Mal steht die Person vielleicht nicht genau so wie bei der vorherigen Messung, mal machen Sie einen kleinen Fehler während des Ablesens etc.. Bei jedem Messvorgang ergeben sich also Messfehler.

Dies ist bei psychologischen Testverfahren nicht anders, auch hier gibt es einen je nach Verfahren unterschiedlich großen **Messfehler**. Der Vorteil quantitativer Testverfahren ist, dass sich dieser Messfehler über die Maßzahl der Reliabilität in seiner Größe abschätzen lässt. Es gilt bei dieser Maßzahl die Regel: **Je größer der Messfehler, der bei einer Messung auftritt, desto kleiner ist die Reliabilität**

eines Verfahrens. Umgekehrt gilt natürlich ebenso: **Je kleiner der Messfehler, desto größer ist die Reliabilität.** Diese Kennziffer ist regelhaft dem Testmanual zu entnehmen. Sollte im Manual keine Kennziffer hinsichtlich der Reliabilität vorhanden sein, so spricht dies zunächst gegen den Einsatz des Testverfahrens.

Numerisch schwankt eine **Reliabilitätskennziffer** (R) zwischen R = 0,00 und R = 1,00. Dabei ist R = 0,00 der kleinste mögliche Wert. Er zeigt an, dass das Verfahren höchst ungenau bzw. unzuverlässig misst. Nur der Zufall bestimmt in einem solchen Fall den Testwert eines Klienten. Konkret hieße das bei einer Größenmessung: Wenn Sie eine Lostrommel nehmen und in diese Lostrommel Lotterie-Kugeln legen mit Aufschriften zwischen 0,50 Metern bis 2,50 Metern, dann aus dieser Lostrommel eine Kugel ziehen und behaupten, die Aufschrift wäre die Körperlänge des Klienten, dann hätte dieser so geartete Messvorgang eine Reliabilität von R = 0,00. Nur der Zufall entscheidet über das Ergebnis der Messung. Offensichtlich ist eine solches Messinstrument für heil- und sonderpädagogische Zwecke nutzlos.

Eine Reliabilitätskennziffer von 1,00 hingegen ist der größtmögliche Wert. Er träte auf, wenn eine messfehlerfreie Messung möglich wäre. Jeder Klient wäre dann eindeutig und exakt auf der Testskala lokalisiert. Eine solche Messung ist in der Realität aber unmöglich, es gibt keine Verfahren, die das leisten könnten, es wird sie auch nie geben. Realistisch möglich sind aktuell Reliabilitätskennziffern von R = 0,95, zum Beispiel vom Culture-Fair-Test 20 (CFT 20-R; Weiß, 2012).

*Das folgende **Beispiel** soll Ihnen das **Konzept der Reliabilität** noch näher bringen. Nehmen wir an, Sie hätten eine defekte Waage zuhause. Sie würden nun fünf Personen, die in ihrem Hause wohnen, auf diese defekte Waage stellen und das Ergebnis ablesen. Danach würden dieselben fünf Personen in das Nachbarhaus gehen und sich dort auf eine funktionierende und exakt messende Waage stellen. Auch hier würden Sie für jede Person das Gewicht notieren und abschließend die Abweichung zwischen ihrer defekten und der funktionierenden Waage bestimmen. Nun tragen sie die so erhobenen Werte in eine Tabelle ein (Tabelle 3).*

Tabelle 3: Reliabilitätsbestimmung bei einer defekten Waage 1

Klient	Ergebnis „defekte" Waage	Ergebnis funktionierende Waage	Abweichungen der Waagen
A	24 kg	62 kg	-38 kg
B	85 kg	60 kg	25 kg
C	5 kg	66 kg	-61 kg
D	115 kg	68 kg	47 kg
E	79 kg	52 kg	27 g

Wie Sie sehen, sind die Abweichungen zwischen den Gewichtsmessungen Ihrer defekten Waage und der funktionierenden Nachbarwaage sehr groß. Vermutlich würden Sie der Anzeige Ihrer defekten Waage aus gutem Grund nicht trauen. Aus dieser Tabelle lässt sich die Reliabilität, also die Zuverlässigkeit bzw. die Genauigkeit ihrer defekten Waage mathematisch bestimmen, sie beträgt R = 0,02. Sie erinnern sich, der niedrigste mögliche Wert ist R = 0,00. Diese Waage ist also auch hinsichtlich ihrer mathematischen Kennziffer sehr schlecht, sie wäre aus wissenschaftlicher Sicht unbrauchbar. Schon gar nicht sollten Sie aus diesen Messergebnissen heil- und sonderpädagogische Interventionsmaßnahmen ableiten, denn ansonsten müsste Person C sofort als medizinisches Wunder in ein Krankenhaus, weil sie als Erwachsene nur 5 kg wiegt und Person D müsste fälschlicherweise umgehend eine Ernährungsberatung aufsuchen.

Sie sehen – **unreliable diagnostische Instrumente führen zu falschen Ergebnissen, somit zu falschen Schlussfolgerungen und zu falschen Empfehlungen und Interventionen.** Was würde wohl passieren, wenn es sich nicht um die Messung des Körpergewichts gehandelt hätte, sondern um die Messung des IQ? Schlechte Waagen erkennen Sie in der Regel schnell und mit dem gesunden Menschenverstand; schlecht konstruierte psychologische Testverfahren können sich leider besser tarnen und sind nur durch den zu identifizieren, der die Reliabilitäts-Kennziffer zu interpretieren weiß. Bitte vertrauen Sie nicht auf die Interpretation im Testmanual – diese können beschönigend bis bewusst irreführend formuliert sein. Ein konkretes **Beispiel** finden Sie auf Seite 156 f. Sehen wir uns ein weiteres Beispiel an (Tabelle 4).

Tabelle 4: Reliabilitätsbestimmung bei einer defekten Waage 2

Klient	Ergebnis „defekte" Waage	Ergebnis funktionierende Waage	Abweichungen der Waagen
A	67 kg	62 kg	-5 kg
B	57 kg	60 kg	3 kg
C	60 kg	66 kg	6 kg
D	72 kg	68 kg	-4 kg
E	52 kg	52 kg	0 kg

Diese Waage ist schon besser brauchbar. Die Abweichungen sind deutlich geringer als bei dem vorherigen Versuch. Die Reliabilität dieser Waage liegt bei R = 0,61, was aus wissenschaftlicher Sicht noch recht schlecht ist. Man würde ein Verfahren mit einer solchen Reliabilität nicht empfehlen. Sehen wir uns ein drittes und letztes Beispiel an (Tabelle 5).

Tabelle 5: Reliabilitätsbestimmung bei einer defekten Waage 3

Klient	Ergebnis „defekte“ Waage	Ergebnis funktionierende Waage	Abweichungen der Waagen
A	67 kg	66 kg	-1 kg
B	57 kg	58 kg	1 kg
C	60 kg	61 kg	1 kg
D	72 kg	71 kg	-1 kg
E	52 kg	52 kg	0 kg

Diese Waage ist aus Sicht der meisten StudentInnen, mit denen dieses Beispiel bearbeitet wurde, brauchbar. Die Reliabilität liegt mathematisch gesehen bei R = 0,84.

Zum Vergleich nachfolgend die **Reliabilitäten einiger aktueller psychologischer Testverfahren:**

Intelligenztests:

- R = 0,95 (CFT 20-R – Grundintelligenztest Skala 2 - Revision)
- R = 0,97 (HAWIK IV/WISC IV – Hamburg-Wechsler-Intelligenztest für Kinder)

Entwicklungstests:

- R = 0,92 (WET - Wiener Entwicklungstest)

Persönlichkeitstests:

- R = 0,85 (NEO-FFI – NEO-Fünf-Faktoren-Inventar)
- R = 0,79 (PFK 9-14 – Persönlichkeitsfragebogen für Kinder zwischen 9 und 14 Jahren)

Wie hoch sollte die Reliabilität eines Verfahrens mindestens sein?

Für Intelligenztests gilt die Regel, dass die Reliabilität mindestens R ⇢ 0,90 sein soll. Für Persönlichkeitstests werden geringere Standards angesetzt, hier werden Reliabilitätskennziffern von R ⇢ 0,70 in der Regel als ausreichend betrachtet.
Wenn diese Mindeststandards nicht erfüllt sind, ist die Interpretation des Testergebnisses erheblich erschwert bis unmöglich, weshalb von der Anwendung des Tests im Einzelfall sogar abzuraten ist (vgl. S. 147 ff.).

In unserem obigen Beispiel ist die Reliabilitätsbestimmung einfach, weil es ein gut messbares Kriterium (Gewicht) und hierzu passende, extrem exakte Messgeräte gibt (eine funktionierende Waage).

In der Heil- und Sonderpädagogik hat man es aber mit unsichtbaren (latenten), manchmal sogar von Menschen konstruierten Merkmalen wie der Intelligenz zu tun. Es gibt hierbei kein Messinstrument, das ebenso exakt und anerkannt ist wie die Waage und uns die „wahre" Antwort gibt. Es gilt also die Frage zu klären, wie ich trotzdem die Reliabilität, also die Zuverlässigkeit meines Messeinstruments, abschätzen kann. Hierzu stehen grundsätzlich drei verschiedene Methoden zur Verfügung:

1. Retest-Reliabilität
2. Paralleltest-Reliabilität
3. Innere Konsistenz z. B. durch die Testhalbierungsmethode

Retest-Reliabilität

Zunächst wird das Testverfahren durchgeführt. Das Testverfahren wird dann nach einem bestimmten Zeitraum nochmals vorgegeben und durch dieselben Personen also erneut bearbeitet. Dann wird der mathematische Zusammenhang zwischen den beiden Testdurchläufen bestimmt (Korrelation). Die **Korrelation** ist dann die Reliabilitätsabschätzung. Diese Methode erfordert eine relative Stabilität des Merkmals über die Zeit.

> *Kommen wir beispielhaft nochmal zurück auf Ihre Waage von eben. Nehmen wir an, Sie hätten eben nur diese eine Waage zur Verfügung und wüssten nicht, wie gut oder schlecht sie ist. Wie stellen Sie die Genauigkeit ihrer Waage fest? Lösung: Sie stellen sich und Ihre Nachbarschaft einfach jeweils zweimal hintereinander auf Ihre Waage. Da sich das Gewicht durch das Auf- und Absteigen auf die Waage (leider) nicht wirklich reduziert, ist die Ähnlichkeit der Ergebnisse ein Indikator für die Reliabilität bzw. die Genauigkeit der Messung. Eine gute Waage zeigt jedem Einzelnen immer dasselbe Ergebnis, eine schlechte Waage zeigt bei jedem immer ein anderes Ergebnis. Wenn der, der vorher 60 kg wog, beim zweiten Wiegevorgang direkt danach 53 kg wiegt und dieses Ausmaß an Ungenauigkeit bei vielen auftritt, dann ist die Waage nicht gut. Genauso ist die Logik bei der Retest-Reliabilität. Unter der Prämisse, dass sich das gemessene Konstrukt in der Zwischenzeit nicht ändert sollte ein guter Test immer dasselbe Messergebnis liefern. Ändert sich das Messergebnis zu sehr, ist die Reliabilität des Messinstruments nicht gut.*

Ein wesentlicher Unterschied zwischen unserem Beispiel und der Realität der Retest-Messung ist die Wartezeit. Im Beispiel der Waage warten Sie nicht lange mit der Wiederholung des Wiegevorgangs, bei Testverfahren wartet man regelhaft mindestens 6 Wochen, da ansonsten die Erinnerung an die vorherige Testung einen hohen Einfluss auf das Ergebnis der zweiten Testung ausüben kann.

Paralleltest-Reliabilität

Zunächst wird bei dieser Vorgehensweise eine **parallele Form des Tests** entwickelt. Eine parallele Form ähnelt dem, was in der Schule durch die „A"- und „B"-Form bei Mathematik-Klassenarbeiten angewendet wird, wobei der links Sitzende die eine und der rechts Sitzende die andere Form erhält. Beide Klausuren haben dieselben Aufgaben und sind auch gleich schwierig, sonst wäre es ungerecht, aber es werden andere Zahlen und Ergebnisse verwendet, so dass niemand vom anderen abschreiben kann.

Beide Formen werden folgend von denselben Klienten bearbeiten, dann wird wie gewohnt der mathematische Zusammenhang zwischen den beiden Durchläufen bestimmt (Korrelation). Diese Maßzahl ist die **Reliabilitätsschätzung**. Ein Vorteil besteht darin, dass diese Form der Reliabilitätsbestimmung auch bei instabilen bzw. schnell schwankenden Merkmalen verwendet werden kann, denn es gibt ja nur einen Testzeitpunkt. Durch die Paralleltestentwicklung erhöht sich jedoch auch der Aufwand der Testentwicklung, da die doppelte Anzahl an Items zu entwickeln ist.

Die innere Konsistenz

Bei der Methode der inneren Konsistenz wird der Test einmal vorgegeben. Dann wird der Test halbiert, zum Beispiel nach geraden und ungeraden Itemnummern, und es wird für jede Testhälfte ein Testergebnis bestimmt, zum Beispiel die Anzahl der gelösten Aufgaben. Abschließend wird wie gewohnt der Zusammenhang zwischen den beiden Ergebnissen (Korrelation) bestimmt. Das Ergebnis stellt die Reliabilitätsschätzung dar.
Die Methode der Testhalbierung wurde durch Cronbach (1951) erweitert, der eine besondere Berechnungsmethode erfand, bei der davon ausgegangen wird, dass der Test immer wieder in beliebige Hälften geteilt wird. Seine Berechnungsmethode wird regelhaft angewandt und ist in fast jedem Testmanual mit der Abkürzung **„Cronbachs α"** oder einfach nur „α" angegeben. Die oberen und unteren Grenzen gelten wie von der Reliabilität (Kennziffer R) gewohnt, ein Wert von $\alpha = 0{,}00$ stellt den kleinstmöglichen also schlechtesten Wert dar, ein Wert von $\alpha = 1{,}00$ den größtmöglichen bzw. besten Wert.

Vertrauensintervalle und ihre Bedeutung

Welche Auswirkungen hat eine hohe oder geringe Reliabilität eines Tests? Wie wir sehen werden, hat die Reliabilität erhebliche Auswirkungen, die aber oft nicht hinreichend bekannt sind und somit unberücksichtigt bleiben – oft zum Schaden von Klienten. Mit der Reliabilität kann ein für die Heil- und Sonderpädagogik extrem wichtiges Maß bestimmt werden, das sogenannte Vertrauensintervall, auch **Konfidenzintervall** genannt. Dieses Maß leitet sich aus den testtheoretischen Grundlagen ab, die einem psychologischen Testverfahren in der Regel zugrunde liegen. Diese Grundlagen werden als die Axiome der „Klassischen Testtheorie“ bezeichnet. Nachfolgend werden die wichtigsten Axiome erläutert, in einen Zusammenhang zur Reliabilität gebracht und deren bedeutsame Auswirkung auf die Heil- und Sonderpädagogik herausgestellt.

Die Grundannahmen der Klassischen Testtheorie

Die Klassische Testtheorie macht zunächst eine Annahme darüber, aus welchen Bestandteilen sich ein Testergebnis zusammensetzt.

Angenommen wird, dass sich ein konkretes Testergebnis einer Person (T) ergibt als Summe eines angenommenen **„Wahren Wertes“** (X) und eines bei jeder Messung auftretenden Messfehlers E (E für Error, englisch für Fehler). Es gilt $T = X + E$. Wenn also jemand beispielsweise Ihre Körperlänge misst, so ergibt sich das Ergebnis der Messung (T) aus Ihrer „wahren Größe“ (X, so groß sind sie also „in Wirklichkeit“) und einem mal mehr oder weniger großen Messfehler (E, der Kopf wird leicht schief gehalten, es geschehen Ablesefehler, etc.).

Darüber hinaus werden in der Klassischen Testtheorie Annahmen über die **Natur des Messfehlers E** getroffen. Es wird angenommen, dass der Messfehler zufällig mal einen zu hohen Wert und mal einen zu niedrigen Wert ergibt. In unserem Beispiel würde das bedeuten, dass Ihre wahre Körperlänge zufällig mal über- und mal unterschätzt wird. Mal werden Sie also durch falsches Ablesen oder andere Fehler im Messprozess länger gemacht als Sie eigentlich sind, mal kürzer.
Dies ist wichtig, denn dadurch unterscheidet sich der Messfehler von einem systematischen Einfluss, einem sogenannten *bias* (bias bedeutet Verzerrung). Von einem solchen systematischen Einfluss würde man sprechen, wenn Sie systematisch bei der Messung der Körperlänge „schummeln“, um sich ein paar Zentimeter länger zu machen.

Wenn nun aber der Messfehler keine Systematik aufweist, sondern per Zufall mal Ihre Länge über- und mal unterschätzt, so leitet sich daraus ab, dass man eine exaktere Messung erhält, wenn man die Messung wiederholt und den Mittelwert bestimmt.

> *In unserem Beispiel würden Sie also dann eine exaktere Bestimmung Ihrer Körperlänge erhalten, wenn Sie sich zehn Mal hintereinander vermessen und dann den Mittelwert der Messungen berechnen. Wenn Sie sich theoretisch unendlich oft vermessen würden, dann würden sich die Überschätzungen mit den Unterschätzungen ausgleichen und Sie könnten Ihren exakten „wahren Wert“ bzw. in diesem Fall Ihre exakte „wahre Körperlänge“ bestimmen. Aber wer will sich schon unendlich oft vermessen. Insoweit muss man sich mit Näherungen zufrieden geben.*

Zusammengefasst ist wichtig zu verstehen, dass jeder Messvorgang dazu gedacht ist, den „wahren Wert“ zu erfassen, also die „wahre Körperlänge“, die „wahre Konzentrationsfähigkeit“, die „wahre Intelligenz“ etc..
Durch ein konkretes Testergebnis erhält der Diagnostiker jedoch immer nur eine Schätzung dieses eigentlich gesuchten wahren Wertes, der um einen mal mehr oder minder großen Messfehler verzerrt ist.
Je geringer der Messfehler, desto besser ist die Schätzung. Ziel des Heil- und Sonderpädagogen sollte also die Bevorzugung von möglichst genau messenden Testverfahren mit geringem Messfehler sein. Das sind Verfahren mit hoher Reliabilität. Die Angabe über die Reliabilität findet sich im Testmanual. Sind dort keine Angaben zu finden, so kann die Verwendung des Verfahrens – wie bereits ausgeführt - Gefahren beinhalten. Sie sollten dies genau prüfen und ggf. von der Verwendung des Verfahrens absehen.

Praktische Auswirkungen einer guten oder weniger guten Reliabilität eines Tests

Auch hierzu ein Beispiel: Angenommen Sie würden bei einem Klienten einen Intelligenztest durchführen und hätten im Ergebnis einen Wert von 90 erhalten. Es ist wie oben erwähnt zu berücksichtigen, dass dieses Ergebnis (T) von 90 nur eine Schätzung des „wahren Wertes“, also der „wahren Intelligenz“ (X), des Klienten ist. Unser Testergebnis ist von einem Messfehler (E) beeinflusst.

Das Besondere bei psychologischen Testverfahren ist, dass man aus der Reliabilität bestimmen kann, in welchem IQ-Bereich sich die „wahre Intelligenz“ befindet. Angegeben wird solch ein Bereich über ein sogenanntes **Vertrauensintervall.**

In Abbildung 5 sind zwei Vertrauensintervalle visualisiert, betitelt mit A und B. Diese Intervalle gehören jeweils zu Testverfahren A bzw. B. Bei beiden Verfahren hat sich wie angenommen ein IQ von 90 für den Klienten ergeben (visualisiert durch das große „X“ in der Mitte). Bei jeder Intervallbestimmung wird der konkrete Testwert des Klienten „in die Mitte genommen“. Die gestrichelten Linien verdeutlichen das jeweilige Vertrauensintervall. Bei Testverfahren A befindet sich der „wahre Wert“ des Klienten mit einer Wahrscheinlichkeit von 95% zwischen einem IQ von 80 und 100. Das ist eine Spannbreite von 20 IQ-Punkten, was vergleichsweise viel ist. Bei Verfahren B befindet sich der wahre IQ zwischen 85 und 95. Dieses Intervall ist nur 10 IQ Punkte groß und damit deutlich kleiner als bei Verfahren A mit 20 IQ-Punkten Intervallbreite.

Abbildung 5: Generische Darstellung zweier Vertrauensintervalle für die Verfahren A und B

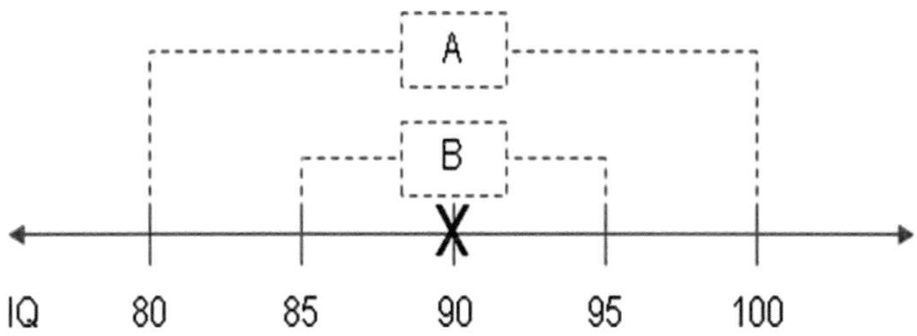

Zunächst zur Frage: Wie kommen diese Unterschiede zustande? Bei Verfahren B ist das Vertrauensintervall kleiner, weil die Reliabilität des Tests höher ist. Der wahre Wert wird also mit höherer Genauigkeit bzw. Präzision erfasst. Bei Verfahren A hingegen ist der Messfehler größer. Es handelt sich um ein weniger reliables Testverfahren. Hätten Sie die Auswahl zwischen Verfahren A und B, sollten Sie Verfahren B verwenden.

Wie wird ein Vertrauensintervall bestimmt? Die **Bestimmung** der oberen und unteren Grenze eines **Vertrauensintervalls** ist nicht schwierig, erfordert aber meist einen Taschenrechner. Zur Vereinfachung wird angenommen, dass es sich um einen Intelligenztest handelt. Auf die mathematische Herleitung der Formeln wird verzichtet, bitte nehmen Sie sie so hin, wie sie sind.

In einem ersten Schritt wird der sogenannte **Standardmessfehler** (SM) berechnet: Dies geschieht, indem die Differenz zwischen 1 und der Reliabilität des Verfahrens berechnet wird. Aus dem Ergebnis wird die Wurzel gezogen und nachfolgend mit 15 multipliziert. In einer versprachlichten Formel ausgedrückt heißt das:

SM = 15 x Wurzel (1-Reliabilität).

In einem zweiten Schritt wird die **Intervallbreite** (IB) bestimmt, in der der wahre Wert mit einer Wahrscheinlichkeit von 95 % liegt (eine Wahrscheinlichkeit von 95 % ist allgemein akzeptierter Standard). Hierzu wird der Standardmessfehler mit 1,96 multipliziert:

IB = SM x 1,96.

Im dritten und letzten Schritt wird die Intervallbreite auf mein konkretes Testergebnis angewendet, indem die **untere und obere Grenzen** (uG und oG) **des Intervalls** bestimmt werden. Die untere Grenze (uG) ist der Testwert des Klienten (TW) minus der Intervallbreite; die obere Grenze (oG) ist der Testwert plus der Intervallbreite. Oder via Formeln:

uG = TW – IB
oB = TW + IB

Nehmen wir beispielhaft an, wir hätten einen Intelligenztest mit einer Reliabilität von R = 0,95 verwendet und im Ergebnis einen IQ von 90 als Testwert des Klienten (TW) erhalten. Dann bestimmt sich das Vertrauensintervall mit seiner unteren und oberen Grenze (uG und oG) wie folgt:

SM = Wurzel (1-Reliabilität) x 15 = Wurzel (1-0,95) x 15 = 0,22 x 15 = 3,35
IB = SM x 1,96 = 3,35 x 1,96 = 6,57
uG = TW – IB = 90 – 6,57 = 83,43
oG = TW + IB = 90 + 6,57 = 96,57

Das **Ergebnis** heißt inhaltlich: Mit einer Wahrscheinlichkeit von 95% befindet sich der wahre IQ des Klienten in einem Bereich von 90 ± 6,57, also im Bereich zwischen 83,43 und 96,57 (Abbildung 6). Mit einer (geringen) Wahrscheinlichkeit von 2,5 % ist der IQ größer als 96,57, mit einer Wahrscheinlichkeit von 2,5 % ist er kleiner als 83,43.

Abbildung 6: Vertrauensintervall bei einem IQ von 90 (Testwert) und einer Reliabilität von R = 0,95

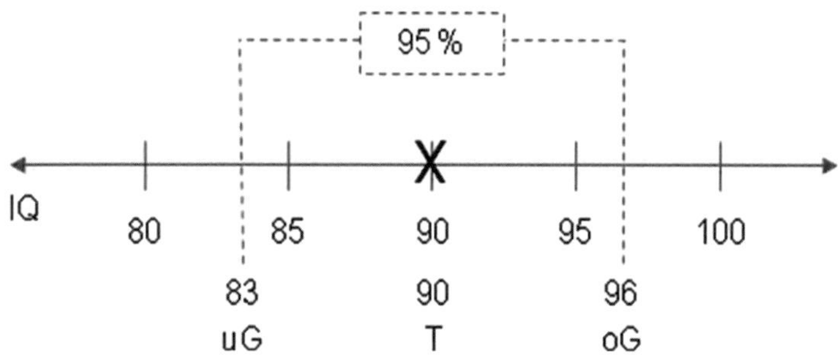

Es zeigt sich: Selbst bei einem Test mit hoher Reliabilität von R = 0,95 zeigen sich Vertrauensintervalle von ca. 13 IQ Punkten, in denen sich der „wahre IQ" eines Klienten befindet. Dies verdeutlicht die Ungenauigkeit, mit der selbst vergleichsweise genau messende Testerfahren messen. Wie ungenau sind dann erst Verfahren mit geringer Reliabilität?

Das lässt sich leicht berechnen. Nehmen wir an, wir hätten einen Intelligenztest mit einer Reliabilität von R = 0,80 (statt mit R = 0,95) verwendet und wiederum einen IQ von 90 als Testwert des Klienten (TW) erhalten. Dann bestimmt sich das Vertrauensintervall mit seiner unteren und oberen Grenze (uG und oG) folgendermaßen:

SM = Wurzel (1-Reliabilität) x 15 = Wurzel (1-0,80) x 15 = 6,75
IB = SM x 1,96 = 6,75 x 1,96 = 13,23
uG = TW – IB = 90 – 13,23 = 76,77
oG = TW + IB = 90 + 13,23 = 103,23

Der „wahre IQ" des Klienten liegt bei diesem Verfahren mit einer Reliabilität von R = 0,80 also gerundet zwischen 76 und 103 (Abbildung 7). Mit anderen Worten liegt die kognitive Begabung des Klienten irgendwo zwischen kognitiv durchschnittlicher Begabung (wenn er einen „wahren IQ" von 103 hätte) und einer deutlichen Lernbehinderung (wenn er einen „wahren IQ" von 76 hätte). Für ein solches Ergebnis hätte man keinen Intelligenztest durchführen müssen. Ein solches Ergebnis hilft auch in keinem heil- oder sonderpädagogischem Anwendungsfall inhaltlich weiter.

Abbildung 7: Vertrauensintervall bei einem IQ von 90 (Testwert) und einer Reliabilität von R = 0,80

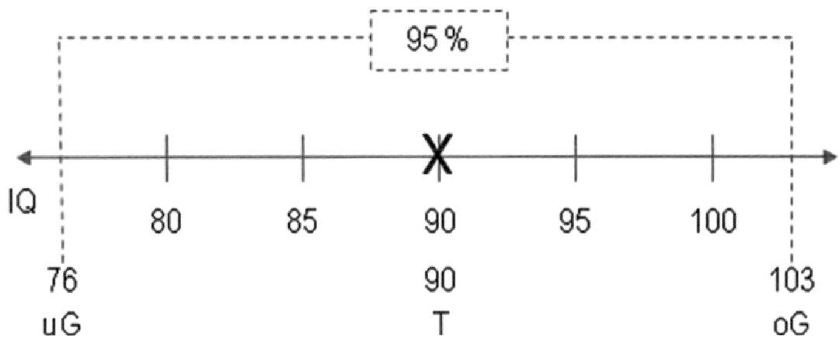

Zusammengefasst wird deutlich, dass ein Testverfahren durch eine zu geringe Reliabilität unbrauchbar wird und (falls doch verwendet) zu erheblichem Schaden für die Klienten führen kann. Dies ist dann der Fall, wenn der Messfehler den Testwert des Klienten so weit verzerrt, dass es zu falschen Interpretationen und damit zu falschen weiterführenden Maßnahmen kommt.

Stellen Sie sich dazu einmal vor, es wäre Ihr Kind, dem nur aufgrund eines schlecht ausgewählten, unreliablen Intelligenztests und fehlenden Glücks am Testtag ungerechtfertigt der Besuch einer Förderschule empfohlen wird, obgleich es eigentlich kognitiv durchschnittlich begabt ist.

Es gelten nach Fisseni (2004) folgende vereinfachende **Daumenregeln bei der Bewertung von Reliabilitäten**:

- eine Reliabilität von R < 0,80 ist eine niedrige Reliabilität,
- eine Reliabilität zwischen R = 0,80 und R = 0,90 gilt als mittlere Reliabilität,
- eine Reliabilität von R > 0,90 ist hoch.

Validität

Validität ist die sogenannte Gültigkeit eines Verfahrens.

„Valide ist ein Test, wenn er dasjenige Merkmal, das er messen oder vorhersagen soll, tatsächlich misst oder vorhersagt“ (Lienert & Raatz, 1998).

Moosbrugger und Kelava (2008) definieren ähnlich: „Ein Test gilt dann als valide („gültig“), wenn er das Merkmal, das er messen soll, auch wirklich misst und nicht irgendein anderes.“ In der Regel werden verschiedene **Arten der Validität** unterschieden:

1. inhaltliche Validität,
2. Augenscheinvalidität,
3. kriterienbezogene Validität,
4. Konstruktvalidität.

Die ***inhaltliche Validität*** prüft, inwieweit ein Test bzw. seine Elemente ein Persönlichkeitsmerkmal oder eine Verhaltensweise repräsentieren (Lienert & Raatz, 1994). So ist es zum Beispiel klar, dass eine Schreibprobe die Schnelligkeit und die Richtigkeit prüft, inwieweit jemand des Schreibens bzw. der Rechtschreibung mächtig ist. Eine Prüfung der inhaltlichen Validität erfolgt durch Experten im Rahmen der Testentwicklung.

Die ***Augenscheinvalidität*** ist leicht zu verwechseln mit der inhaltlichen Validität. Der Unterschied ist, dass bei der Augenscheinvalidität nicht Experten sondern betroffene Laien beurteilen, ob der Test das Konstrukt, das er erfassen soll, gut repräsentiert. In diesem Fall werden also Betroffene eingebunden. Eine hohe Augenscheinvalidität erhöht oft die Akzeptanz der Ergebnisse bei Betroffenen.

Die ***kriterienbezogene Validität*** meint die Übereinstimmung des Tests mit einem Außenkriterium. In der Regel wird also ein Test vorgegeben und zudem ein Außenkriterium erhoben. Die Korrelation der beiden Kriterien gibt dann Auskunft über die kriterienbezogene Validität.
So wäre ein Schuleignungstest beispielsweise dann kriterienbezogen valide, wenn er mit hoher Genauigkeit voraussagen könnte, ob ein Kind die Anforderungen der Schule bewältigen kann, oder ob es besser noch ein weiteres Jahr den Kindergarten besucht.

Die ***Konstruktvalididät*** erfasst, ob ein Test das zu messende Konstrukt in seiner inhaltlichen und theoretischen Breite erfasst. Es soll also das zu Messende in seinem gesamten Bedeutungsumfang beschrieben werden. Dies wird in der Regel empirisch durch eine konvergente und diskriminante Validitätsprüfung nachgewiesen.

Bei der **konvergenten Validitätsprüfung** werden bewährte Testverfahren, die ein gleiches oder zumindest ähnliches Konstrukt wie der zu bewertende Test erfas-

sen, gemeinsam mit dem zu bewertenden Testverfahren von denselben Personen bearbeitet. Nachfolgend wird der statistische Zusammenhang mit Hilfe des Korrelationskoeffizienten erfasst. Ist die Korrelation hoch, dann spricht das dafür, dass der Test dasselbe (oder etwas sehr ähnliches) erfasst wie die bewährten Verfahren.
Dasselbe Prinzip wird bei der **diskriminanten Validität** angewandt, nur dass diesmal Verfahren herangezogen werden, die etwas anderes messen sollen als das zu bewertende Verfahren. Hier wird aber natürlich erwartet, dass der statistische Zusammenhang, die Korrelation, gering ist.
Visualisiert werden die Ergebnisse einer Konstruktvaliditätsprüfung häufig durch eine **Multitrait-Multimethod-Matrix** (MTMM) (Eid, Nussbeck & Lischetzke, 2005). In dieser werden die Korrelationen einander grafisch gegenübergestellt. In der Diagonalen finden sich dabei die Reliabilitäten der jeweiligen Verfahren, in den jeweiligen Spalten- und Zeilenüberschriften die Testverfahren und in den Zellen die jeweilige Korrelation zwischen zwei Verfahren.

Normierung

Eine Normierung bildet eine Vergleichsgrundlage für ein bestimmtes Testergebnis. Grundsätzlich lassen sich verschiedene **Arten der Normierung** unterscheiden:

1. intra-individuelle Norm,
2. Kriteriums-Norm,
3. soziale oder statistische Norm.

Bei der ***Intra-individuellen Norm*** ist der vorherige Wert einer Person der Vergleichswert. Es wird also im Rahmen einer Vorher-Nachher-Diagnostik geprüft, ob sich eine Veränderung in einem bestimmten Bereich ergeben hat. Beispielsweise könnte zu Beginn und zum Abschluss einer motorischen Förderung jeweils derselbe Motoriktest bearbeitet werden. Die Verbesserung des Wertes spiegelt dann die Verbesserung des Klienten durch die Förderung (und ggf. durch körperliche Reifung) dar. Vorteil dieser Art der Normierung ist, dass jegliche Form der Stigmatisierung vermieden wird – der Klient bildet seine eigene Bezugsgruppe, er wird nur mit seiner eigenen Leistung aus der Vergangenheit verglichen. Demgemäß sagt eine solche Art der Normierung aber auch nichts darüber aus, ob eine Leistung des Klienten im Vergleich zu anderen seines Alters durchschnittlich, unterdurchschnittlich oder überdurchschnittlich ist (vgl. Abschnitt zum Bezugssystem im Kapitel zur heil- und sonderpädagogischen Diagnostik, S. 11).

Bei der ***Kriteriums-Norm*** entscheidet der Heil- oder Sonderpädagoge aufgrund seiner Expertise und Lebens- bzw. Berufserfahrung über einen pädagogischen Zielwert, das Kriterium, das bei einem bestimmten Test als ausreichend oder wünschenswert erachtet wird. Auch hierbei wird die Leistung des Klienten nicht in einen Vergleich gestellt zu anderen, sondern der Klient misst sich ausschließlich an dem Kriterium, das der Pädagoge anlegt. Es ist also auch hier keine Stigmatisierung des Klienten zu befürchten, zugleich fehlt die Information, wie die Angaben bzw. die Leistung des Klienten sich im Vergleich zu anderen verhalten (vgl. Abschnitt Erfahrungsnorm im Kapitel zur heil- und sonderpädagogischen Diagnostik, S. 14).

Die ***soziale oder statistische Norm*** ist die bei den meisten Heil- oder Sonderpädagogen bekannteste Normierungsmöglichkeit. Hier wird ein Vergleich mit einer Normpopulation, z. B. mit gleichaltrigen Kindern Deutschlands, vorgenommen. Das lässt Aussagen darüber zu, ob der Klient beispielsweise in einem Intelligenztest unterdurchschnittlich, durchschnittlich oder überdurchschnittlich abgeschnitten hat (Gaußsche Normalverteilung). Das Ergebnis der Normierung ist in Form einer Normtabelle dem Testmanual beigefügt. Die Verwendung der sozialen oder statistischen Norm kann die Gefahr der Stigmatisierung beinhalten, die weiter reichende Folgen nach sich ziehen kann. Wird dies befürchtet, kann auf die beiden vorhergenannten Normierungsmöglichkeiten zurückgegriffen werden; Furcht vor Stigmatisierung ist also kein valides Argument gegen die Durchführung von Tests, denn es gibt Alternativen zur statistischen Norm.

Bei Testverfahren sind die Art der **Gewinnung der Normstichprobe**, deren Größe sowie ihr Alter Qualitätskriterien. Eine Normstichprobe sollte zumindest näherungsweise repräsentativ sein. Die Gewinnung einer repräsentativen Normstichprobe ist unter realen Bedingungen aufgrund des erheblichen finanziellen Aufwands aber nicht möglich, insoweit wird oft auf eine Näherung durch eine sogenannte Quotenstichprobe zurückgegriffen.

Bei einer **Quotenstichprobe** sollen bedeutsame Eigenschaften wie Geschlecht, Bildung, örtliche Herkunft (Bundesländer, etc.), Einkommen einer Stichprobe den Verhältnissen von der Gruppe ähneln, für die der Test gedacht ist. Ein Test, der also für Menschen aus Deutschland gedacht ist, sollte die Geschlechterverhältnisse, die ökonomischen Verhältnisse etc. in Deutschland gemäß der amtlichen Statistik widerspiegeln.

Eine zumindest näherungsweise **Repräsentativität** ist durch nichts zu kompensieren, auch nicht durch eine riesige Eichstichprobengröße. Dies wird unmittelbar einsichtig, wenn man sich überlegt, was passieren würde, wenn zwei Universitäten in ihrer Nähe aus Kostengründen als Eichstichprobe für einen Intelligenztest herangezogen würden. Die Eichstichprobe wäre vermutlich mehrere tausend Personen groß (je nachdem, wo sie wohnen) und damit deutlich größer als bei vielen anderen Tests. Das durchschnittliche Bildungsniveau dieser so gewonnenen Eichstichprobe läge aber deutlich über dem bundesdeutschen Schnitt, was dazu führen würde, dass die meisten Menschen, die den so geeichten Test bearbeiten würden, unterdurchschnittliche IQ-Werte bescheinigt bekämen.

Eine weitere Kennziffer der Eichstichprobe ist ihre **numerische Größe** bzw. ihr Umfang. Je nach Testart sollten zwischen ca. 300 und 1000 Personen an der Testeichung bzw. der Normstichprobe beteiligt gewesen sein. Bei Intelligenztests sollte die Zahl aufgrund ihrer hohen Bedeutung für die Lebensläufe mancher Be-

troffener eher im höheren Bereich, also bei ca. 1000, liegen. Bei Tests für spezielle Fragestellungen oder bei Fragebögen mit weniger essentiellen Bedeutungen reichen auch geringere Stichprobengrößen aus (Lienert & Raatz, 1998).
Das Kriterium des Umfangs der Eichstichprobe ist allerdings im Vergleich, zum Beispiel mit dem Kriterium der Reliabilität, weniger bedeutsam, da die entstehenden Unschärfen durch geringere Stichprobengrößen deutlich geringer sind als die durch mangelnde Zuverlässigkeit des Verfahrens. Das bedeutet: **Müssen Sie entscheiden zwischen einem Test mit hoher Reliabilität aber eher geringem Eichstichprobenumfang und einem anderen Test mit geringer Reliabilität und hohem Eichstichprobenumfang, dann sollten sie sich für ersteren entscheiden.**

Es gibt verschiedene **Normskalen**. Die IQ-Norm mit einem Mittelwert von 100 und einer Standardabweichung von 15 ist dabei nur eine von vielen, wenn auch die bekannteste. In Abbildung 8 sind verschiedene Normskalen dargestellt. Eine genauere Ausführung zu allen Skalen findet sich u.a. bei Petermann und Macha (2005, http://entwicklungsdiagnostik.de/standardwerte.html) oder bei Ingenkamp und Lissmann (2008, S. 63ff.). An dieser Stelle sei nur auf den groben Zusammenhang hingewiesen. So zeigen Prozentränge immer an, wieviele Personen schlechter oder besser als der Klient abgeschnitten haben. Ein Prozentrang von 90 bedeutet beispielsweise, dass nur 10% der Kinder der Normstichprobe noch mehr Aufgaben gelöst haben als der Klient. Hingegen haben 90% der Kinder gleichviel oder weniger Aufgaben gelöst als er. Ein Prozentrang von 90 entspricht in etwa einem IQ von 120, wie sich auch aus der Abbildung x ergibt. Weitere Beispiele folgen unter der Abbildung.

Abbildung 8: Vergleichende Darstellung gebräuchlicher Testnormskalen nach Lienert & Raatz, 1998, 283

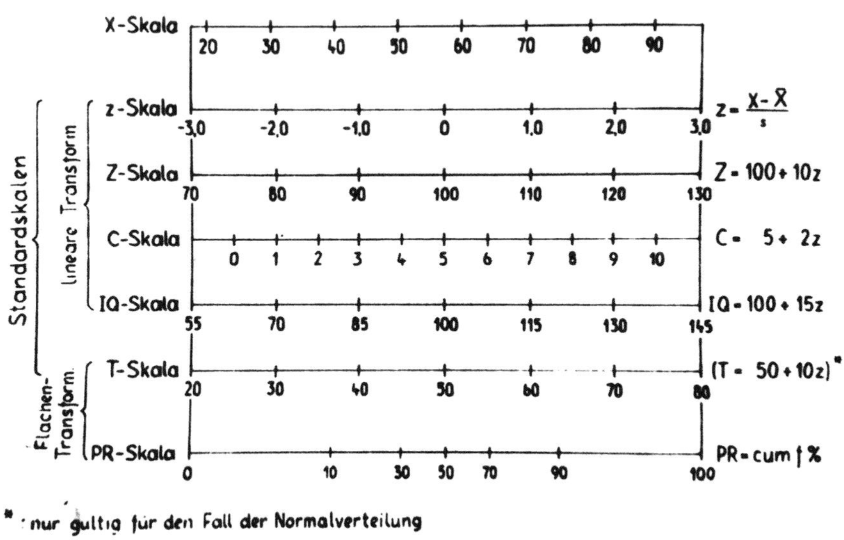

Aus Abbildung 8 wird ersichtlich, dass sich alle Normskalen ineinander überführen lassen. So entspricht ein T-Wert von 50 einem IQ-Wert von 100 und einem C-Wert von 5. Ein anderes Beispiel: Einem z-Wert von -1 entspricht ein C-Wert von 3 und einem IQ-Wert von 85.
Die Vielfalt von Skalen hat sich aus historischen Gründen entwickelt. Sie könnten eigentlich stark reduziert werden, indem man sich auf eine oder zwei Skalen einigen würde, aber dies ist kaum durchsetzbar, da kein Testautor auf seine bislang gewohnte Skalenart verzichten möchte. Insoweit müssen Sie als Anwender mit dieser Komplexität leben und mit ihr umgehen.

Wichtig zu wissen: Bei der Interpretation von Normskalen müssen Sie die Kenntnisse über die Normalverteilung berücksichtigen. Aus der Normalverteilungsannahme zum Beispiel bei der Intelligenz leitet sich ab, dass ca. 68% aller Menschen in einem IQ-Bereich zwischen 85 und 115 liegen. Insoweit wird deutlich, dass ein Wert größer als 115 oder kleiner als 85 im statistischen Sinn selten ist und damit inhaltlich – natürlich je nach Fragestellung - umso bedeutsamer sein kann.

Regelhaft sollten Normen in bestimmten zeitlichen Abständen neu bestimmt werden. Die DIN 33430, die Mindeststandards in Bezug auf Tests mit eignungsdiagnostischen Fragestellungen definiert, setzt eine Neu-Normierung alle 8 Jahre voraus (Westhoff et al., 2005).

Am Beispiel von Intelligenztests kann nachgewiesen werden, dass veraltete Normen tatsächlich einen Einfluss auf die Ergebnisse haben. Entgegen dem gängigen Vorurteil, dass heutige Schüler schlechtere schulische Leistungen erbringen als die vorige Generation, erzielt die jetzige Generation bessere Ergebnisse bei Intelligenztests. Es handelt sich hierbei um den ***Flynn-Effekt***, der nach seinem Entdecker benannt wurde (Flynn, 1987). Obwohl umstritten ist, ob auch nach wie vor ein Anstieg der Leistung bei Intelligenztests nachweisbar ist (Sundet, Borren & Tambs, 2008), so bleibt im Hinblick auf unsere Fragestellung nach wie vor festzustellen: Nutzt man einen Intelligenztest mit einer alten Normierung, dann überschätzt man den eigentlichen IQ des Klienten systematisch. Ähnliche Fehleinschätzungen gelten natürlich analog für andere Testarten, wie z. B. für Motoriktests etc.

Bei vielen Tests und Fragebögen, die speziell für Fragestellungen des sozialen Bereichs konstruiert wurden, ist der Aufwand einer regelmäßigen Neu-Normierung aufgrund der damit verbundenen erheblichen Kosten aber kaum möglich. Hier sollte insoweit vom Heil- oder Sonderpädagogen mit Augenmaß geprüft werden, ob das **Alter der Normstichprobe** noch angemessen ist und inwieweit gegebenenfalls veraltete Normen einen substanziellen Einfluss auf das Ergebnis eines Klienten haben können. Sollte die Prüfung ergeben, dass die Normen zu alt sind, sollte auf einen anderen Test zurückgegriffen werden, oder, wenn dies nicht möglich ist, sollten die alten Normen zumindest bei der Interpretation des Ergebnisses berücksichtigt werden, zum Beispiel indem intra-individuelle Normen oder Kriteriumsnormen angelegt werden.

Fairness

Das Nebengütekriterium der Fairness ist das einzige, das neben dem der Normierung hier noch ausführlicher vorgestellt wird. Das liegt daran, dass es gerade im heil- und sonderpädagogischen Bereich besondere Relevanz hat.

Moosbrugger und Kelava (2008) definieren: **„Ein Test erfüllt das Gütekriterium der Fairness, wenn die resultierenden Testwerte zu keiner systematischen Benachteiligung bestimmter Personen aufgrund ihrer Zugehörigkeit zu ethnischen, soziokulturellen oder geschlechtsspezifischen Gruppen führen."**

Fairness sollte eigentlich eine Selbstverständlichkeit sein, leider ist sie es in der Realität oft nicht.

Beispiele für ein unfaires Vorgehen lassen sich oft finden und sind in der Regel nicht durch schlechte Testkonstruktion bedingt sondern erfolgen eher durch unaufmerksame und falsch informierte **Testleiter**. Unfair ist es zum Beispiel, Kinder mit Migrationshintergrund Intelligenztests mit sprachlichen Aufgabenteilen bearbeiten zu lassen. Dies führt zu einer systematischen Benachteiligung. Besser ist hier die Verwendung von sogenannten **Culture-Fair-Tests**, im Bereich der Intelligenztestung ist dies zum Beispiel der CFT 20-R (Weiß, 2012). Culture-Fair-Tests verzichten auf sprachliche Aufgaben und beschränken sich in der Regel auf figurales, bildhaftes Material. Sprachfähigkeiten spielen also allenfalls bei der Instruktion eine Rolle, nicht aber bei den nachfolgenden Testitems, wobei wissenschaftlich gesehen ein gewisser Rest von Kulturabhängigkeit nachweisbar bleibt (Süß, 2003).

Bei der Beurteilung von Testergebnissen ist zudem die **Testerfahrung des Klienten** zu berücksichtigen. Routine bei der Durchführung von Tests führt in der Regel zu besseren Resultaten. In manchen Fällen ist allerdings auch das Gegenteil festzustellen. Dies ist dann der Fall, wenn Klienten schlechte Erfahrungen mit Tests gemacht haben, was eine Form der Prüfungsangst nach sich ziehen kann, die sich negativ auf die Testleistung auswirkt. In diesem Fall muss individuell geprüft werden, ob ein Testergebnis in einem Leistungstest überhaupt eine valide Schätzung für die eigentliche Leistungsfähigkeit des Klienten darstellt. Im Extremfall sagt das Ergebnis mehr über das erhebliche Ausmaß an Angst aus (was an sich auch eine interessante diagnostische Information ist), aber das eigentliche Ergebnis des Tests muss ignoriert werden.

Oft werden **körperliche Voraussetzungen** des Klienten bei der Testdurchführung nicht hinreichend beachtet. Bei manchen Klienten ist durch einen Sehfehler zum Beispiel das visuelle Wahrnehmungsvermögen beeinträchtigt. Das führt insbesondere bei figural ausgerichteten Culture-Fair-Tests wie dem CFT 20-R zu schlechteren Testergebnissen, da die Aufgaben eine gute Wahrnehmung zur Lösung voraussetzen. Bleibt der Aspekt des Sehfehlers also unentdeckt, weil niemand danach fragte, so wird die schlechte Testleistung fälschlicherweise auf die mangelnde Fähigkeit des Klienten zurückgeführt.

Zu gleichen Fehlern kann es bei **motorischen Einschränkungen** kommen. Viele Intelligenztests werden unter einer knappen Zeitvorgabe durchgeführt. Leidet ein Klient an einer motorischen Störung, wird er zur Markierung der Antwort mehr Zeit benötigen als andere Klienten ohne diese Beeinträchtigung. Weil er mehr Zeit für den motorischen Antwortprozess benötigt, bleibt weniger Zeit für die Lösung der Aufgaben. Der Klient wird dementsprechend weniger Aufgaben richtig lösen und ein schlechteres Ergebnis erzielen. Zumindest sollte eine Berücksichtigung dieser motorischen Besonderheit bei der Interpretation des Ergebnisses erfolgen. In manchen Fällen kann ggf. der Testleiter den motorischen Antwortprozess übernehmen.

In heil- oder sonderpädagogischen Feldern sollte aus Gründen der Fairness also immer ein besonderer Wert auf ein **vorheriges Gespräch mit dem Klienten und/ oder seinen Angehörigen** gelegt werden, in dem unter anderem entsprechende potentiell sachfremde Einflussfaktoren auf ein Testergebnis thematisiert werden. Zudem sollte grundsätzlich eine Beobachtung bzw. Begleitung des Tests durch einen Testleiter erfolgen, so dass gegebenenfalls unbemerkt gebliebene Besonderheiten noch entdeckt werden können. Dies schließt eine Testung im Gruppenkontext meist aus. Im heil- oder sonderpädagogischen Handlungsfeld sollte also wenn möglich immer einer Einzeltestung der Vorzug gegeben werden.

Abschließend werden die fehlenden Qualitätskriterien noch kurz benannt.

Die **Vergleichbarkeit** ist dann gegeben, wenn zu einem bestehenden Test entweder Parallelformen oder validitätsähnliche Tests verfügbar sind. Eine Parallelform eines Tests ermöglicht einen Vergleich des Tests mit sich selbst. „Sie ermöglicht eine intra-individuelle Reliabilitätskontrolle, indem man einen bestimmten Pb [Klienten] mit beiden Testformen untersucht und die Ergebnisse vergleicht" (Lienert & Raatz 1998, 13).

Ein Test ist dann **ökonomisch**, wenn er eine kurze Durchführungszeit beansprucht, wenig Material verbraucht, mit mehreren Personen gleichzeitig durchzuführen sowie schnell auszuwerten ist (ebd.).

Nützlich ist ein Test dann, „wenn er ein Persönlichkeitsmerkmal oder eine Verhaltensweise mißt oder vorhersagt, für dessen Untersuchung ein praktisches Bedürfnis besteht" (ebd.). Der Test hilft dabei relevante Fragestellungen zu beantworten, wie es sonst kein anderer Test ermöglicht.

Praxisbezug

(Heil- und/oder Sonder-) Pädagogen begegnen in ihrem Alltag oftmals Testverfahren. Entweder sie erhalten selbst den Auftrag einen Test durchzuführen oder sie sind mit Daten von durchgeführten Testverfahren konfrontiert. Wie bereits erwähnt, ist es uns ein Anliegen, dass Sie Testverfahren sorgfältig betrachten, analysieren und reflektieren.

Die folgende Tabelle 6 führt exemplarisch einige Tests auf, mit denen Sie als Heil-/ oder Sonderpädagoge in Kontakt kommen können, ohne dass wir eine fachliche Wertung vornehmen möchten.

Tabelle 6: Exemplarische Aufführung verschiedener Testverfahren im Rahmen eine Diagnostik im heil- und sonderpädagogischen Bereich

Name	Inhalte	Alter
Wiener Entwicklungs-test (WET); 2012	▪ Motorik ▪ visuelle Wahrnehmung ▪ Gedächtnis ▪ kognitive Entwicklung ▪ sprachliche Fähigkeiten ▪ sozial-emotionale Fähigkeiten ▪ mathematische Fähigkeiten	3 bis 5;11 Jahre
Entwicklungstest für 6 Monate bis 6 Jahre alte Kinder Revision 2013 (ET6-6-R)	▪ Körpermotorik ▪ Handmotorik ▪ Nachzeichnen ▪ kognitive Entwicklung ▪ Sprachentwicklung ▪ Sozialentwicklung ▪ emotionale Entwicklung	0;6 bis 5;11 Jahre
Bayley II (Bayley Scales of infant development – second edition); 2007	▪ Kognition ▪ Sprache ▪ Motorik	0;1 bis 3;6 Jahre
Wechsler Intelligence Scale for Children (WISC IV/ ehemals: HAWIK IV); 2008	▪ Arbeitsgedächtnis ▪ Sprachverständnis ▪ Verarbeitungsgeschwindigkeit ▪ Wahrnehmungsgebundenes logisches Denken	6;0 bis 16;11 Jahre
Intelligenz- und Entwicklungsskalen (IDS); 2009	▪ Kognition ▪ Psychomotorik ▪ Sozial-Emotionale Kompetenz ▪ Mathematik ▪ Sprache ▪ Leistungsmotivation	5;0 bis 10; 11 Jahre
Movement ABC2 (M-ABC2); 2009	▪ Handgeschicklichkeit Ballfertigkeiten Balance	3;0 bis 16;11 Jahre
Frostigs Entwicklungs-test der visuellen Wahrnehmung 2 (FEW2); 2008	▪ Visuelle Wahrnehmung ▪ Grafomotorik	4 bis 8;11 Jahre
ZAREKI-R (Testverfah-ren zur Dyskalkulie bei Kindern – Revidierte Fassung); 2005	Mathematische Fähigkeiten	2. bis 4. Klasse

Schriftliche Befragung

Es gibt verschiedene Möglichkeiten schriftlicher Befragung. Dies kann über so genannte „Ankreuzverfahren“, über Checklisten bis hin zu standardisierten Fragebogen gehen (Eggert u. a., 2003).

Schriftliche Befragungen dienen vor allem der Erfassung spezifischer Entwicklungs- und Verhaltensaspekte. Schriftliche Befragungen können in Form einer Selbst- und/oder Fremdbefragung erfolgen.

Fragebogen verfolgen verschiedene **Ziele** und dienen der Erfassung von (Rammstedt, 2006; Bortz & Döring, 2006):

- Persönlichkeitsmerkmalen (z. B. Ängstlichkeit, Selbstkonzept),
- Einstellungen/Meinungen/Wünsche (z. B. zu Normen, Werten, Politik),
- Verhaltensweisen (z. B. Medienkonsum, Gesundheitsmaßnahmen),
- Interessen,
- Verhalten anderer Personen (z. B. Lehrer werden zu Schülerverhalten befragt),
- Sachverhalten im nahen Umfeld (z. B. Lärmbelästigung),
- Fakten bzw. Wissen zu einem bestimmten Sachverhalt (z. B. Anamnese).

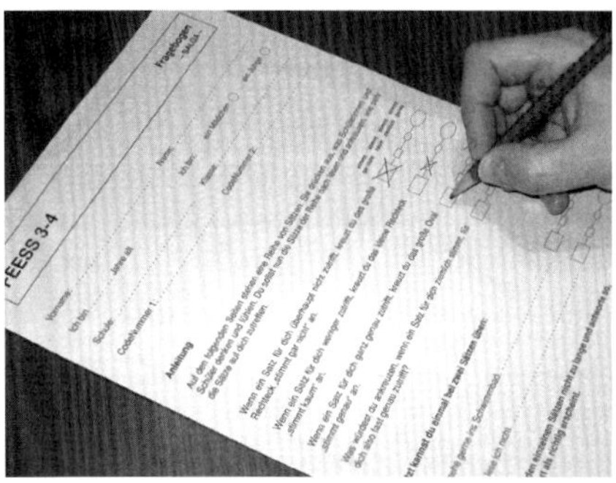

Das vielfältige Einsatzgebiet von Fragebogen/schriftlichen Befragungen „hat zur Folge, dass recht unterschiedliche Fragebogenformen existieren, die sich sowohl hinsichtlich formaler wie auch inhaltlicher Charakteristika unterscheiden“ (Rammstedt, 2006, S. 109). Rammstedt unterscheidet verschiedenen Formen von Fragebogen nach folgenden Kriterien: Grad der Standardisierung, Gültigkeitsbereich der Aussagen, Inhalt sowie Antwortmodus.

Der **Grad der Standardisierung** kann, ähnlich wie bei der mündlichen Befragung, nicht standardisiert, teilstandardisiert oder vollstandardisiert sein.

Bei nicht *standardisierten* Fragebogen werden Fragen zu einem ausgewählten Thema frei unter inhaltlichen Gesichtspunkten zusammengestellt.

Bei einem *teilstandardisierten* Fragebogen sind die Fragen, die Reihenfolge und der Wortlaut vorgegeben. Die befragten Personen können frei antworten.

Bei einem *vollstandardisierten* Fragebogen sind sowohl die Reihenfolge der Fragen, der Wortlaut sowie Antwortmöglichkeiten vorgegeben. Aufgrund der strengen Strukturierung ist die Auswertung ökonomisch, wenn auch inhaltlich begrenzt. Sind Fragebogen normiert, so sind sie in jedem Fall vollstandardisiert.

Der **Gültigkeitsbereich der Aussagen** gibt an, ob Aussagen über Individuen und/oder über Unterschiede von Gruppen von Personen erhoben werden sollen. Zum Teil dient ein Fragebogen beiden Zielen (Rammstedt, 2006).

Die Konstruktion eines standardisierten und normierten Fragebogens liegt nicht im Aufgabenbereich heil-/sonderpädagogischer Diagnostik. Dennoch können für die diagnostische Arbeit Fragebogen entwickelt werden, die einer allgemeinen qualitativen Einschätzung dienen. Wenn ein Fragebogen selbständig entwickelt wird, sollte auf die Formulierung der Fragen geachtet werden. Porst (2000) hat hier zehn bedeutende **Regeln der Fragebogenformulierung** zusammengefasst (nach Rammstedt, 2006, S. 113f.):

1. Einfache, unzweideutige Begriffe verwenden, die von allen Befragten in gleicher Weise verstanden werden.
2. Lange und komplexe Fragen vermeiden.
3. Hypothetische Fragen vermeiden.
4. Die gleichzeitige Vorgabe von zwei Aspekten in einer Frage und Verneinungen vermeiden. [es darf lediglich ein Tatbestand angesprochen werden]
5. Unterstellungen und suggestive Fragen vermeiden.
6. Fragen vermeiden, die auf Informationen abzielen, über die viele Befragte mutmaßlich nicht verfügen.
7. Fragen mit eindeutigem zeitlichem Bezug verwenden.
8. Antwortkategorien verwenden, die eindeutig und disjunkt [Anm.: abgrenzend; erschöpfend] sind.
9. Der Kontext einer Frage sollte sich nicht auf deren Beantwortung auswirken.
10. Unklare Begriffe definieren.

Weiterhin ist es bedeutend, Formulierungen wie z. B. „immer“, „alle“, „niemals“, ... zu vermeiden, da diese absolut und in der Regel unrealistisch sind. Ebenso sind quantifizierende Begriffe wie z. B. „kaum“, „selten“, „oft“, ... zu vermeiden, da diese von jeder Person verschieden interpretiert werden und somit nicht aussagekräftig sind (Bortz & Döring, 2006). Anschauliche Beispiele finden sich bei Heinemann, der zudem darauf verweist, dass die Formulierung von Fragen, die diese Forderungen erfüllen, „eine äußerst schwierige und zeitraubende Aufgabe“ ist.

„Sie verlangt viel Erfahrung, ein sensibles Sprachempfinden und ein sorgfältiges Abwägen jedes verwendeten Wortes und jeder Formulierung" (1998, S. 97).

Einen interessanten Aspekt für die Konstruktion von Fragebogen bringen Ott und Rückert (2011) ein. Sie machen darauf aufmerksam, dass die meisten Fragen in Fragebogen in der Regel defizitär formuliert sind und somit von vornherein bestimmte negative Annahmen an die befragte Person implizit oder explizit vermittelt werden. Sie schlagen vor, eine ressourcenorientierte Befragung zu überlegen, die neue Perspektiven eröffnet und mehr auf positive Aspekte achtet.

Weiterhin sind die so genannten **„Antwortformate"** bzw. Frageformen zu unterscheiden. Es kann nach *offenen, geschlossenen oder halboffenen Fragen,* aber auch nach spezifischen Charakteristika gefragt werden, die abhängig vom Ziel eingesetzt werden (Bortz & Döring, 2006; Rammstedt, 2006).

Offene Fragen: der/die Befragte formuliert die Antwort(en) frei; es sind keine Antwortmöglichkeiten vorgegeben, was eine hohe individuelle Beantwortung ermöglicht, z. B.: Was denken Sie über die Gehälter von Fußballspielern?

Geschlossene Fragen: der/die Befragte findet eine Auswahl von Antwortmöglichkeiten vor, die keine individuelle Beantwortung zulassen; z. B.: Welchen der Vereine mögen Sie am liebsten: BVB, HSV, Hannover 96?

Als geschlossene Fragen gelten auch so genannte **„Ja/Nein-Fragen"**, die diese zwei Antwortmöglichkeiten oder maximal als dritte Antwort „weiß nicht" zulassen. Ebenso können hier **„Checklisten"** einbezogen werden, bei denen es lediglich um ein Ankreuzen von vorgegebenen Merkmalen geht. Hier werden vor allem so genannte „Ratingskalen" genutzt (s.u.).

Halboffene Fragen: der/die Befragte findet neben vorgegebenen Antwortmöglichkeiten auch die Möglichkeit, frei und damit individuell zu antworten (z. B. mit „sonstiges ...").

Eingruppierungs-Fragen: der Befragte/die Befragte soll sich in einen vorgegebenen Wertebereich (z. B. Alter: von ... bis Jahre) oder auch anderen Zuordnungskriterien (z. B. Nationalität) einordnen.

Ratingskalen: hierunter werden Schätz- bzw. Urteilsskalen verstanden, welche in mehreren Stufen aufgebaut sind. Es sollen z. B. Häufigkeiten, Intensitäten, Zustimmung/Ablehnung auf einer Skala erfasst werden. Derartige Skalen können unterschiedlich sein, z. B. **verbal** mit Eigenschaftsworten oder **numerisch** entsprechend der Schulnoten oder **graphisch/symbolisch** anhand von Piktogrammen oder Grafiken/Abbildungen. Letzteres ist besonders für Menschen geeignet, deren Abstraktionsvermögen oder Wortschatz (noch) gering ist.

Für die Nutzung von Ratingskalen sollte beachtet werden, welche Form der Skalierung gewählt ist. Hier wird zwischen uni- und bi-polare Ratingskalen unterschieden. Bei den uni-polaren Skalen gibt es stets eine Mitte, welches den Nachteil mit sich bringt, dass die befragte Person bei Unentschlossenheit oder Unwissenheit schnell einer „Tendenz zur Mitte“ nachgeben kann, sich also nicht eindeutig positionieren muss. Bi-Polare Skalen sind hingegen jeweils durch zwei gegenüberliegende Extreme gekennzeichnet, die in jedem Fall die Tendenz zu einer Seite erfordern (Bortz & Döring, 2006).

Unabhängig davon, welche Frageformen gewählt werden, gibt es stets Vor- und Nachteile, die es in der Diagnostik zu reflektieren gilt und die ggf. im Vorhinein bereits über eine Auswahl spezifischer Verfahren entscheiden.

Praxisbezug

Wie bereits erwähnt können Fragebogen als Mittel der Selbstbefragung oder als Mittel der Fremdbefragung dienen. Soll ein Kind/Jugendlicher/Erwachsener selbst einen Fragebogen ausfüllen, so besteht zunächst die Voraussetzung, dass die befragte Person sowohl lesen als auch schreiben kann. In der heil-/ sonderpädagogischen Diagnostik ist der Einsatz von Fragebogen entsprechend der verschiedenen Inhalte und Formen eine wichtige Methode.

Beispiele für die Nutzung entsprechender Fragebogen sind der Tabelle 7 zu entnehmen:

Tabelle 7: Beispiele verschiedener Fragebögen im heil- und sonderpädagogischen Bereich

Name Fragebogen	Inhalte	Format
Fragebogen zum Gesundheitsverhalten von Kindern (GEKI); 2012	Schutzverhalten und gesundheitsförderliches Verhalten; Ernährungsverhalten	standardisiert und normiert für Kinder von 8–12 Jahren
Conners Skalen zu Aufmerksamkeit und Verhalten – 3 (Conners-3); 2013	Aufmerksamkeitsstörungen; + zusammenhänglich: aggressives Verhalten, Sozialverhalten, Exekutive Funktionen, Lernprobleme	standardisiert und normiert Selbstbeurteilung für Kinder von 8–18 Jahren; Fremdbeurteilung für Kinder von 6–18 Jahren
Gießen-Test – II (GT-II); 2012	Selbst-, Fremd- und Idealbilder: soziale Resonanz, Dominanz, Kontrolle, Grundstimmung, Durchlässigkeit, soziale Potenz	standardisiert und normiert für 14 – 92 Jahre

Fragebogen zur Erfassung sozialer und emotionaler Schulerfahrungen (FEESS); 2004	Sozialklima und Fähigkeit-Selbstkonzept sowie Schul- und Lernklima	standardisiert und normiert für Kinder der 1.–4. Klasse
Elternfragebogen für Kinder mit Lern- und Verhaltensproblemen; 2006	Lern- und Verhaltensprobleme	standardisiert und normiert für Fremdbefragung über Kinder von 5–17 Jahren
Fragebogen zur Leistungsmotivation (FLM4–6); 2007	Leistungsmotivation: Leistungsstreben, Ausdauer und Fleiß, Angst und Erfolg, hemmende Prüfungsangst	Standardisiert und normiert für Kinder der 4.–6. Klasse
Hey, hör' mal! (in: Diagnostisches Inventar auditiver Alltagshandlungen DIAS); 2005	Fragebogen zur Überprüfung auditiver Wahrnehmung	nicht standardisiert für Kinder im Vor- und Grundschulalter
Fragebogen zur Selbsteinschätzung (in: Selbstkonzeptinventar SKI); 2003	Selbsteinschätzung: Selbstvertrauen, Selbstwertgefühl, Selbstwertschätzung	nicht standardisiert für Kinder im Vor- und Grundschulalter

Beobachtung

Beobachtung ist ein bewusster Wahrnehmungsprozess mittels Sehen und Hören, der sich auf Handlungen, Objekte und Ereignisse richtet.

Gegenstand der Beobachtung(en) ist ein Verhalten bzw. ein Handeln. Verhalten und/oder Handeln tritt stets im Kontext der gesellschaftlichen Anforderungen und Normen auf. Dementsprechend sind stets subjektive Deutungen des Beobachters in einer bestimmten Epoche und Gesellschaft immanent. Hier sei nochmals auf die „Bezugssysteme" von Diagnostik hingewiesen (s. S. 11 ff.), die auch im Zusammenhang mit Beobachtung ihre Gültigkeit haben.

Beobachtungsanlässe kommen zustande, wenn:

- die Neugier des Beobachters durch ein Verhalten geweckt wird oder,
- der Beobachter aufgrund seines Selbstverständnisses das Bedürfnis hat, kontinuierlich zu beobachten oder,
- ein Auftrag erteilt und damit ein spezieller Zweck verfolgt wird (Suhrweier & Hetzner, 1993).

Ziele bzw. Anwendungsbereiche von Beobachtung sind:

- die Analyse von prozessualen und dynamischen Verhaltensabläufen (z. B. in Interaktionssituationen),

- die Erfassung von klar abgrenzbarem Verhalten im Alltag und deren Intensität (z. B. Motorik, Aggression, Blickkontakt),
- die Erhöhung des Problembewusstseins für unangemessenes Verhalten und dessen Veränderung (z. B. Selbstbeobachtung),
- die Überprüfung von Hypothesen; es ist zu beachten, dass zunächst aufgrund von Beobachtungen Hypothesen gebildet werden, die dann durch erneute Beobachtungen überprüft werden.

Beobachtung ist *die* wichtigste Methode, da sie immer vorhanden ist, unabhängig vom Einsatz weiterer Methoden. Das heißt, dass ein Heil- oder Sonderpädagoge auch während des Einsatzes von Tests, Screening u. a. „nebenbei" (unstrukturiert) beobachtet.

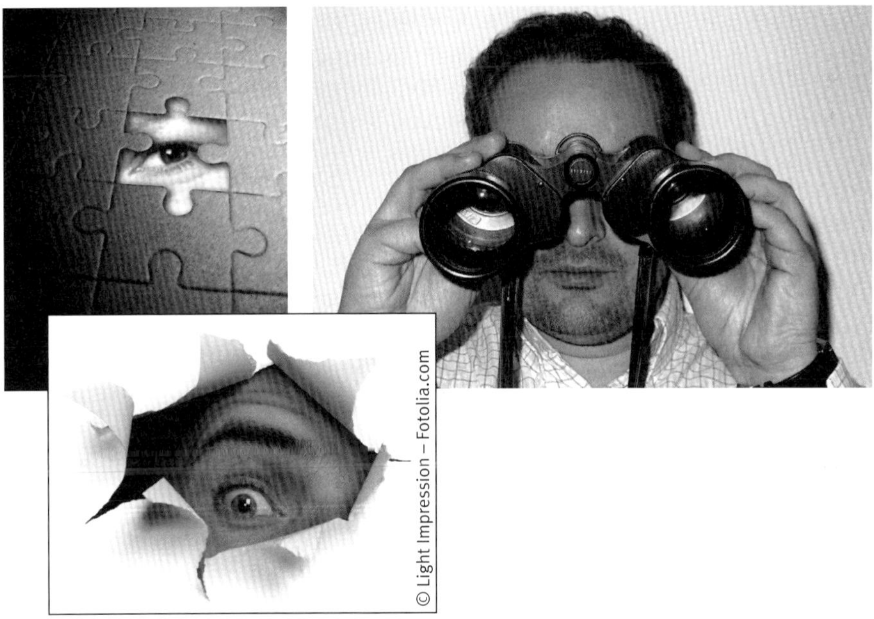

In der psychologischen Diagnostik gibt es unterschiedliche Einteilungen spezieller **Beobachtungsformen** (Bortz & Döring, 2006; Kubinger & Jäger, 2003; Petermann & Eid, 2006; Bundschuh, 2010; Klenovský & Ondracek, 2011). Eine sehr differenzierte und kriteriumsorientierte Unterscheidung nimmt Bodenmann (2006, 152 ff.) vor. Er stellt hierzu folgende Kriterien der Unterscheidung auf:

- Systematik,
- Setting,
- Status des Beobachters,
- Technik,
- Zeitpunkt,
- Auflösungsgrad,
- Professionalität.

Zu 1. Unterscheidung von Beobachtungsformen hinsichtlich der ***Systematik***

Systematische Beobachtung	• Durchführungsbedingungen stehen fest (z. B. Dauer, Beobachtungssystem, Auswertung)
Unsystematische Beobachtung	• Gelegenheitsbeobachtung; naiv • Keine vorgegebenen Kategorien, Theorien • Dient einem ersten Eindruck
Strukturierte Beobachtung	• Im Voraus festgelegte differenzierte Beobachtungskategorien • Hoher Grad der Kontrollierbarkeit
Unstrukturierte Beobachtung	• Allgemeine Richtlinien zur Beobachtung • Dient Informationsgewinnung und Hypothesenbildung • Oft Voraussetzung für strukturierte Beobachtung

Zu 2. Unterscheidung von Beobachtungsformen hinsichtlich des ***Settings***

Beobachtung im natürlichen Umfeld/ Feldbeobachtung	• Beobachtungen in Alltagssituationen • Bedingungen sind schwer zu kontrollieren
Beobachtung in Laborsituation	• Beobachtung in künstlichen Situationen • Kontrollierte Bedingungen
Gebundene Beobachtung	• Systematische Beobachtung • Klare Vorgaben und inhaltlichem Konzept • Dient Überprüfung von Hypothesen
Freie Beobachtung	• Systematische Beobachtung • Keine direkten Vorgaben oder Einschränkungen • Dient heuristischen/aufdeckenden Zwecken
Beobachtung von natürlichem Verhalten	• Verhalten wird durch Beobachter nicht beeinflusst; Beobachtung findet im Alltag statt
Beobachtung von experimentell stimuliertem Verhalten	• Beobachter stimulieren gezielt die interessierenden Verhaltensweisen durch eine experimentelle Anordnung oder bestimmte Aufgaben

Zu 3. Unterscheidung von Beobachtungsformen hinsichtlich des ***Status des Beobachters***

Teilnehmende Beobachtung	• Beobachter ist anwesend und nimmt aktiv am Geschehen teil; er hält sich diskret zurück, ohne konkret in Kontakt zur beobachteten Person zu treten
Nicht teilnehmende Beobachtung	• Beobachter ist nicht präsent bzw. er beobachtet von außen das Geschehen; es kann bspw. ein Video erstellt werden, welches dann analysiert wird
Verdeckte Beobachtung	• Beobachtung ist für Betroffenen kaum/nicht wahrnehmbar (z. B. Einwegscheibe)
Offene Beobachtung	• Beobachtung ist transparent • Zweck ist bekannt
teilnehmend – offen	• Beobachter nimmt am Geschehen teil und es ist der beobachteten Person klar, dass sie beobachtet wird (z. B. Supervisor)
teilnehmend – verdeckt	• Beobachter nimmt am Geschehen teil und es ist der beobachteten Person nicht klar, dass sie beobachtet wird (z. B. Agent)
nicht teilnehmend – offen	• Beobachter befindet sich außerhalb des Geschehens und es ist der beobachteten Person klar, dass sie beobachtet wird (z. B. Trainer am Spielfeldrand)
nicht teilnehmend – verdeckt	• Beobachter befindet sich außerhalb des Geschehens und es ist der beobachteten Person nicht klar, dass sie beobachtet wird (z. B. Einwegscheibe)
Selbstbeobachtung	• Beobachtung des eigenen Verhaltens
Fremdbeobachtung	• Beobachtung durch andere, durch geschulte Experten

Zu 4. Unterscheidung von Beobachtungsformen hinsichtlich der ***Technik***

Apparative Beobachtung	• Beobachtungen erfolgen mittels Video- oder Tonbandaufzeichnungen
Nicht-apparative Beobachtung	• Beobachtungen erfolgen mittels Strichlisten und Beobachtungsbogen

Zu 5. Unterscheidung von Beobachtungsformen hinsichtlich des ***Zeitpunktes***

Unmittelbare, direkte Beobachtung	• Verhalten wird direkt vor Ort registriert, unmittelbar in der Situation
Spätere, indirekte Beobachtung	• Verhalten wird im Nachhinein beobachtet, z. B. mittels Video

Zu 6. Unterscheidung von Beobachtungsformen hinsichtlich ***Auflösungsgrad***

Mikroanalytische Beobachtung	• Verwendung von Kodiersystemen • Meist kurze Zeitintervalle • Rein quantitativ • Erfassung von Dauer und Häufigkeit
Makroanalytische Beobachtung	• Verwendung von Ratingskalen • Größere Zeitfenster (min.) • Quantitativ oder qualitativ • Erfassung von Ausprägung und Intensität

Zu 7. Unterscheidung von Beobachtungsformen hinsichtlich ***Professionalität***

Naive Beobachtung	• Zufall der Beobachtung • Freies, stichpunktartiges Festhalten • Keine Wiederholung, keine Kontrolle • Sinn wird erst später bestimmt, erlangt (eher zufällige Analyse)
Systematische Beobachtung	• systematische Planung • systematische Aufzeichnung • Prüfung und Kontrolle • Forschungszweck von Beginn an vorhanden (systematische Analyse)

„Ziel der Verhaltensbeobachtung als diagnostischer Methode ist es, mittels systematischer und kontrollierter Herangehensweise durch die Definition von Beobachtungskategorien, Beobachtungszeiträumen und -intervallen wie auch Beobachtungssettings offenes oder verdecktes Verhalten einer Person oder mehrerer

Personen sowie deren Interaktionen durch die Selbst- oder Fremdperspektive deskriptiv zu erfassen“ (Bodenmann, 2006, S. 151).

Wenn Sie sich die tabellarischen Ausführungen ansehen, so werden Sie feststellen, dass in der heil- und sonderpädagogischen Arbeit o.g. Kriterien von Beobachtung, insbesondere die Systematik der Beobachtung, die Settings und der Status der Beobachter sowie die Techniken vielfältig sind und sich abhängig von den Zielen unterscheiden. Wichtig erscheint uns, dass ein Bewusstsein für verschiedenes Vorgehen von Beobachtung existiert und dies auch professionell begründet nach außen transparent gemacht werden kann. Abhängig von persönlichen Vorstellungen, aber auch von institutionellen Vorgaben wird sich die Beobachtung bzw. der Beobachtungsprozess im Rahmen professionellen Handels und im Rahmen der Dokumentation von Lern- und Entwicklungsprozessen unterscheiden.

Fehlerquellen

Ein letzter bedeutender Punkt für die Methode der Beobachtung als diagnostisches Instrument ist die Bewusstwerdung zahlreicher möglicher Fehlerquellen. Auf dieses Problem wird seit Jahrzehnten hingewiesen (Bundschuh, 2010, S. 143ff.; Bortz & Döring, 2006, S. 176ff.; Breitenbach, 2007, S. 82ff.; Klenovský & Ondracek, 2011, S. 107). Im Folgenden werden wesentliche Fehlerquellen im Überblick zusammengefasst. Auch wenn die genannten Fehlerquellen keinen Anspruch auf Vollständigkeit erheben und jederzeit ergänzt werden können, so wird deutlich, dass jede Beobachterin/jeder Beobachter tagtäglich diesen Fehlern ausgesetzt ist. Dies gilt es in einer angemessenen Form zu reflektieren und bei Auswertungsprozessen zu berücksichtigen.

Fehlerquellen, die in der Person des Beobachters begründet liegen

- „Halo-Effekt“: unzulässige Verallgemeinerungen aufgrund einzelner Beobachtungen bzw. besonders hervortretender Einzelmerkmale
- „Generosity-Error“: es besteht die Gefahr aufgrund von Sympathie oder Mitleid die beobachtete Person besonders einmütig einzuschätzen
- Bedürfnisse, Motive des Beobachters
- Erinnerungstäuschungen (Projektion, Rationalisierung, Verleugnung; Erinnerungslücken werden aufgefüllt)
- Eigene Persönlichkeitstheorie (Was ist mir wichtig? Fokus der Beobachtungen? Bedeutung einzelner Verhaltensmerkmale? Normen? ...)
- Eigenes Vorwissen (wissenschaftliche Theorien; anamnestische Befunde der zu beobachtenden Person; Alltagstheorien)
- Fokus der Beobachtungen (gewählte Ausschnitte)
- Zentrale Tendenz: zu gute/zu schlechte Beurteilung oder Bevorzugung der Mitte bei Beobachtungsbogen; Vermeidung extremer Ausprägungen
- Eigene Wahrnehmungsfähigkeit (visuell, akustisch, ...) und Gesundheit

- Eigene psychische und/oder physische Verfassung (z. B. Stimmung, Stress)
- Beobachtungsbericht als Fehlerquelle (Verzerrungen aufgrund von Selektion oder Interpretation des beobachteten Verhaltens)
- ...

Fehlerquellen, die in der Aufgabe und/oder den Bedingungen begründet liegen

- Verfahren ermöglicht oder verursacht schnelle Einordnung, Klassifikation und damit auch sog. „logische Irrtümer"; Zusammengehörigkeit von Merkmalen wird (fälschlich) angenommen
- Bei standardisierten Verfahren: Verfahren ist nicht neu standardisiert → somit Vergleich mit „alter" Bezugsgruppe
- Irrtum des Mittelwertes (Vermeidung extremer Beurteilungen ist möglich)
- Nähe zum Beurteilungsbogen als Eingrenzung
- Eingrenzung aufgrund vorgegebener Beobachtungshinweise → es wird nur beobachtet, was gefragt wird
- Ausstattung des Raumes (Größe, Aufteilung, Belichtung, Material, Bekanntheit, ...)
- Tageszeit (z. B. Überprüfung in der Mittagszeit)
- Störfaktoren (Geräusche von außen oder Nebenräumen, ...)
- ...

Fehlerquellen, die auf die zu beobachtende Person zurückzuführen sind

- Person spielt eine Rolle (sog. Versuchspersoneneffekt)
- Person rückt sich selbst in ein für sie günstiges Licht (gezielte Beeinflussung des Beobachters; „guck mal wie gut ich das kann" oder „ich kann das nicht")
- Anpassung an die Gruppe (eigenes Verhalten wird zurückgestellt)
- Beeinflussung durch Beobachter/Autorität (eigenes Verhalten wird zurückgestellt)
- Beobachtete Person und Beobachter stellen sich nicht optimal aufeinander ein (Sympathie, Verständnis, Empathie, ...)
- Tagesform (Uhrzeit, Ereignisse, Wohlbefinden, ...)
- ...

Eine Reduzierung von Beobachtungsfehlern lässt sich laut Bundschuh (2010) u. a. dadurch erreichen, dass mehrere Personen beobachten und, dass eine Schulung der Beobachter stattgefunden hat. Wir gehen in einem gesonderten Abschnitt in diesem Buch noch auf die Qualifikation des Diagnostikers ein (s. S. 169 ff.).

Um einer allzu großen Subjektivität von Beobachtung zu entgehen, empfehlen wir, im Rahmen heil-/sonderpädagogischer Diagnostiken eine Videokamera zu nutzen und sich über die Beobachtungen im Team und ggf. auch mit der Klientel auszutauschen.

Mündliche Befragung – Gespräch/Befragung/Interview

© auremar – Fotolia.com

Mündliche Befragungen bzw. Gespräche gehören zum (heil-/ sonder-) pädagogischen Alltag. „Das Gespräch als eine Methode des diagnostischen Handelns zur Erhebung von Informationen und Daten wird entweder mit der zu diagnostizierenden Person selbst geführt oder aber mit Drittpersonen" (Lanwer, 2006, S. 62).

Gespräche/mündliche Befragungen haben im Rahmen diagnostischer Prozesse unterschiedliche **Ziele**:

- als konkrete diagnostische Methode mit Standardisierung zur Erfassung spezifischer Verhaltensaspekte,
- als konkrete diagnostische Methode ohne Standardisierung zur Erfassung ausgewählter Verhaltensaspekte,
- als Ergänzung zu anderen diagnostischen Methoden,
- als Mittel der Anamnese,
- als Mittel der Kontaktaufnahme und zur Gestaltung der Beziehung,
- als Instrument der Förderplanung.

Dementsprechend werden Gespräche entweder geplant oder entstehen frei. „Das Gespräch als Vorgehensweise der Informationsbeschaffung kann in standardisierter sowie in unstandardisierter Form durchgeführt werden" (Lanwer, 2006, S. 63).

Je nach Form und Art der Strukturierung können verschiedene methodische Vorgehen unterschieden werden. Daseking und Petermann (2006, S. 244 ff.), Bortz und Döring (2006, S. 237 ff.) sowie Lamnek (2010, S. 301 ff.) unterteilen unterschiedliche Gesprächsformen v.a. nach folgenden Kriterien:

- Strukturierungsgrad,
- Standardisierungsgrad,
- Befragungsmodus,
- Befragungsstil/Kommunikationsstil.

Der **Strukturierungsgrad** bezieht sich auf den Aufbau des Erhebungsinstrumentes. Die mündliche Befragung kann wenig strukturiert, teilstrukturiert oder vollstrukturiert sein.

Der **Standardisierungsgrad** gibt Auskunft über die Formen der Gesprächsführung und -auswertung sowie über die Erhebungsbedingungen. Es können standardisierte, halbstandardisierte und unstandardisierte Gesprächsführungen unterschieden werden. Entsprechend des Standardisierungsgrades gestaltet sich der Befragungsstil.

Bei *standardisierten* und damit klar strukturierten mündlichen Befragungen/Interviews sind der Wortlaut, Inhalte und die Reihenfolge der Fragen eindeutig vorgegeben und verbindlich für den Interviewer. Sie eignen sich besonders für spezifische Themen, über die ein Wissen bereits vorhanden ist. Ebenso sind Antwortformate und Auswertungskategorien vorgegeben, die eine ökonomische Auswertung ermöglichen, jedoch ggf. wichtige persönliche Sichtweisen des Befragten außen vor lassen. Besonders deutlich tritt bei standardisierten Befragungen die asymmetri sche Kommunikationsstruktur hervor, die den Interviewer dazu zwingt, z. B. auf Nachfragen des Befragten nicht einzugehen, sondern mit der gleichen vorgegebenen Frage zu antworten. Der Grund hierfür ist, den Interviewten nicht suggestiv zu beeinflussen.

Bei *halbstandardisierten* Befragungen/Interviews liegt in der Regel ein Interview-/Gesprächsleitfaden vor. Dem Gesprächsleiter/Interviewer bleibt es hier überlassen, in welcher Reihenfolge und/oder mit welchem Wortlaut er die Fragen stellt. Die Antwortformate sind nicht festgelegt, so dass dem Befragten Raum für persönliche Sichtweisen gegeben werden kann.

Bei *nichtstandardisierten* Befragungen/Interviews (z. B. „narrative" oder „fokussierte" Interviews) ist die Gesprächsführung offen, d.h. dass keine festgelegte Reihenfolge und Wortlaut existieren. Es ist ein thematischer Rahmen vorgegeben, in dem subjektive Sichtweisen uneingeschränkt einfließen können. Der Interviewverlauf hängt somit maßgeblich vom Interviewer/Gesprächsleiter ab und gleicht einer alltagsnahen Gesprächssituation. Der Befragungsstil ist weich bis neutral. Die Art der Antwort und der Auswertung unterliegt keinen speziellen Regeln und ist i. d. R. sehr zeitaufwendig.

Der **Befragungsmodus** sagt etwas darüber aus, ob die mündliche Befragung in einem Einzelgespräch oder in einer Gruppensituation stattfindet.

Der **Befragungsstil** kann weich, neutral oder hart sein, was oftmals auch mit dem Autoritätsanspruch des Interviewers in Zusammenhang gebracht wird (Bortz & Döring, 2006).
Bei einem „*weichen*" Befragungsstil herrscht eine offene, einfühlsame, entgegenkommende Atmosphäre. Dies basiert auf den Prinzipien der Personzentrierten Beratung nach Rogers (vgl. zu den besonderen Kriterien des Ansatzes z. B. zusammenfassend Weinberger, 2011) und findet sich im Rahmen heilpädagogischer und förderdiagnostischer Arbeit täglich wieder. Rogers hebt hierbei insbesondere die beziehungsorientierte Haltung des Pädagogen hervor, die durch drei Charakteristika gekennzeichnet sein soll. Diese sind einfühlsames Verstehen/Empathie, Akzeptanz/unbedingte Wertschätzung und Echtheit/Kongruenz. Obgleich sich diese Haltung so selbstverständlich anhört, so bedarf sie doch in der Regel einer fundierten Ausbildung und Übung, um sie tatsächlich so wie von Rogers gemeint in tagtäglichen, konkreten Beziehungssituationen bestmöglich zu verwirklichen.

Bei einem „*neutralen*" Befragungsstil wird versucht, unerwünschte Einflüsse zu kontrollieren. Der neutrale Fragestil ist auf Informationssuche ausgerichtet und sieht den Interview-/Gesprächspartner als gleichwertig an. Dieser Befragungsstil ist z. B. bei einem Anamnesegespräch wiederzufinden.

Bei einem „*harten*" Befragungsstil wird versucht, durch provokante Fragen Reaktionen herauszufordern und Druck auszuüben, Antworten anzuzweifeln und Versuche des Leugnens zu unterbinden. Laut Bortz und Döring (2006) wird dieser Fragestil lediglich bei tabuisierten Verhaltensweisen angewendet.

Tab. 8: Übersicht Kriterien mündliche Befragung

Strukturierungsgrad	Standardisierung	Befragungsstil; Art der Fragen	Ziele/Anliegen
strukturiert	standardisiert	hart bis neutral; festgelegte Fragen	Ökonomisches Erfassen spezifischer Verhaltensaspekte
teilstrukturiert	halb-standardisiert	neutral; Leitfaden	Gezielte Informationssuche
wenig strukturiert	un-standardisiert	neutral bis weich; offen	Spontane Alltagsgespräche zur Erkenntnisgewinnung

Wer sich im wissenschaftlichen Kontext mit der Gesprächsführung und mit Interviews auseinandersetzen möchte, dem wird empfohlen, sich weiterführend mit Formen der quantitativen und/oder qualitativen Befragung zu befassen (Petermann & Eid, 2006; Bortz & Döring, 2006; Lamnek, 2010).

Anforderungen an den Gesprächsleiter

Die Durchführung von zielorientierten Gesprächen im Rahmen (heil-/sonder-) pädagogischer Diagnostik erfordert vom Gesprächsführenden zahlreiche Kompetenzen, die es stets zu reflektieren gilt (Klenovský & Ondracek, 2011; Bortz & Döring, 2006):

- ein aufmerksames Zuhören/aktives Zuhören (Weinberger, 2011; Rogers 1942/1972),
- das Finden eines angemessenen Tons und einer angemessenen Sprache,
- das Stellen sachdienlicher Fragen; Vermeidung suggestiver Fragen,
- eine gute Allgemeinbildung und umfangreiche Information zum Thema, so dass kompetente Reaktionen auf unerwartete Antworten erfolgen können,
- eine freundliche, wohlwollende, offene Einstellung gegenüber dem befragten Menschen,
- ein Freimachen von (Vor-)Urteilen aufgrund von Sozialstatus, Nationalität, Aussehen, ethnischer Hintergründe etc.,
- gute Beherrschung des eigenen verbalen und nonverbalen Verhaltens.

„Die Persönlichkeit des Interviewers ist von ausschlaggebender Bedeutung. Nicht nur die Art, wie er das Gespräch führt und bestimmte Äußerungen provoziert, beeinflusst das Interviewresultat, sondern auch seine individuellen thematischen Präferenzen, seine Sympathien und Antipathien für bestimmte Menschen, seine subjektiven Werte etc.“ (Bortz & Döring, 2006, S. 238).

Klenovský und Ondracek (2011, S. 112) empfehlen im Rahmen diagnostischer Gesprächsführung diese anlehnend an Rogers (1942/1972; vgl. auch Weinberger, 2011) auf eine personzentrierte Art zu führen: „Im Wesentlichen geht es darum, die Problemlage des Klienten wird vom Blickwinkel dessen subjektiver Erlebens-, Denk- und Handlungsweise betrachtet, d. h. mit ´seinen Augen´. Dieses grundlegende Element der personenzentrierten Gesprächsführung wird als aktives Zuhören bezeichnet. Es offenbart eine empathische, entgegenkommende und beteiligende Einstellung der Fachperson dem Klienten gegenüber“.

Fehlerquellen (Bortz & Döring, 2006; Daseking & Petermann, 2006)

Person des Gesprächsleiters

- Unaufmerksamkeit des Interviewers/Gesprächsleiters,
- Unangemessen: Wortwahl, Tonfall, Betonung und Ansprache; Mimik, Gestik, Haltung,

- Unzureichendes (Hintergrund-)Wissen über das Gesprächsthema,
- Unangemessene Fragetechnik (z. B. suggestiv) oder Fragestil (z. B. hart),
- Das Schaffen einer unangenehmen Atmosphäre,
- Die Verdeutlichung eigener (Vor-)Einstellungen, Werte und Normen,
- (Frühzeitige) Positionierung zum Thema,
- Mangelnde Beherrschung des eigenen verbalen und nonverbalen Verhaltens,
- ...

Person des Befragten

- Sprachliche Verständigungsschwierigkeiten,
- Mangelndes inhaltliches Verständnis der Fragen bzw. kognitive Überforderung,
- Gedächtnis erlaubt keine oder wenig Rückerinnerung,
- Antwortfindung erschwert aufgrund fehlender oder unpassender Worte,
- Bemühen, dem Gesprächsleiter/Interviewer gefallen zu wollen,
- Geringe Bereitschaft, etwas von sich offen zu legen,
- Unwohlsein in ggf. unbekannter oder missfallender Umgebung,
- Bemühen, sich selbst je nach eigenen Vorstellungen darzustellen,
- Anpassung der Antworten im Hinblick auf gewünschtes Verhalten,
- ...

Die unter „Beobachtung" genannten Fehlerquellen bzw. Verzerrungseffekte greifen hier gleichermaßen.
„Eine fehlende oder mangelnde Reflexion der impliziten Vorannahmen über den Prozess des Datenflusses kann nicht nur zu Missverständnissen, Verzerrungen oder Fehleinschätzungen führen, sondern auch dazu, dass Informationen nur selektiv wahrgenommen und verarbeitet werden" (Daseking & Petermann, 2006, S. 248).
Dementsprechend ist eine **Reflexion** notwendig, damit das, was dokumentiert wird, möglichst wertneutral festgehalten wird oder ggf. entsprechende positive/ negative Einflüsse im Gespräch transparent gemacht werden, um diese wiederum im Erkenntnisprozess zu berücksichtigen.

Praxisbezug

Mittels mündlicher Befragung bzw. Gespräch können vielfältige subjektive Sachverhalte bzw. Perspektiven (Auffassungen, Meinungen, Gewohnheiten, Einstellungen, Motive, Gefühle, Wünsche, Vorstellungen, Überzeugungen, Anschauungen, Konflikte, Probleme, Erlebnisse, Wissen, Kenntnisse, Denkoperationen, Lösungsstrategien, soziale Beziehungen u. a.), aber auch Entwicklungs- und Lernverläufe u. v. m. erfasst werden.

Die Fragen einer Befragung können sich daher auf verschiedene Entwicklungsbereiche beziehen:

- *Motorik/Bewegung, z. B. Bewegst du dich gern? Was sind deine Lieblingsbewegungen? Was fällt dir leicht, was schwer? Was möchtest du gern können? ...*
- *Wahrnehmung, z. B. Was fühlt sich für dich gut/weniger gut an? Hörst du gern Geräusche? ...*
- *Kognition, z. B. Kannst du dich gut konzentrieren? Mit welchem Thema beschäftigst du dich gerne? Was interessiert dich? Was kannst du gut in der Schule? Kennst du verschiedene Lösungswege für eine Aufgabe? Worüber denkst du viel nach? Wann kannst du dir etwas gut merken? ...*
- *Sprache/Kommunikation, z. B. Erzählst du gern? Wird viel zu Hause erzählt? Über was erzählt ihr in der Schule? Erzählst du gern mit anderen Kindern oder mit Erwachsenen? Worüber sprichst du gern?*
- *Sozial-emotionale Entwicklung → Hast du Freunde? Wer ist dir besonders wichtig? Mit wem spielst du gern? Wo kannst du deine Gefühle am besten zeigen? Welche Gefühle kennst du? Welche Gefühle magst du? Welche Gefühle magst du nicht? ...*

Für alle Interview-/Gesprächsformen finden sich Beispiele in der heilpädagogischen Diagnostik. Besonders im Rahmen förderdiagnostischer Vorgehensweisen zählt das Gespräch als ein Mittel zur Erkenntnisgewinnung im Alltag. Es handelt sich bei spontanen oder auch geplanten Gesprächen in der heil-/sonderpädagogischen Diagnostik dann meist um ein nichtstrukturiertes Gespräch mit weichen oder neutralen Fragen.
Sehr gute Beispiele für teilstrukturierte Gespräche/Interviews finden sich in Diagnostischen Inventaren (Eggert et al. 2003, 2005, 2008). Hier werden im Sinne eines Leitfadens Fragen vorgestellt, die wie abgedruckt genutzt werden können oder aber auch im Sinne des individuellen Falls verändert werden können.
Als strukturierte Gespräche mit neutraler bis harter Befragung kommen zum Teil standardisierte Verfahren zum Einsatz, zum Beispiel „Strukturiertes Interview zur Erfassung der Kind-Eltern-Interaktion“ (SKEI) von Skatsche et al. (2013).

Screening

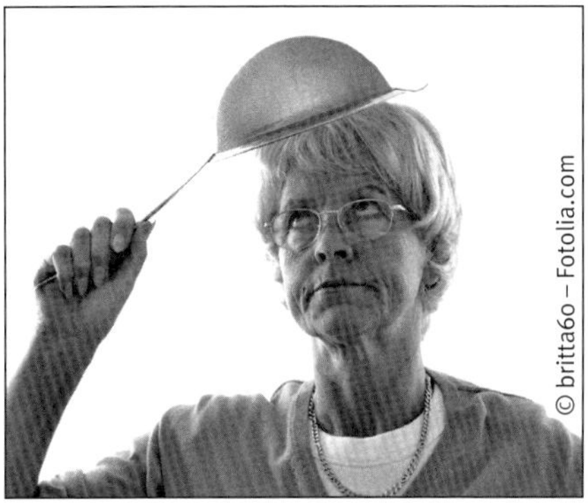

Das Wort Screening stammt aus dem englischen Sprachraum und bedeutet so viel wie „Durchsiebung“, „Rasterung“ oder „Sichtung“.

In der Regel gilt ein Screening als zeitsparende Methode, welche in verhältnismäßig kurzer Zeit (15–30 Minuten) zur Identifizierung bestimmter Sachverhalte und/oder als eine erste Einschätzung an einer großen Gruppe von Personen (z. B. eine Reihenuntersuchung) oder bei einzelnen Personen (z. B. zur routinemäßigen Kontrolle oder Verdachtsprüfung) eingesetzt wird. Ein Screening ist somit ein auf bestimmte Kriterien ausgerichtetes orientierendes und grob einschätzendes „Siebverfahren“, um herauszufinden, ob Menschen näher untersucht werden sollten.

Im Rahmen von Routineuntersuchungen ist in kurzer Zeit zu klären, ob in einem oder in mehreren Bereichen Entwicklungsrückstände vorliegen. „In diesem Fall empfiehlt sich eine kurze Überprüfung grundlegender Basisfertigkeiten, wie sie mit einem Entwicklungsscreening vorgenommen wird“ (http://entwicklungsdiagnostik.de/entwicklungsscreenings.html)

Ein Screening hat den Vorteil, dass es hinsichtlich der Durchführung und Auswertung einen geringen Zeitbedarf hat, dafür verfügt es nur über eine eingeschränkte Tiefe der Analyse und eine geringe Genauigkeit (Woike, 2003, S. 375 f.). Das bedeutet, dass bei einem Screening weniger eine genaue Befunderhebung oder Diagnostik das **Ziel** ist, sondern eher ein grober allgemeiner Überblick hinsichtlich bestimmter Verhaltensweisen, Dispositionen, Umstände etc.

Mittels Screening werden also Informationen über Personen zunächst relativ oberflächlich erfasst. Ergeben sich relevante Informationen, die weiter zu vertiefen sind, kann ein aufwendigeres diagnostisches Vorgehen angezeigt sein. Zur genaueren Charakterisierung von Situationen, für exakte(re) Befunde und Informationen sowie zur Bestimmung von Ressourcen und Interventionen müssen „feinere“ und mehrere Analysemethoden eingesetzt werden, was letztlich auch zeitaufwändiger ist.

In der Praxis unterscheiden einige Diagnostiker weiche und harte Screenings: „Weiche“ Screenings unterliegen keiner Standardisierung; sie basieren meist auf Erfahrungswerten von Autoren, welche subjektiv evaluiert wurden. „Harte“ Screenings unterliegen einer Standardisierung, ähnlich einem Test, jedoch nicht so umfangreich bzw. es werden vereinzelt prägnante Aufgaben aus normierten

Testverfahren als Vorab-Screen herausgenommen und durchgeführt, um dann zu entscheiden, ob der gesamte Test durchgeführt werden soll.

Ein Entwicklungsscreening „soll eine grobe Orientierung über eindeutige Auffälligkeiten geben, um so entwicklungsauffällige Kinder ökonomisch zu identifizieren. Aussagen über das Ausmaß dieser Entwicklungsabweichung können mit diesen Verfahren nicht getroffen werden. Als Ergebnis liefern sie eine Einteilung in ‚auffällig' und ‚unauffällig' " (Koglin et al., 2011, S. 7).

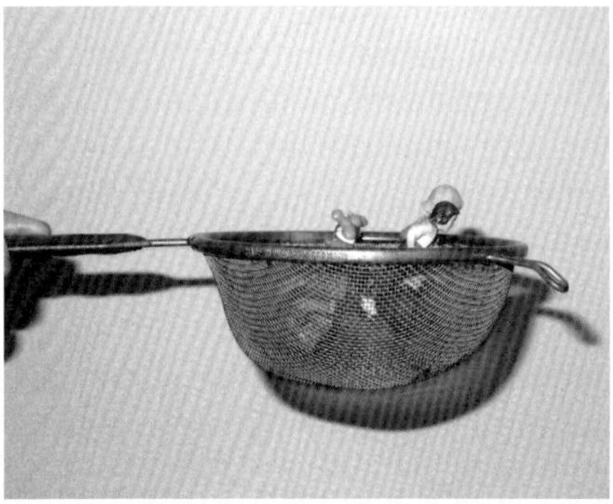

Praxisbezug

Im (heil-/sonder-)pädagogischen Alltag sind Screenings sehr häufig anzutreffen. Sie bieten einen allgemeinen Überblick über spezifische Entwicklungsaspekte in ausgewählten Entwicklungsbereichen (Motorik, Wahrnehmung, Sprache, sozial-emotionale Entwicklung oder Kognition) und sind erfahrungsbasiert zusammengestellt. Oftmals werden in Einrichtungen bzw. Institutionen eigenständig derartige Screenings zusammengestellt, die genau dem individuellen Praxisalltag und damit den Bedürfnissen der Praktiker entsprechen.

Die folgende Tabelle 9 führt exemplarisch einige Screenings auf.

Tabelle 9: Überblick über verschiedene Screenings im Rahmen der Heil- und Sonderpädagogik

Name	Inhalte	Rahmen und Alter
Diagnostische Einschätzskalen (DES); 2012	Wahrnehmung, Motorik, Gedächtnis, kognitive, soziale und emotionale Entwicklung	Gruppe oder Einzelsituation; Schuleingangsbereich
Wie weit ist mein Kind entwickelt? Sensomotorisches Entwicklungsgitter (SEG); 1975	Optische Wahrnehmung, Handgeschick, Körperkontrolle, Sprache, akustische Wahrnehmung, Sozialkontakt	Einzelsituation; 0,6 bis 4,0 Jahre
Trampolinkoordinationstest für Kinder (TKT); 1960er Jahre	Motorik	Einzelsituation in der Gruppe; keine Altersangaben
Abenteuer im Piratenland; 2007	Wahrnehmung, Motorik	Gruppe; 7–11 Jahre
Bereit für die Schule?; 2004	Phonologische Bewusstheit, vorzahlige Einsichten, Körperkoordination, Fein-/ Graphomotorik, Informationsverarbeitung	Einzelsituation; Schuleingangsbereich
Förderdiagnostik mit schwerstbehinderten Kindern; 2004	Sprache, Wahrnehmung, Motorik, Beziehung	Einzelsituation; keine Altersangabe
HamMotScreen; 2002	Motorik, Wahrnehmung	Gruppe oder Einzelsituation; Schuleingangsbereich

Bezüglich der Begrifflichkeiten liegt keine einheitliche Verwendung vor. So werden einige diagnostische Verfahren mit „Test“ bezeichnet, welche eigentlich die Charakteristika von Screenings aufweisen (z. B. TKT), wohingegen sich andere Verfahren Screening nennen, obwohl es sich um Tests handelt (z. B. DESK, BISC). Zur Erinnerung: Entscheidend, ob ein "Test“ sich „Test“ nennen darf, ist ein Mindeststandard bei der Erfüllung der Gütekriterien Validität, Reliabilität und Validität etc., nicht die Namensbezeichnung eines Verfahrens durch die Autoren.

Wir empfehlen, die Methoden anhand der hier beschriebenen und zugrundeliegenden Kriterien zu unterscheiden. Dies ist sowohl für Ihre Professionalität als auch für die Begründung der Auswahl von Methoden und Verfahren unerlässlich.

Diagnostisches Inventar

Alltagsspielsituationen

Die Idee, zu inventarisieren anstelle zu testen stammt von Pawlik (1976). In seinen Ausführungen stellt er in den 1970er Jahren damalige Positionen von Diagnostik gegenüber mit dem Ziel, die damals (und leider auch heute bisweilen noch) gängige Praxis der Grundlage einer Förderortentscheidung ausschließlich mithilfe psychologischer Tests wie dem Intelligenztest kritisch zu hinterfragen. Er hebt dabei stets den Wert einer von ihm so benannten prozessorientierten diagnostischen Strategie im Vergleich zu einer statusorientierten diagnostischen Strategie hervor. Dabei setzt er eine statusorientierte Strategie mit einer klassifizierenden Strategie gleich (vgl. Kapitel zu Förderdiagnostik, S. 28ff.).

Diagnostische Inventare im Sinne einer förderungsorientierten Diagnostik dienen der Beobachtung von Verhaltensrepertoire einer Person. Sie eignen sich sehr gut für die Beobachtung und Einschätzung von Kompetenzen im Rahmen einer (heil-/sonder-) pädagogischen Entwicklungsförderung. Eggert u.a. ist es gelungen, einen Großteil der Überlegungen Pawliks praxisrelevant umzusetzen und an Pawlik anlehnend Diagnostische Inventare für ein Praxisfeld von Pädagogen zu beschreiben und zu definieren.

Im förderdiagnostischen Sinn sollen mit den Aufgaben der jeweiligen Diagnostischen Inventare eine vor allem auf die Bestimmung individueller Kompetenzen ausgerichtete Beobachtung und eine praxisorientierte Planung der Förderung möglich sein. Ein **Ziel** ist es dabei, herauszufinden, in welcher Umgebung ein Kind die „am wenigsten einschränkende" Lernbedingung finden kann und welche Schritte dafür eingeleitet werden müssen.

Diagnostische Inventare zeichnen sich dadurch aus, dass jedem Verfahren explizit ein **theoretisches Modell** von dem jeweiligen Entwicklungsbereich zugrunde liegt. Das Modell und die dazugehörigen Entwicklungsdimensionen werden jeweils eingangs vorgestellt und sind zum einen für die Vorbereitung und Auswahl der Aufgaben wichtig und zum anderen für die Auswertung und die Hypothesenbildung.

In jedem Inventar gibt es ca. 40 bis 60 **Beobachtungsaufgaben** mit unterschiedlichen Schwierigkeits- bzw. Differenzierungsgraden. Eine Anzahl von meist sechs bis neun Kernaufgaben dient dazu, sich einen ersten Überblick zu verschaffen, ohne gleich ins Detail aller Aufgaben einzusteigen. Es ist jedoch auch möglich, sich von Beginn an selbst Aufgaben individuell zusammen zu stellen. Die Aufgaben können als **Parcours** oder im Rahmen einer **Geschichte** oder **Erzählung** mit dem Kind gemeinsam durchlaufen werden.

Seit 2003 sind die **Schwierigkeitsgrade** in den Büchern vorab differenziert überlegt, um es in den individuellen diagnostischen Sequenzen zu ermöglichen, spontane Variationen bzw. Modifikationen einzubringen. Gerade weil die Anwendung von Diagnostischen Inventaren sehr am bzw. für das Kind orientiert ist, sollen die Aufgaben Erfolgserlebnisse vermitteln, das Selbstwertgefühl stärken und eine Grundlage für eine optimistische Aufgaben- und Lebensbewältigung schaffen. Das ist allein dann möglich, wenn sich individuell auf das Kind eingestellt wird, dessen Bedürfnisse wahrgenommen und in den (förder-) diagnostischen Prozess einbezogen werden. Dazu dienen die vorüberlegten Schwierigkeitsgrade, die gern von jedem Anwender erfahrungsbezogen ergänzt werden können.

Eggert und Ratschinski (1993) stellten Konstruktionsprinzipien bzw. Merkmale von Diagnostischen Inventaren auf, die im Laufe der Jahre verfeinert wurden, um die Besonderheit der Methode zu verdeutlichen. Diese zehn Kriterien werden im Folgenden in Kürze beschrieben:

Alltagsumgebung

Alltagsmaterial

Erfassung eines **breiten Spektrums von Handlungen**: das meint, dass nicht allein einzelne Aufgaben zur Einschätzung eines Entwicklungsaspektes herangezogen werden, sondern eine Vielzahl von Aufgaben, um einen umfassenderen Einblick zu ermöglichen (z. B.: für das Gleichgewicht: Aufgaben zum statischen und dynamischen Gleichgewicht, zum Drehen, zum Schwingen, ...).

Erfassung alltagsnaher kindlicher Handlungen: **Alltagsnähe** zeichnet sich hierbei durch drei Aspekte aus. Zum einen ist das Material, abgesehen vom Buch, i. d. R. in jeder Institution/Praxis vorhanden und kann selbst zusammengestellt werden. Die Aufgaben können bekannt sein, denn gerade eine Bekanntheit der Aufgaben ermöglicht es, Kinder oder Jugendliche nicht allein in ungewohnten, sondern in alltäglichen Handlungen zu beobachten und somit mehr den Fokus der Aufmerksamkeit auf die Qualitäten der Ausführung zu legen. Der dritte Aspekt ist der Wunsch, dass die Arbeit mit diagnostischen Inventaren möglichst in einem für das Kind/den Jugendlichen bekannten Umfeld erfolgt, z. B. Kita, Schule, Spielplatz, zu Hause, so dass Abstand von so genannten „Laborsituationen" genommen wird.

Offene Situation: Dieses Merkmal meint, dass es keine vorgegebene Standardisierung der Aufgaben bzgl. Auswahl, Reihenfolge, Häufigkeiten etc. sowie keine „Anweisungen" gibt. Jeder Diagnostiker stellt die Aufgaben selbst zusammen und entscheidet situationsabhängig über die Wortwahl bzw. die Erklärung der Aufgabenstellung.

Anstrebung einer Übereinstimmung der diagnostischen und der Interventionskategorien: Hiermit ist die Umsetzung einer **Einheit von Diagnostik und Förderung** gemeint, d.h. zum einen, dass in jeder Diagnostik-Situation auch im handlungsanregenden Sinne interveniert werden kann. Wenn ein Kind es z. B. nicht sogleich schafft, über eine Bank zu balancieren, können Sie hier intervenieren und dem Kind die Frage stellen, was es braucht, um über die Bank zu balancieren. Zum anderen meint es, dass jede alltägliche Fördersituation auch dem Erhalt diagnostischer Befunde dient.

Beschreibung **individueller Entwicklungsverläufe**: anlehnend an Pawlik (1976) geht es nicht vorrangig um eine einmalige Statusdiagnostik, sondern um eine prozessorientierte Diagnostik. In diesem Zusammenhang steht die individuelle Entwicklung eines Menschen im Vordergrund der Betrachtung. Diagnostische Inventare sind hervorragend für eine Prozessdiagnostik geeignet, so dass bei einer Wiederholung von Aufgaben der Entwicklungsstand eines Menschen zu verschiedenen Zeitpunkten beschrieben und verglichen werden kann. Das Bezugssystem, d. h., das System mit dem eine Entwicklung in Bezug gebracht bzw. verglichen wird, ist hier der Mensch selbst (intra-individuelle Norm, vgl. S. 12 f.).

Betonung von Veränderung: Dieses Merkmal geht mit dem vorherigen einher, da die Arbeit mit Diagnostischen Inventaren nicht allein auf eine Feststellung des derzeitigen Entwicklungsstandes, sondern auf einen Prozess und damit auf Veränderungen in der individuellen Entwicklung ausgerichtet ist.

Variabilität der Aufgabenzusammenstellung in Abhängigkeit von Interventionszielen und individuellem Leistungsspektrum: Dieses Kriterium wird von der Praxis unterschiedlich geschätzt. Einige Pädagogen schätzen es sehr, da sie nun endlich selbst darüber entscheiden können, wie viel und welche Aufgaben zur Überprüfung von Kindern individuell sinnvoll erscheinen. Andere Fachkräfte hätten gern lieber eine Vorlage und „Aufgabenanweisung“, so dass sie genau wissen, was sie tun müssen/können. Eine Variabilität und damit verbunden Modifikation birgt natürlich erst einmal mehr Zeitaufwand und Verantwortung, hat jedoch andererseits im Sinne einer Diagnostik in der Heil- und Sonderpädagogik ein sehr entlastendes Moment. Wer mehr vorgegebene Struktur und Anregungen wünscht, findet in den Inventaren (Eggert et al., 2003, 2005, 2007, 2008) im hinteren Teil stets so genannte „Diagnostische Menüs“, die eine Aufgabenauswahl zu einem Thema und für eine Klientel darstellen.

Die Abstufung der diagnostischen Strategien in mehrere **Phasen** und mehrere **methodische Ansätze**: Auch wenn Diagnostische Inventare aufgrund ihrer Spezifität als eigene Methode gelten, so werden innerhalb dieser Diagnostik weitere Methoden bewusst einbezogen: Beobachtung, mündliche/schriftliche Befragung, Arbeitsprodukte. Aufgrund der prozess- und entwicklungsorientierten Diagnostik, mittels derer verschiedene Entwicklungsbereiche erfasst werden können, ist es selbstverständlich, dass die Diagnostik nicht in 30 bis 90 Minuten „fertig“ ist. Die Arbeit mit Diagnostischen Inventaren ermöglicht eine individuelle Aufteilung der diagnostischen Sequenzen in verschiedene Phasen der Überprüfung. Die Phasen der Überprüfung sind dabei nicht allein vom Prozess, sondern auch von der Anzahl der Aufgaben abhängig.

Betonung der **Validität**: Auch wenn in den Diagnostischen Inventaren Schwerpunkte für Beobachtungen anlehnend an die zugrunde liegenden Modelle gegeben werden, so wird ausdrücklich darauf hingewiesen, dass jeder Diagnostiker/jede Diagnostikern stets prüft, ob die Aufgaben auch tatsächlich im individuellen Fall das überprüfen, wozu er/sie sie eingesetzt hat. Beispielsweise kann es sein, dass eine bestimmte Anzahl von Aufgaben zur Überprüfung des Gleichgewichts zusammengestellt wird und in der Situation jedoch der Eindruck entsteht, dass ein Misslingen weniger am Gleichgewicht, sondern mehr an der Konzentration liegt. Außerdem können neben den vorüberlegten stets weitere Beobachtungen gemacht werden, die ebenso bedeutsam für den Erkenntnisprozess sind.

Durchführung in Einzel- oder Kleingruppensituationen (**Setting**): Die Arbeit mit Diagnostischen Inventaren kann sowohl in der Gruppe als auch im Einzelkontakt erfolgen. Da sich der (Heil-/Sonder-) Pädagoge während der Diagnostik individuell mit dem Kind befasst und auf dieses eingeht, ist es mehr als empfehlenswert entweder zu zweit in die diagnostische Situation zu gehen, oder/und eine Videokamera zur Dokumentation und Reflexion einzusetzen. So können selektive Wahrnehmungsprozesse zumindest gemildert werden.

Praxisbezug

Unserer Erfahrung nach eignen sich Diagnostische Inventare im Sinne von Eggert et al. (2003, 2005, 2008) gerade deswegen sehr gut für eine heilpädagogische Diagnostik, da sie von ihrer Vorgehensweise und hinsichtlich der dahinterstehenden Grundhaltungen zum Menschen sowie der bezugnehmenden Entwicklungstheorien absolut im Einklang mit heilpädagogischen Vorstellungen stehen.

Die Methode der Diagnostischen Inventare kommt vielen Pädagogen in der Heil- und Sonderpädagogik entgegen, da es ihnen hier oftmals leichter fällt, ihre aus der Heilpädagogik gewöhnte beziehungsorientierte Grundhaltung aufrecht zu erhalten, in der sie flexibel auf die Bedürfnisse eines Kindes eingehen können, ohne damit womöglich gegen eine als einschränkend und „starr“ empfundene Standardisierungsvorschrift eines Tests zu verstoßen. Es wird angestrebt, die Leistungssituation in den Hintergrund zu rücken und eine unterstützende, förderorientierte Atmosphäre entstehen zu lassen, aus der das Kind mit einem Erfolgsgefühl und emotional gestärkt herausgeht.

Die Gestaltung der Diagnostischen Situationen erfolgt über das Anfertigen so genannter „Diagnostischer Menüs“. Ein diagnostisches Menü ist eine Zusammenstellung von einzelnen Aufgaben unter Berücksichtigung folgender Fragen:

„Menü-Fragen“

1. Für wen erstelle ich das Menü?
   Klientel, Alter, Gruppe-/Einzelsituation; in einer Gruppensituation sind max. 6 Kinder empfehlenswert
2. Wodurch spreche ich das Interesse der Kinder an?
   Thema: das passende Thema trägt zur optimalen Motivation bei; z. B. Piraten, Filly, Zauberwald, Dschungel, ...
3. Was möchte ich mit dem Menü beobachten bzw. erfassen?
   Entwicklungsbereich: Motorik, Wahrnehmung, sozial-emotional, Sprache/ Kommunikation, Kognition
4. Möchte ich einen Aspekt des Inventars schwerpunktmäßig erfassen?
   z. B. bei der Motorik das Gleichgewicht oder beim Selbstkonzept das Körperkonzept,...
5. Wie umfangreich soll das Menü sein?
   Zeit: wie viel Zeit habe ich als Diagnostiker(in) zur Verfügung und wie lange kann sich ein Kind/eine Gruppe gezielt konzentrieren; es kann sich von 20-90 min. erstrecken
6. Was stellt den Rahmen des Menüs dar?
   Alltagssituation: Unterricht, Förderung, ...; Rahmen: Parcours, Geschichte, Erzählung,... je nach Interesse, Altersgruppe und eigenen Vorlieben kann der Rahmen gestaltet werden

6. Was stellt den Rahmen des Menüs dar?
   Alltagssituation: Unterricht, Förderung, ...; Rahmen: Parcours, Geschichte, Erzählung,... je nach Interesse, Altersgruppe und eigenen Vorlieben kann der Rahmen gestaltet werden
7. Welche Aufgaben wähle ich für die diagnostische Erfassung aus?
   Spätestens hier muss der Diagnostiker/die Diagnostikerin in eines der Inventarbücher schauen und sich entsprechend Aufgaben heraussuchen.
8. Wie muss oder kann ich die Aufgaben differenzieren, so dass sie bewältigt werden können oder eine Herausforderung darstellen?
   Schwierigkeitsgrade: sie sind seit 2003 in den Diagnostischen Inventaren von Eggert und/oder Mitarbeitern vorüberlegt und können jederzeit erweitert werden
9. Was kann ich wahrscheinlich mit den Aufgaben zusätzlich beobachten?
   Hier geht es darum, daran zu denken, dass auch bei einer Fokussierung oder Schwerpunktlegung der Aufgaben dennoch „nebenbei" andere Aspekte von Verhalten beobachtet werden können, z. B. Motorik, Wahrnehmung, Kognition,...

Eggert und/oder Mitarbeiter haben bisher sieben verschiedene Diagnostische Inventare primär für Kinder im Vor- und Grundschulbereich entwickelt, die sich sehr gut für eine heil-/sonderpädagogische Diagnostik eignen:

Name	Inhalt	Alter
Diagnostisches Inventar motorischer Basiskompetenzen (DMB, 1993, 2008)	Gleichgewicht, Gelenkigkeit, Kraft/Ausdauer, Schnelligkeit	Vor- und Grundschule
Diagnostisches Inventar auditiver Alltagshandlungen (DIAS, 1992, 2005)	Entwicklungsstufen (Differenzierung, Lokalisation, Strukturierung); Komplexitätsgrade (Einzelgeräusche, Ballung von Einzelgeräuschen, Handlungsabläufe)	Vor- und Grundschule
Diagnostisches Inventar taktil-kinästhetischer Alltagshandlungen (DITKA, 2000)	Entwicklungsstufen (Differenzierung, Lokalisation, Strukturierung); Komplexitätsgrade (taktil-kinästhetisch, Körperorientierung, Bewegungsplanung)	Vorschulischer Bereich

Raum-Zeit-Inventar (RZI, 2002)	Entwicklungsstufen (Differenzierung, Strukturierung); Komplexitätsgrade (Wahrnehmung, Lateralität, Raumkoordination, Raumvorstellung, Ordnung, Dauer, Rhythmus)	Vor- und Grundschule
Selbstkonzept-Inventar (SKI, 2003)	Fähigkeitskonzept, Körperkonzept, Selbsteinschätzung, Selbstbewertung, Selbstbild	Kinder, Jugendliche, Erwachsene
Diagnostik im Schuleingangsbereich (DiSb, 2007)	Bewegung, Wahrnehmung, Kommunikation, sozial-emotionale Entwicklung, Kognition	Schuleingangsbereich
Diagnostisches Inventar zur Förderung Mathematischer Basiskompetenzen (DIF-MaB, 2008)	Kognition; Erfassung von Lernvoraussetzungen für Mathematik	Grundschule

Arbeitsprodukt

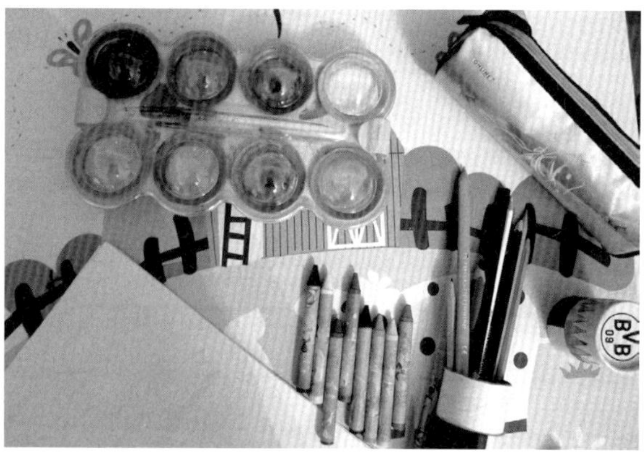

Suhrweier und Hetzner (1993) bringen die Methode der Arbeitsprodukte in ihre Überlegungen zur förderungsorientierten Diagnostik ein.
Als Arbeitsprodukte werden Zeichnungen, Abbildungen, Bastelarbeiten, Geknetetes oder auch sprachliche Äußerungen (schriftlich oder mündlich mittels Aufnahme dokumentiert) verstanden. Allerdings ist es bedeutend, wenn von einem Arbeitsprodukt gesprochen wird, dass es Produkte sind, die frei (ohne vorgegebenen Auftrag durch Pädagogen) entstanden sind. Allein wenn das Produkt in

freier Arbeit entsteht, ist genug Raum zur individuellen Entfaltung vorhanden. Arbeiten, die ein Pädagoge/eine Pädagogin initiiert hat, sind weniger interessant, da Ziele, Mittel und Zeit meist vorgegeben und somit einschränkend sind.

Ein bedeutendes Anliegen bei der Erstellung von Arbeitsprodukten ist der Weg dorthin. Es geht also weniger um das Produkt selbst, als vielmehr um die Entstehung und individuelle Bedeutung.

„Aus freien Texten können Hinweise zum Stand der Sprachentwicklung, zur Wahrnehmung der Umwelt, der Fantasie, zur psychischen Befindlichkeit, usw. entnommen werden. Eine Zeichnung als weiteres Beispiel kann hinsichtlich des gewählten Themas analysiert werden und Hinweise zu Interessen und Vorlieben, aber auch zur Genauigkeit der Beobachtung und Kenntnis des Gegenstandes liefern" (Niedermann, Meisel-Stoll, Sahli & Zeltner, 2010, S. 47).

Trotz dieser genannten Möglichkeiten sei an dieser Stelle darauf hingewiesen, dass freies Arbeiten sehr gute Hinweise auf Interessen, aber nicht zwangsläufig auf bestmögliche Leistungen geben kann.

Ein weiterer wichtiger Aspekt, um von einer (förder-)diagnostischen Methode zu sprechen ist, dass der/die Diagnostiker(in) bei der Erstellung des Arbeitsproduktes anwesend ist. Nur so kann die Entstehung des Produktes genau verfolgt und die während der Entstehung gemachten Äußerungen des Kindes/Jugendlichen/Erwachsenen mit in die diagnostischen Überlegungen einbezogen werden.

Eine Analyse von Arbeitsprodukten kann wichtige Informationen im Rahmen einer förderungsorientierten Diagnostik geben. Folgende **Hinweise** können anlehnend an Suhrweier und Hetzner (1993) zusammengefasst werden:

- das Kind während der Tätigkeit beobachten (Weg nachvollziehen),
- mit dem Kind über das Ergebnis sprechen,
- das Tätigkeitsprodukt immer im Zusammenhang mit anderen Ergebnissen desselben Kindes betrachten,
- die Tätigkeitsprodukte in Verbindung mit auf anderen Wegen gewonnen Daten analysieren,
- beachten, dass Tätigkeitsprodukte durch Einschränkungen der Ausdrucksmöglichkeiten beeinflusst sein können (z.B. grafomotorische oder sprachliche Schwierigkeiten bei Kindern mit Behinderung).

Je nach Art des Arbeitsproduktes kann eine Analyse desselben wichtige Informationen im Erkenntnisprozess beitragen. Es kann „ersichtlich werden, mit welchen Strategien ein Schüler an eine Aufgabe herangeht, ob der Arbeitsauftrag verstanden wurde, wie die Planung der Arbeit aussieht und ob die Erarbeitung z. B. flüchtig und oberflächlich durchgeführt wurde oder sauber und sorgfältig. Es lohnt sich mit dem Schüler über sein Arbeitsprodukt zu sprechen und ihn sein Werk und den Weg dorthin erklären und erläutern zu lassen“ (Niedermann, Meisel-Stoll, Sahli & Zeltner, 2010, S. 48).

Praxisbezug

Zeichnungen: „Arbeiten aus dem Bereich des Bildnerischen Gestaltens können Informationen geben über den allgemeinen Entwicklungsstand, Kreativität, Wahrnehmung, Feinmotorik und die psychische Befindlichkeit“ (Suhrweier & Hetzner 1993, S. 155). Der allgemeine Entwicklungsstand kann insofern betrachtet werden, als dass beobachtet werden kann, was ein Kind/Jugendlicher thematisch auswählt bzw. darstellt und wie es/er sich dazu frei oder zum Ende auf Nachfrage hin äußert. Es kann deutlich werden, welche Interessen, Vorlieben, Wünsche, Kenntnisse und/oder Beziehungen es zu seiner Umwelt hat. Weiterhin können aufgrund der Differenziertheit von einzelnen Zeichnungen und der Farbwahl Hypothesen zur Entwicklung der Grafomotorik getroffen werden.

Wenn der Heil- oder Sonderpädagoge nicht bei der Erstellung des Produktes dabei ist, kann es zu Fehlinterpretationen kommen, da evtl. einzelne Elemente der Zeichnung nicht erkannt werden oder anders gedeutet werden als vom Kind beabsichtigt oder weil die Logik und Planungsidee, die hinter der individuellen Zeichnung steht, nicht erfasst wird.

Vor einer Überinterpretation einzelner Arbeitsprodukte sei gewarnt. „Eine Beobachtung der Möglichkeiten des Kindes über längere Zeit und andere Arbeitsergebnisse können Fehleinschätzungen vermeiden helfen“ (ebd. S. 156). Ein Arbeitsprodukt muss also immer im Gesamtzusammenhang gesehen werden.

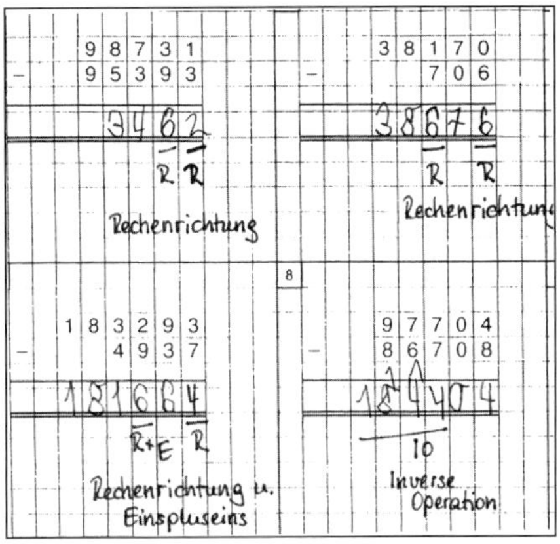

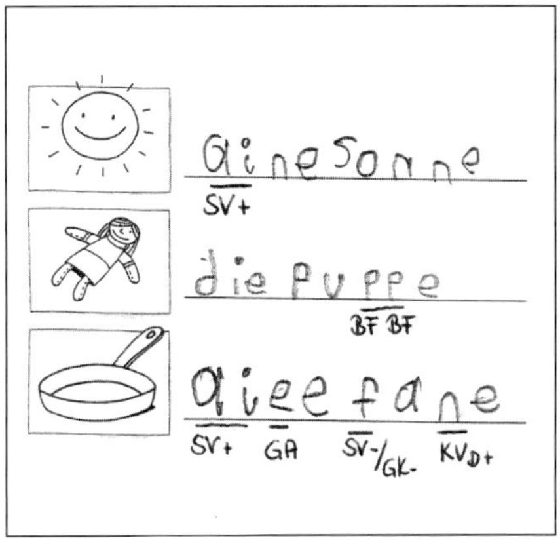

Die Methode der Fehleranalyse hat vor allem Bedeutung bei einer (heil-/sonder-) pädagogischen Diagnostik für Schulkinder in Bezug auf den Erwerb der **Kulturtechniken Lesen, Schreiben und Rechnen.** Sie ist durch verschiedene Vorgehensweise gekennzeichnet.

Die Methode ermöglicht es, Arbeiten von Schülern nicht ausschließlich quantitativ (Anzahl der Fehler) zu bewerten, sondern auch qualitativ (Art der Fehler) zu analysieren. Der Pädagoge kann durch eine Fehleranalyse **individuelle Lösungsstrategien** wahrnehmen und Hinweise auf Schwierigkeiten im Lernprozess erhalten (Straßburg, 2003).

> „Fehlerdiagnosesysteme bieten die Möglichkeit einer qualitativen Analyse, die dazu führt, typische systematische Fehlerhäufungen zu erkennen und so darauf hinweist, dass einzelne Schüler bestimmte stoffliche Klippen nicht überwunden haben oder mit fehlerhaften Strategien versuchen, die schulischen Aufgaben zu bewältigen" (Breitenbach, 2007, S. 94).

Das **Ziel** von Fehleranalysen besteht darin, Fehler beim Vollzug von Lernprozessen und beim Lösen von Aufgaben zu entdecken und entsprechende Ursachen aufzudecken.

Fehleranalysen beziehen sich auf (Suhrweier & Hetzner 1993, S. 140):

- „das Anforderungsniveau der Aufgabe
- die Vermittlungsweise (didaktisch-methodische Arbeit)
- den inneren psychischen Ablauf (Lernbasis, individuelle Voraussetzungen)
- die äußeren Lebensbedingungen"

Eine Fehleranalyse bedarf verschiedener **Schritte** (ebd.; Straßburg, 2003):

1. Feststellen des Fehlers,

2. Beschreibung der Fehlermuster und Kategorienentwicklung; Bestimmung der Fehlerarten,

3. Feststellen von Fehlerursachen; Ursachenanalyse
   - Feststellung/Analyse der Anforderungsstruktur (objektiv geforderte Voraussetzung)
   - Art der Vermittlung (Didaktik/Methodik)
   - Feststellung, ob individuelle Besonderheiten/Lernvoraussetzungen auftreten, die das Entstehen von Fehlern erklärt (Entwicklungsstand, Sinnesleistungen, Kognition, Ausdauer, Motivation u. a.).

Zur **Kategorienentwicklung** ist anzumerken, dass diese je Autor/je Pädagoge sehr unterschiedlich und individuell sind. Die Einteilung von Fehlern bezieht sich somit auf unterschiedliche Interessen, theoretische Hintergründe und Strukturierungsvorstellungen (Straßburg, 2003). Verschiedene Autoren haben sich zur Unterscheidung von Fehlern bereits Gedanken gemacht; diese hier im Detail auszuführen, würde zu weit gehen, da lediglich ein Überblick verschafft werden soll (vgl. ausführlicher hierzu Gerster, 2012; Petersen, 1996).

© alphaspirit – Fotolia.com

Praxisbezug

Im Folgenden möchten wir deshalb nur punktuell mögliche Fehlerarten nennen, die es im Rahmen einer Fehleranalyse zu erkennen gilt, so dass deutlich wird, dass abhängig von der Qualität und nicht von der Quantität der Fehler individuelle Ursachen und dementsprechend individuelle Lösungsstrategien zu entwickeln sind.

Mathematik: Es wird versucht, herauszufinden, in welchem Zahl- und Aufgabenverständnis das Rechenverfahren aufgebaut ist und wie auf dieser Grundlage die auftretenden Schwierigkeiten des Kindes beschrieben werden können. Beispiele hierfür finden sich zusammengefasst u. a. bei Straßburg (2003) und Breitenbach (2007) in der Tabelle 10:

Tabelle 10: Beispiele für mathematische Fehlerarten und ihr Verständnis nach Straßburg (2003) und Breitenbach (2007)

Fehlerart	Verständnis
Fehler beim Einmaleins	Lösungen, die um 1 vom richtigen Ergebnis abweichen
Fehler durch inverse Operationen	Subtraktion statt Addition
Rechenfehler im Zusammenhang mit dem Verständnis von Operationen: Fehler durch Perseveration	Ein Inhalt setzt sich gegenüber einem anderen Inhalt durch
Rechenfehler im Zusammenhang mit dem Verständnis von Operationen: Grundregeln des Messens und Aufteilens werden nicht ausreichend beherrscht	Fingerzählen (Konkretismus); rechnen in die falsche Richtung (Klappfehler); falscher Umgang mit Null (0)
Fehler mit Sprach- und Symbolverständnis: Schnittstellenfehler	Betrifft die Aufnahme, Wiedergabe und Notation von Symbolen, z. B. visuelle Verwechslung von 6 und 9
Fehler mit Sprach- und Symbolverständnis: begrenzte auditive Speicherung	Wird z. B. bei Aufgaben, die im Kopf gelöst werden sollen, deutlich
Fehler mit Sprach- und Symbolverständnis: auditive Differenzierung von Zahlwörtern misslingt	z. B. 2 und 3; „dreizehn“ - „dreißig“ , „fünfundvierzig“ – „vierundfünfzig“
Fehler mit Sprach- und Symbolverständnis: Verständnisfehler	Bei Begriffen und Operationen; Verständnis mathematischer Begriffe wie „Vorgänger“, „mal“ oder „die Hälfte“ liegt nicht vor
Automatisierungsfehler	Fehler entstehen beim Automatisieren von Rechenverfahren und beim Abrufen von gespeicherten Ergebnissen
Umsetzungsfehler	Entstehen beim Anwenden und beim Transfer in neue Situationen
Mangelndes Sprach- und Textverständnis	Beeinflussung der Bildung mathematischer Begriffe
Falsche Assoziationen und Einstellungen	Vorangegangene Inhalte setzen sich gegenüber neuen Inhalten durch
Verallgemeinerungen werden erschwert	Aufgrund Gebundensein einer Begrifflichkeit an spezifische Repräsentation

Rechenfehler im Zusammenhang mit dem Verständnis von Operationen: Schwierigkeiten bei der Analyse von Veranschaulichungen	Lösen von Textaufgaben und Lesen von Diagrammen, Tabellen und/oder Karten gelingt nicht
Fehler im Zusammenhang mit dem quantitativen Denken	Fehlerhaftes visuell-räumliches Erkennen von Größen, Formen und Distanzen; unzureichende Raum-Zeit-Wahrnehmung und Orientierung am Körper (oben, unten, neben, ...) sowie Schwierigkeiten im Umgang mit Mengen und dem Ordnen dieser
Rechenfehler im Zusammenhang mit Aspekten des Zahlbegriffs	1:1-Zuordnung; Mengenkonstanz/-varianz; intermodale Zuordnung von Menge und Zahlwort; Kardinal- oder Ordinalaspekte einer Zahl; sinnvolles Zählen; bildliches und gleichzeitiges Vorstellen von Dinggruppen (Simultanerfassung)
Nichtberücksichtigung relevanter Bedingungen der mathematischen Aufgabe/des Problems	u. a. Berücksichtigung von Rechenregeln (z. B. Strichrechnung kommt vor Punktrechnung)
Verlieren von Zwischenschritten im Lösungsprozess	Z. B. Speicherung der Ursprungsaufgabe gerät bei der Ausführung der Zwischenschritte aus dem Blick (z. B. beim schrittweisen Rechnen einer Subtraktionsaufgabe mit Zehnerübergang)

Im Rahmen der Fehleranalyse gibt es verschiedene Verfahren und Klassifikationssysteme (Rittmeyer, 2005). Die bekanntesten fehleranalytischen Verfahren für den Mathematikbereich stammen von Gerster (1982), Jost (1992), Radatz (1998) und Kornmann (1998).

Deutsch: Es wird versucht, herauszufinden, welche Fehlerkategorien zu einer fehlerhaften Schreibweise beitragen (http://www.digitale-schule-bayern.de/dsdaten/433/130.pdf; Breitenbach, 2007).

Tabelle 11: Fehlerkategorien im Bereich Deutsch nach Breitenbach (2007)

Fehlerkategorie	Beispiel oder Erklärung
Wahrnehmungsfehler: Gleich- und ähnlich klingende Konsonanten	b und p; d und t; g und k; v und f
Wahrnehmungsfehler: Gleich und ähnlich klingende Vokale	ä und e; äu und eu
Wahrnehmungsfehler: Wortdurchgliederung ist nicht gelungen	Ausgelassene oder zu viele Buchstaben, Wörter oder Satzzeichen; ggf. falsche Reihenfolge
Regelfehler: Laute	ss nach kurz gesprochenem Vokal, ß nach lang gesprochenem Vokal
Regelfehler: Groß- und Kleinschreibung	Falsche Großschreibung bzw. Kleinschreibung eines Wortes („ein Großes Kind", „der ball")
Regelfehler: Schärfung	Verdoppelung von Konsonanten nach kurz gesprochenem Vokal
Regelfehler: Dehnung	Wörter mit langem Vokal (stummes „h") bei Schuh; Schreiben von „ie" für ein langes „i" bei riesig; Vokalverdoppelung „aa", „ee", „oo" bei Saal, Meer, Moor
Getrennt- und Zusammenschreibung	falsche Getrennt- oder Zusammenschreibung (z. B. „beim Früh Stücken", „der Dortmunderflughafen")
Zeichensetzung	Redezeichen, Komma
Fremdwörter	müssen auswendig gelernt werden
Falsche Endungen	Z. B. „a" anstatt „er" („Zimma")

Die bekanntesten fehleranalytischen Verfahren für den Lernbereich Deutsch stammen von Probst und Wacker (1986) sowie Börner (1995) (Kornmann, 2002). Eine weiteres Verfahren zur Analyse von Rechtschreibfehlern haben Herné und Naumann (2002) entwickelt, die Auswertungshilfen zu insgesamt 33 praxisüblichen standardisierten Rechtschreibtests von der 1. bis zur 9. Klasse in der „AFRA – Aachener Förderdiagnostische Rechtschreibfehler-Analyse" zusammengestellt haben.

Weiterführend sei auf die so genannten **Prozessanalysen** hingewiesen, das heißt auf die Berücksichtigung von theoretischen Modellen zum Aneignungsprozess für die Kulturtechniken. Es geht darum, „einzelne Schritte, Phasen oder kritische Punkte, die in der Regel von allen Schülern beim Lernen durchlaufen und überwunden werden müssen" zu beschreiben und letztlich aktuell festzustellen, wie weit das Kind individuell im Lernprozess fortgeschritten ist (Breitenbach, 2007, S. 97). Sehr gute förder- und heil-/sonderpädagogisch orientierte Materialien zur Prozessanalyse in Deutsch und Mathematik finden sich bei Kretschmann et al. (1998) sowie Behring et al. (1999). Ziel der Aufgabensammlungen ist es, Einsichten zu liefern „wie weit ein Kind auf dem Lernkontinuum gekommen ist" (Kretschmann, 2002, S. 107). Kretschmann und Rose (2000) haben zudem überlegt, welchen Anteil die Motivation an Lernprozessen hat und wie diese positiv gestärkt werden kann.

Letztlich sei an dieser Stelle auf die **Komplexität von Fehlern** im Lernprozess hingewiesen. Es kann für ein und denselben Fehler sehr verschiedene Ursachen geben. „So können Ursachen identischer Fehler je nach Schüler z. B. in inhaltlichen Schwierigkeiten, in der Informationsaufnahme oder in Wahrnehmungsstörungen liegen. Des Weiteren können aufgrund methodisch-didaktischer Situationen und Angebote, wie z. B. unpassende Lehrstrategien, schnelles Lehrtempo oder auch häufiges Umstellen der Lerngruppen und längere Fehlzeiten Fehler beim Erwerb der Kulturtechniken in der Schule auftreten. Der Lehrer sollte immer nach dem individuellen Grund für die Entstehung eines Fehlermusters suchen. Hierzu benötigt er Informationen über den Schüler, seine emotionale Befindlichkeit und seine außerschulische Situation" (Straßburg, 2003, S. 214).

Fazit

In diesem Kapitel wurden viele verschiedene Methoden dargestellt: Testverfahren, Fragebogen, Gespräche, Beobachtungen, Inventare, Arbeitsprodukte und Fehleranalysen. Oft wird im Rahmen eines Seminars nach der Vorstellung der verschiedenen Möglichkeiten gefragt, welche denn nun die Beste sei. Dies dient häufig dem verständlichen Wunsch, die Komplexität zu reduzieren und sich auf die Methoden zu konzentrieren, die „wirklich gut" sind oder zu einem Heil- oder Sonderpädagogen „gut passen" etc.. Aus fachlicher Sicht kann es auf diese Fragen aus unserer Sicht nur diese Antworten geben:

1. Es gibt per se **keine richtigen und falschen Methoden** für eine Diagnostik im Rahmen der Heil- und Sonderpädagogik.

2. Grundsätzlich sollte ein Heil- oder Sonderpädagoge deshalb **Grundkenntnisse über alle** dargestellten **Methoden** besitzen. Es sollten die jeweiligen Möglichkeiten wie auch die Grenzen bekannt sein.

3. Die **Fragestellung leitet die Methoden-Auswahl.** Entscheidend für die Auswahl von Methoden ist also immer die Angemessenheit und Nützlich-

keit im Rahmen des Auftrags und die Frage, inwiefern eine Methode Erkenntnisse zur weiteren Unterstützung bzw. Förderung des Klienten liefert (vgl. hierzu S. 15 ff. – diagnostischer Prozess).

4. Eine fundierte Diagnostik nutzt Informationen aus **mehreren Methoden** und **mehrere Quellen** (Klient, Umfeld) zur Absicherung der Erkenntnisse (vgl. S. 15 ff. – diagnostischer Prozess).

5. Eine fundierte Diagnostik **erfolgt ethisch wie fachlich reflektiert** und strukturiert. Sie erfordert deshalb Zeit und eine angemessene Qualifikation (vgl. S. 169 ff. – Qualifikationen und Ethik). Eigene Grenzen werden anerkannt, ggf. werden Nachbardisziplinen eingebunden (Ärzte, Psychologen etc.).

III Praxisrelevante Anwendung und Professionalisierung

Gutachten

In der Fachliteratur gibt es sehr umfängliche Definitionen und auch Diskussionen um den Begriff „Gutachten“: Was ist ein Gutachten? Wer darf ein Gutachten schreiben? Was muss ein Gutachten enthalten? Wie unterscheidet sich ein Gutachten von Entwicklungsberichten und anderen Berichten?

Wir möchten mit diesen recht simplen und „alten“ Definition beginnen, um zu verdeutlichen, dass jeder Leser/jede Leserin das Recht hat, ein Gutachten zu verfassen, sofern es sein Fachgebiet betrifft und er/sie mit seinem/ihrem „Sachverstand“ zur Beantwortung der Frage beitragen kann.

Ein Gutachten ist ein:
„mit Gründen unterstütztes Urteil Sachverständiger“ (Meyer-Lexikon, 1871)
oder
„überaus fachmännische Beurteilung“ (Brockhaus, 1938)
oder
„die mündliche oder schriftliche Aussage eines Sachverständigen in einer sein Fachgebiet betreffenden Frage“ (Brockhaus, 1989).

Der Sachverstand kann gefordert sein bei Fragen:
- zur allgemeinen Entwicklung eines Menschen,
- zu spezifischen Entwicklungsbereichen oder -aspekten eines Menschen,
- zur Schulfähigkeit eines Menschen,
- zur Wahl einer Schule für einen Menschen,
- zur Überlegung einer Fördermaßnahme und/oder Förderortes für einen Menschen,
- zur Bewilligung von Unterstützungen für beeinträchtigte Menschen vom Kostenträger,
- zu elterlichen oder auch familienrechtlichen Belangen,
- zur Selbstbestimmung und Teilhabe von Menschen,
- ...

Es gibt sowohl in der Theorie als auch in der Praxis zahlreiche Unterscheidungen und Positionen, jedoch keinerlei Übereinkommen und auch keine Vorschriften für den heil- und sonderpädagogischen Bereich. Wir weisen darauf hin, dass wir nicht so eine strenge Trennung von förderdiagnostischen und psychologischen Gutachten vollziehen, wie es z. B. Bundschuh (2010) vorschlägt, weil wir der Meinung sind, dass vor dem Hintergrund der immensen Auswirkung von sachverständigen Gutachten auf das Leben von Menschen qualitative (Mindest-)Standards professionsübergreifend gelten müssen.

Wir werden Ihnen im Folgenden die Aspekte für das Verfassen eines Gutachtens vorstellen, die unserer Erfahrung nach als wesentlich anzusehen sind, wenn Sie heil- oder sonderpädagogisch tätig sind.

Aufgaben & Ziele

Das Ziel eines Gutachtens besteht darin, **Entscheidungen über Maßnahmen**, welche den Klienten betreffen, transparent darzustellen und zu begründen.

Eine Beurteilung bzw. Begründung erfolgt auf der Grundlage von anerkannten und **theoretisch begründeten Methoden** und Kriterien im Hinblick auf eine in Auftrag gegebene Fragestellung.

Es geht darum, „dass der Sachverständige die Frage(n) des Auftraggebers aufgrund seines Fachwissens, der Berücksichtigung des aktuellen Forschungsstandes und seiner einschlägigen Berufserfahrung beurteilen kann." (Zuschlag, 2006, S. 13).

Diese Definition macht deutlich, dass es erforderlich ist, über ein fundiertes und möglichst theoretisch begründetes **Fachwissen** hinsichtlich des entsprechenden Gebietes zu verfügen, welches in der Regel natürlich durch eine entsprechende Ausbildung, aber auch durch eine gründliche Literaturrecherche erreicht wird.

„Man kann zusammenfassend sagen, dass jedes im sonder- oder heilpädagogischen Arbeitsfeld abgefasste Gutachten stellungnehmende bzw. urteilende und beratende Aspekte aufweist, die aus den Informationen der Untersuchung hervorgehen" (Bundschuh, 2010, S. 367).

Zusammenfassend können als Erfordernisse von Gutachten genannt werden (Kühn, 2000):

- in sich geschlossene Darstellung der diagnostischen Vorgehensweise, Befunde und Schlussfolgerungen,
- Bezug auf eine konkrete Fragestellung,
- basiert auf einem der Fragestellung gemäßen, angemessen komplexen diagnostischen Prozess,
- Ziel ist eine Entscheidungsfindung,
- ist für meist fachfremde Dritte (Auftraggeber),
- Stellungnahme eines Experten aufgrund seines Fachwissens, des aktuellen Forschungsstandes und seiner Erfahrung,
- Nutzung anerkannter Methoden und Kriterien.

Verantwortung

Es sollte berücksichtigt werden, dass ein Gutachten in manchen Fällen höchst **bedeutsamen Einfluss** auf das Leben eines Menschen nehmen kann. Ein Gutachten hat eine große Aussagekraft, dient der Entscheidungsfindung und kann das Leben eines Menschen nachhaltig beeinflussen. Insoweit sollte die Anfertigung „nach bestem Wissen und Gewissen" und mit höchster Sorgfalt erfolgen (Eggert et al., 2007).

Wichtig ist zudem im heil- und sonderpädagogischen Handlungsfeld die **Berücksichtigung der Stärken** eines Menschen. Eine rein „defizitorientierte Sicht", also eine Auflistung dessen, was jemand nicht kann, wird in der Regel einem Mensch nicht gerecht. Jeder hat Stärken und Schwächen. Also sollten auch beide Seiten im Rahmen eines Gutachtens Berücksichtigung finden. Der Grundsatz sollte lauten: „Von den Stärken ausgehen!" (Eggert et al., 2007).

> *Dies ist zum Beispiel dann wichtig, wenn bei einem sonderpädagogischen Beratungsgutachten (vgl. Kapitel Feststellung sonderpädagogischer Förderbedarf, S. 137ff.) nicht alle Mitglieder einer Förderkommission das beschriebene Kind kennen. Sie können sich dann ausschließlich auf das Gutachten stützen. Noch wichtiger wird die schriftliche Fassung, wenn überhaupt keine Sitzung einer Förderkommission stattfindet und allein auf der Basis des schriftlichen Gutachtens entschieden wird. Wenn also hier schon ein durch und durch negatives und dadurch unvollständiges Bild eines Kindes gezeichnet wird, hat es nur noch wenige „Chancen". Wird dagegen das Bild von positiven Aspekten ausgehend gezeichnet und um die Schwächen ergänzt, so kann allein schon dadurch eine andere „Atmosphäre" erzeugt werden. Dann fällt es oft leichter, Stärken des Kindes anzunehmen und nach zusätzlicher Förderung zu suchen.*

Der Gutachter hat Verantwortung gegenüber dem Klienten, was neben dem Verzicht auf Spekulationen auch bedeutet, „Befund und Stellungnahme so objektiv wie möglich abzufassen, nicht seine Gefühle für oder gegen den Untersuchten einfließen zu lassen. Prinzip der Stellungnahme sollte sein, mit den empfohlenen Maßnahmen zur Lösung der Probleme des Probanden, so gut es geht, beizutragen" (Boerner, 2010, S. 13).

Qualitätskriterien von Gutachten

Kühne und Zuschlag (2001) stellen qualitative Anforderungen an psychologische Gutachten dar, die in wesentlichen Teilen auch für heil- oder sonderpädagogische Gutachten uneingeschränkt übernommen werden können:

1. Nutzen des Gutachtens für den Auftraggeber,
2. Fachkompetenz des Gutachters,
3. Neutralität, Objektivität, Unbestechlichkeit,
4. Gewährleistung von Datenschutz,
5. Lesbarkeit und Verständlichkeit des Gutachtens,

6. Sachgerechte Formulierungen,
7. Nachvollziehbarkeit des Gutachtens,
8. Nachprüfbarkeit des Gutachtens.

Nutzen des Gutachtens für den Auftraggeber

Der Nutzen eines Gutachtens ist für den Auftraggeber natürlich nur dann vorhanden, wenn die Beantwortung der Fragestellung gelingt. Zudem muss die Beantwortung in einem angemessenen Zeitraum stattfinden und es muss eine vertretbare Relation von Kosten und Nutzen vorhanden sein. Auftraggeber können Schulen, Kitas, Eltern, etc. sein.

Fachkompetenz des Gutachters

Die fachliche Kompetenz erfordert zunächst eine einschlägige Berufsausbildung bzw. **Qualifikation**. In der Regel wird das Thema Gutachtenerstellung in Ausbildungen oder im Studium thematisiert.
Gerade heute ist es ein unverzichtbarer Bestandteil der (heil-/sonder-) pädagogischen Arbeit, Gutachten oder Berichte im Rahmen von Bildungsdokumentationen etc.. zu verfassen. Allerdings zeigt sich hier auch eine sehr große Breite an Wissen und Umsetzungsvorschlägen.

Ferner sind **Sachkenntnisse** auf dem jeweiligen Fachgebiet unerlässlich. Der Gutachter sollte sich auf dem aktuellen Stand der Wissenschaft bewegen, was die Kenntnis einschlägiger Fachliteratur sowie aktuell politischer Belange einschließt. Zudem ist ein diagnostischer Kenntnisreichtum, insbesondere hinsichtlich des diagnostischen Prozesses und der dabei relevanten Unterschritte, hinsichtlich der Methoden sowie auch Berufserfahrung, erforderlich.

Neutralität, Objektivität, Unbestechlichkeit

Ein Gutachten wird immer von einer neutralen, möglichst **objektiven Position** aus verfasst. Dass ein Gutachter als Mensch natürlich in der Realität nicht vollkommen objektiv sein kann, ist dabei kein Widerspruch. Vielmehr sollte versucht werden, dieses Ideal bestmöglich zu erreichen und sich selbstreflexiv mit eigenen Antipathien, Sympathien und Vorurteilen auseinandersetzen.

„Jeder Leser des Gutachtens muß die Chance haben, ohne Kenntnis des nachfolgenden Kapitels ‚Interpretation' zu dem gleichen oder anderen Schlußfolgerungen zu kommen wie der Gutachter" (Kornmann, zit. nach Bundschuh, 2010, S. 368).

Ein Gutachter ist seiner wissenschaftlichen **Profession** verpflichtet. „Gefälligkeitsgutachten" für bestimmte Interessengruppen sollten grundsätzlich abgelehnt werden, sie mindern die Überzeugungskraft des Gutachtens und können zu Reputationsverlusten bei ihrer Profession und bei ihrer Person führen. Selbstverständlich sollten Gutachten vorurteilsfrei sein.

Die Datenerhebung mittels der hinlänglich bekannten **Methoden** Gespräch, Beobachtung, Screening, Testverfahren, Fragebogen, Inventar u. a. soll ausschließlich der Beantwortung der Fragestellung dienen und Parameter außerhalb der Fragestellung unberücksichtigt lassen. Das heißt auch, dass die Datenerhebung nicht allumfassend sein kann und soll.

Bedeutsam ist: Ein Gutachten gibt niemals Auskunft über einen Menschen in all seinen Facetten und mit all seinen biografischen Hintergründen. Es wird lediglich ein **Ausschnitt**, nämlich der, der zur Beantwortung der Fragestellung nötig ist, in den Fokus genommen.

Datenschutz

Natürlich sind alle Daten im Hinblick auf den aktuellen Stand des Datenschutzes sicher aufzubewahren und vertraulich zu behandeln. Laut BDP (Bund Deutscher Psychologen) unterliegen der Gutachter und seine Mitarbeiter der **Schweigepflicht**. Untersuchungsdaten dürfen Dritten nicht zugänglich sein und ohne Einwilligung des Betroffenen darf das Gutachten, abgesehen vom Auftraggeber, nicht an Dritte weitergegeben werden (Kühn, 2000, S. 7). In der Regel beträgt die Aufbewahrungspflicht für Gutachten 10 Jahre.

Lesbarkeit und Verständlichkeit des Gutachtens

Wie bereits erwähnt, ist ein Gutachten mit Sorgfalt genau wie eine wissenschaftliche Abschlussarbeit anzufertigen. Das heißt, dass folgende Dinge zu beachten sind:

- eine übersichtliche Textorganisation,
- eine übersichtliche Gliederung,
- verständliche Formulierungen,
- das Vermeiden von unnötigen Abkürzungen,
- eine präzise Wortwahl, bei der Fachausdrücke im Bedarfsfall erläutert werden und
- eine Fehlerfreiheit hinsichtlich Rechtschreibung, Grammatik und Zeichensetzung.

Sachgerechte Formulierungen

Zu Formulierungen möchten wir an dieser Stelle noch ein paar Hinweise geben, die sowohl die Erstellung von Gutachten als auch von Förderplänen entspricht (Eggert et al., 2007).

- Vermeidung von **Verallgemeinerungen und Füllworten**

Verallgemeinerungen, wie z. B.: „immer, nie, oft, manchmal" sind unpräzise und werden von jedem Leser individuell interpretiert. Abzuraten ist auch von so genannten Füllworten, wie z. B. „aber, sogar, trotz, dennoch", da diese indirekt negative Zuschreibungen implizieren. Hier sollte lieber direkt geschrieben werden, dass das gezeigte Verhalten evtl. unerwartet war.

- Vermeidung von **Fachbegriffen**

Werden Fachbegriffe verwendet, so sollten diese erklärt werden, so dass der Auftraggeber oder dessen Bezugspersonen diese verstehen und den Inhalt nachvollziehen können (Boerner, 2010).

- **Interpretationen** von Beobachtungen unterscheiden

Daran denken, dass „kann" und „ist" bereits Feststellungen und damit Auslegungen (Interpretationen) sind. Dies kann geschrieben werden, wenn Sie ein Kind mehrfach beobachtet haben und es sicher ist, dass es diese Kompetenzen beherrscht. Um voreilige Interpretationen zu meiden, ist auf die Formulierung in Gutachten zu achten.
Anstelle „Dani kann auf einem Bein stehen" sollte dann geschrieben werden

> *„Dani stand XY Sekunden auf dem rechten/linken Bein". So wird ausschließlich das beschrieben, was gesehen wurde und eine sofortige Interpretation bleibt aus.*

Gleiches gilt für Beobachtungen, die im Rahmen von Gesprächen erfolgen. Wenn Gespräche wiedergegeben werden, so geschieht dies regelhaft in der indirekten Rede. Beispielweise ist zu schreiben:

> *„Ingo führte aus, dass er sich schon seit einigen Jahren schlecht konzentrieren könne.", statt die Feststellung zu treffen: „Der Klient kann sich seit einigen Jahren nicht konzentrieren."*

Durch die indirekte Rede wird nicht nur deutlich, dass die Information vom Klienten selbst stammt, es wird auch deutlich, dass über sein subjektives Erleben berichtet wird, welches ja nicht zwingend von anderen, zum Beispiel den Eltern, geteilt werden muss. Durch diese Art der Darstellung erhält jede Person, die am Gutachten beteiligt ist, die Möglichkeit aus einer **subjektiven Perspektive** zu berichten, ohne dass der Gutachter durch die Art der Formulierung von vorneherein indirekt eine Wertung abgeben müsste, welche aus der fachwissenschaftlichen Sicht die überzeugendste ist.

Wird eine Beobachtung wiedergegeben ist darauf zu achten, das zwischen beobachteten Verhalten und Interpretation unterschieden wird. Der Satz „Michael war traurig" ist eine Interpretation. Entscheidend und im Gutachten festzuhalten ist vielmehr das **Verhalten, das zu dieser Interpretation führte**, also:

„Michael weinte laut, als ich das Verhalten des Vaters bei der vorangegangenen Spielsituation thematisierte. Er wirkte traurig".

Interpretationen sollten immer abgestützt sein durch Sachkenntnisse und genutzte Erhebungsmethoden. Alle **Schlüsse** sollten klar und verständlich gezogen werden (Boerner, 2010).

- Positives **positiv formulieren**

Es scheint oftmals eine „Unsitte", dass Beobachter in Gutachten das schreiben, was sie eigentlich erwartet haben und, dann ein „kein" oder „nicht" davor setzen, wenn es nicht eingetreten ist. Wenn von den Stärken ausgegangen wird, dann sollte gelten: „Positives sollte auch positiv formuliert werden."

Anstelle, dass der Beobachter schreibt „er hat keine Probleme mit der Aufgabenstellung" wäre es neutraler zu schreiben „er hat alle Aufgaben entsprechend der Aufgabenstellung ausgeführt". „Er hat keine Probleme" impliziert lediglich, dass mit Problemen gerechnet wurde oder Ihr Blick darauf gerichtet war.

- **Beispiele** dienen einer Veranschaulichung

Prägnante Beispiele dienen einer Veranschaulichung im Gutachten. Formulierungen sollten so präzise wie möglich und gedanklich bzw. bildlich nachvollziehbar sein.

- Wertfreie Beschreibung

Wichtig ist, die Situation(en) wertfrei zu beschreiben, in denen Beobachtungen erzielt und Informationen gewonnen wurden. Besonderheiten spezifischer Situationen sollen beachtet und dokumentiert werden. Herabsetzende oder verletzende Formulierungen sollen vermieden werden (Kühn, 2010).

Bedeutend im Rahmen diagnostischer Prozesse sind auf jeden Fall die Hervorhebung der Deskriptionen (Beschreibungen), da sich über diese nach außen hin verständigt und ausgetauscht werden kann (Schlee, 2004). Bewertungen (Präskriptionen) hingegen beinhalten Werturteile und Stellungnahmen zu einem Sachverhalt oder einer Person und geben implizite Normvorstellungen wieder; sie sind letztendlich jedoch nicht zu vermeiden, wenn Handlungen initiiert werden sollen. Diese folgen jedoch nachgeordnet im Rahmen der Interpretation.

Beschreibungen beruhen auf beobachtetem Verhalten und Handeln. „Beobachtung richtet sich also immer auf ein Verhalten, dem sowohl ein subjektiver Sinn, wie eine objektive soziale Bedeutung zukommt" (Lamnek, 1995, S. 241). Das erschwert gewissermaßen eine wertfreie Beschreibung.

Auch wenn der Beobachter das Ziel hat, so präzise wie möglich seine Beobachtungen zu beschreiben, so sollen diese jedoch aussagekräftig und sinnvoll sein. Mackenroth (1952, in Lamnek 1995, S. 241) warnt: **„Exaktheit schützt nicht vor Sinnlosigkeit“** und gibt dazu ein Beispiel zu einer wissenschaftlichen Beobachtung und Beschreibung eines Fußballspiels an.

„23 Menschen bewegen sich für die Dauer von 1 ½ Stunden innerhalb eines rechteckigen Feldes von etwa 100 m Seitenlänge mit einer durchschnittlichen Geschwindigkeit von 8 Metersekunden und halten eine mit Luft gefüllte Lederhülle in ständiger Bewegung. Sie haben während dieses Zeitraums im Durchschnitt 296 mal Berührung mit dem Lederobjekt, 183 mal mit dem rechten Fuß, 106 mal mit dem linken Fuß, 7 mal mit dem Kopf. Es folgen Angaben über durchschnittlich zurück gelegte Wegstrecke, durchschnittlichen Kalorienverbrauch usw.“ (Lamnek 1995, S. 241)

Die Beschreibung ist sehr exakt, jedoch sinnlos für diejenigen, die den Sinn eines Fußballspiels nicht kennen und das Spiel selbst würde mit einer derartigen Beschreibung außen vor bleiben.

Also: Es kommt neben einer exakten und wertneutralen Beschreibung auch darauf an, dass die beschriebenen Informationen in einem Sinnzusammenhang stehen.

- Bezugssystem angeben

Wenn mit „etwas“ verglichen wird, dann sollte die Bezugsnorm/das Bezugssystem angegeben werden (s. S. 11 ff.). So kennt der Leser die Grundlage, an der sich der/die GutachterIn orientiert.

- Informationsquellen angeben

Die jeweiligen Informationsquellen (z.B. Aktenlage, Eltern, Lehrer, Therapeuten, Erzieher, ...) sollten im Bericht stets benannt werden. So können unterschiedliche Positionen verdeutlicht werden und der Gutachter/die Gutachterin kann die Aussagen/Beschreibungen von Dritten übernehmen und muss keine neuen Formulierungen überlegen.

- **Daten** der Erfassung

Die Zeitpunkte der Datenerfassung sind zu dokumentieren, so dass jede(r) LeserIn nachvollziehen kann, wie alt die Information ist. Nur so wird ein Entwicklungsverlauf sichtbar.

- Hypothesen kennzeichnen

Nach dem Erfassen und Beschreiben von Informationen/Beobachtungen erfolgt ein Aufstellen von **Hypothesen und Alternativhypothesen** (vgl. Prozess Diagnostik, S. 16ff.). Hypothesen sollen als solche gekennzeichnet werden (z.B. es scheint, es wirkt, es wird vermutet, ...), so dass deutlich wird, dass es sich lediglich um vorläufige Annahmen bzw. Vermutungen handelt.

- Stärken und Bedürfnisse

In einigen Quellen wird formuliert, dass Heilpädagogen vor dem **Dilemma** stünden, ressourcenorientiert zu denken und sich aber an Entwicklungsnormen orientieren und defizitorientiert argumentieren müssen, wenn sie nicht Gefahr laufen wollen, die **Finanzierung** von Heilpädagogischer Förderung zu riskieren (Fischer & Renner, 2011). Dem würden wir an dieser Stelle nicht zustimmen, da die Erstellung eines Gutachtens zum einen vom Auftrag abhängt und zum anderen vom eigenen Selbstverständnis und wie individuell damit umgegangen wird. Unseres Erachtens sollten nicht ausschließlich Förderbedürfnisse/„Defizite" beschrieben werden, sondern auch Fähigkeiten bzw. Kompetenzen, die beobachtet wurden (z.B. er zeigte ..., hat die ... Aufgabe gelöst, ...). Nur so kann das Motto „von den Stärken ausgehen" eingehalten werden. Wenn gemäß Gutachten keine Stärken erkennbar sind, wo soll dann im Rahmen der Förderung angesetzt werden?

Das eigene Selbstverständnis, die Qualifikation und das Fachwissen können sehr gut dazu beitragen, dass auch vor **Kostenträgern** entsprechend eines Unterstützungsbedarfs argumentiert werden kann.

Nachvollziehbarkeit des Gutachtens

Ein Gutachten benötigt, um nachvollziehbar zu sein, zunächst eine plausible und der jeweiligen Profession angemessene **Fragestellung**. Gegebenenfalls muss der Auftraggeber bei der Formulierung unterstützt werden. Zu allen Bereichen der

Fragestellung und des Auftrags sollte präzise und ausführliche Stellung genommen werden (Boerner, 2010).

Wesentlich für die Nachvollziehbarkeit ist eine Trennung zwischen Untersuchungsbericht, in dem die gesammelten Informationen ausschließlich neutral benannt werden, und einem Befund, in dem die Interpretation der erhobenen Daten aus ihrer fachwissenschaftlichen aber subjektiven Position heraus erfolgt. Durch diese Trennung kann zum einen immer nachvollzogen werden, welche Informationen zur Verfügung standen und zum anderen welche Schlüsse aus diesen Informationen gezogen wurden. Das erhöht nicht nur die Nachprüfbarkeit und **Transparenz des Gutachtens** (s. u.), es erlaubt auch einer anderen ausgebildeten Fachperson, die das Gutachten liest, im Bedarfsfall die Interpretation zu ergänzen oder aber zu anderen Schlussfolgerung zu gelangen, ohne die Informationserhebung noch einmal neu durchführen zu müssen.

Ferner ist eine **Eindeutigkeit der Aussagen** bedeutsam wie auch die Widerspruchsfreiheit in der Argumentation. Widersprüche sollten nicht als solche stehen bleiben, sondern sollten möglichst aufgelöst oder genau beschrieben werden (Boerner, 2010). Die Antwort des Gutachtens auf die Fragestellung muss also auch für Laien nachvollziehbar sein.

> *Beispielhaft im negativen Sinn sei hier das Gutachten eines offensichtlich tiefenpsychologisch ausgerichteten Psychologen angeführt, der im Rahmen einer familiengerichtlichen Auseinandersetzung dem Vater einen „analen Charakter“ attestierte. Dieses Beispiel verdeutlicht in extremer Weise, dass Gutachten adressatenspezifisch formuliert sein müssen, damit es nicht zu Missverständnisse kommt.*

Ein nachvollziehbares Gutachten verzichtet ferner über den gesamten Gutachtenverlauf hinweg auf fragwürdige Annahmen, Vermutungen oder Spekulation. Eine Hypothesenbildung erfolgt fachlich fundiert und theoriegeleitet (s. S. 19 f.).

Nachprüfbarkeit des Gutachtens

Zum besseren Nachvollziehen des Gutachtens sind immer alle Informations- und Datenquellen anzugeben (Boerner, 2010). Das heißt: Es muss bei jeder einzelnen angegebenen Information deutlich werden, aus welcher Quelle sie stammt. Wer hat was gesagt? Wer hat was beobachtet? Wer hat Test- oder Fragebogen oder Inventare bearbeitet und was war das vorläufige Ergebnis?

Aufbau eines Gutachtens

„Die Durchführung eines diagnostischen Prozesses sollte im Nachhinein in jedem Schritt für Außenstehende ebenso wie für den Auftraggeber nachvollziehbar sein“ (Ziegler & Bühner, 2012, S. 159). Diesen Zweck erfüllt ein Gutachten, in dem in ihm alle Schritte des Diagnostischen Prozesses zusammengefasst sind (ebd.).

Es gibt keine verbindlichen Schemata für den Aufbau von Gutachten und letztlich hängt die gewählte Form vom Anlass der Untersuchung ab.

Ein Gutachten kann wie folgt aufgebaut sein bzw. umfasst folgende Punkte (Ziegler & Bühner, 2012; Bundschuh, 2010):

1. Titelseite
2. Inhaltsverzeichnis (bei umfangreicheren Gutachten)
3. Zusammenfassung (bei umfangreicheren Gutachten)
4. Wiedergabe der Fragestellung des Auftraggebers; Ausgangslage; Untersuchungsanlass
5. Zusammenfassung bekannter Informationen (zum Beispiel aus einem kurzen Erstgespräch, Anamnese oder aus vorhandenen Dokumenten; gegenwärtige Ausgangs- und Randbedingungen)
6. Ableitung der heil- oder sonderpädagogischen Hypothesen
7. Ableitung der Erhebungsmethoden und Darlegung des Untersuchungsplans
8. Darstellung der konkreten Durchführung der Erhebungsmethoden
9. Darstellung des Befunds und Interpretation der Ergebnisse
10. Stellungnahme zur Fragestellung des Auftraggebers
11. Gegebenenfalls Darstellung von Empfehlungen für die weitere Verfahrensweise
12. Unterschrift
13. Literaturverzeichnis (bei entsprechenden Empfehlungen)
14. Anhang (evtl.)

Da sich zu Kapitel „Diagnostischer Prozess“ (S. 15 ff.) zum Teil Überschneidungen ergeben, werden zur Vermeidung von Redundanzen nachfolgend besonders die Aspekte hervorgehoben, die für Gutachten im Besonderen gelten.

Wiedergabe der Fragestellung und Ableitung der Hypothesen

Bei der Wiedergabe der Fragestellung sollte – wenn möglich – die wortgetreue Benennung des Auftrags erfolgen, zum Beispiel in Anführungszeichen. Anführungszeichen markieren in Gutachten in der Regel die wörtliche Rede. Es sollte auch deutlich werden, wer der Auftraggeber ist und wer welche Bereiche untersucht hat.

Die sich aus dieser Fragestellung heraus ergebenden Hypothesen sollten in Frageform formuliert sein und mit einem „?“ abschließen. Dadurch kann die Ergebnisoffenheit hervorgehoben werden (Ziegler & Bühner, 2012). Die Sinnhaftigkeit der Hypothesen wird durch das Zitieren von wissenschaftlicher Literatur belegt. Das unterstreicht zudem den theoretisch fundierten Charakter des Gutachtens.

Eine Sortierung nach Inhaltsbereichen, wichtigen und weniger wichtigen Hypothesen, wenn vorhanden, erleichtert das Lesen und Verstehen des Gutachtens.

Dass die Sprache an das Niveau des Auftraggebers angepasst werden kann und ggf. auch sollte, wurde bereits erwähnt.

Ableitung der Erhebungsmethoden und Darlegung des Untersuchungsplans

Hier gilt es – wie bereits dargestellt – die **Erhebungsmethoden** begründet abzuleiten. Zu beantworten ist die Frage, weshalb bestimmte Erhebungsmethoden zur Klärung bestimmter Hypothesen ausgewählt wurden. Es reicht nicht aus zu schreiben, „Das macht man halt so, das hat man schon immer so gemacht“.

Werden Beobachtungen oder Gespräche durchgeführt, kann der Gesprächs- oder Beobachtungsleitfaden dem **Anhang** beigefügt werden.

Bedeutsam ist abschließend, **Transparenz hinsichtlich der Durchführungsbedingungen** zu schaffen. Das schließt mindestens die Angabe darüber ein, wann (Datum und Uhrzeit, Beginn und Ende), wer (Gutachter), wo (Ort) was (durchgeführte Methoden) mit wem (Adressat) gemacht hat und wer ggf. noch anwesend war (andere Beteiligte). Möglicherweise sind noch ungewöhnliche oder spontane Vorkommnisse zu ergänzen, insofern sie Bedeutung für die Erhebung hatten.

Wichtig ist vor dem Hintergrund der humanistischen und ganzheitlichen Grundorientierung im Rahmen der Heil- und Sonderpädagogik ein möglichst gutes Verständnis der **Perspektive des Klienten** (Lanwer, 2006).

Dazu gehören unter anderem folgende Aspekte:
Welche Probleme sieht der Klient selbst, und welche Lösungsmöglichkeiten bietet er von sich aus an? Im Falle einer Begutachtung im schulischen Kontext könnte ferner interessant sein: Wie sieht sich das Kind in der Schule und der Familie? Mit welchen Gefühlen kommt es in die Schule? Welche Bedeutung hat das Geschehen in der Familie auf das Kind? Wie sieht es seine Stärken und seine Förderbedürfnisse? Hat es eigene Lösungsmöglichkeiten? Kompensationen? Ablenkungen? All diese Aspekte sind bedeutsam und sollten berücksichtigt werden (Eggert et al., 2007).

Darstellung der Ergebnisse

In diesem Kapitel erfolgt eine strukturierte, möglichst neutrale und objektive Darstellung der erhobenen Informationen.

Werden normorientierte Tests oder Fragebögen eingesetzt, ist es ratsam, die numerischen Ergebnisse sprachlich auszuführen (**Verbalisierung der Ergebnisse**), damit der Laie die Ergebnisse nachvollziehen kann. Bei den meisten Fragebögen liegt eine Selbstbeschreibung zugrunde, die entsprechend gekennzeichnet werden sollte als: „Antje beschrieb sich als ...". Keinesfalls sollte eine Tatsachenzuschreibung erfolgen im Sinne von „Antje ist ...". Wie schon erwähnt, ist bei der Wiedergabe von Gesprächen die indirekte Rede sinnvoll, bei Beobachtungen sollte die Beobachtung und nicht die subjektive Bewertung mitgeteilt werden.

„Ergebnisse, die über den Bereich der ursprünglichen Fragen des Auftraggebers hinausgehen, werden nicht ignoriert, sondern gesondert behandelt" (Westhoff et. al., 2006, S. 402).

Darstellung des Befunds (Interpretation der Ergebnisse)

Es „sollte eine Integration der einzelnen Ergebnisse und eine Interpretation entsprechend der gestellten Hypothesen erfolgen" (Ziegler & Bühner, 2012, S. 165). Das heißt, dass entsprechend der aufgestellten Hypothesen die vorher dargestellten Ergebnisse jetzt interpretiert werden.

Bei einem multimodalen-multimethodalen Vorgehen ist zu diskutieren, dass **verschiedene Datenquellen** auf denselben Aspekt hinweisen. Auch Diskrepanzen sind zu berücksichtigen. Dabei ist nicht jede Datenquelle gleich valide, hier dürfen und sollen Unterschiede in der Gewichtung innerhalb des Befunds gemacht werden.

Wichtig ist, dass die Darstellung transparent und nachvollziehbar bleibt. Der Auftraggeber muss verstehen, warum der Gutachter zu einer bestimmten Einschätzung gelangt ist, unabhängig davon, ob er die Einschätzung teilt oder nicht.

Aussagen über **Leistungsbewertungen** sind manchmal nicht zu vermeiden, da die Förderbedürfnisse des Kindes im Rahmen von Bewertungsmaßstäben wie etwa der Versetzungsordnung entstanden ist. Es sollten ferner die bisherigen

Fördermöglichkeiten und ihr Erfolg dokumentiert werden, wobei auch hier eine Bewertung oft nicht zu vermeiden ist. Werden dabei Unterrichtsstil oder andere Verhaltensweisen von Kollegen in anderen Schulen beurteilt, so können sich dadurch trotz größter Vorsicht in den Formulierungen Erschwernisse in der Verständigung ergeben.

Eggert, Reichenbach und Lücking (2007) geben darüber hinaus noch einige nützliche **Hinweise für Befunderstellungen**. Grundsätzlich gilt für förderungsorientierte Gutachten, dass es um eine möglichst individuelle Beschreibung und Beurteilung eines Menschen geht. Individuelle Bedürfnisse erfordern individuelle Lösungen. Es gibt zum Beispiel keine vorgefertigten Lösungen für Typen von Schülern, die zu einer bestimmten Schulform als Förderungsmöglichkeit führen; Klassifikationen sind in der Regel wenig zielführend. Gefragt sind vielmehr Beschreibungen individueller Lernwege, die auf diesen besonderen einzelnen Menschen zutreffen.

Darüber hinaus ist im Sinne einer **Mensch-Umfeld-Diagnostik** immer eine systemische Sichtweise einzunehmen. Die Bedürfnisse eines Schülers signalisieren oft mehr die „Störungen" in Beziehungen zwischen dem Kind, seiner Umwelt und der Familie, als individuelle Funktionsstörungen des Kindes selbst (Betz & Breuninger, 1998). Die Beschreibung dieser Beziehungen sollte deshalb zum Gutachten gehören. Verlassen des medizinischen Modells und Analyse der systemischen Wechselbeziehungen, der Beziehungen zwischen Mensch und Familie, Familie und Institution, Institution und Mensch etc. sind dazu wünschenswert. Warum mag der Mensch nicht lernen? Wie müssten die Situationen individuell verändert werden? Was würde geschehen, wenn keine Förderung oder Veränderung erfolgen würde?

Stellungnahme zur Fragestellung des Auftraggebers, gegebenenfalls Darstellung von Empfehlungen

In diesem Kapitel wird die eingangs formulierte Fragestellung des Auftraggebers nochmal wiederholt und dann knapp, möglichst in wenigen Sätzen, beantwortet.

Wenn Teile der Fragestellung offen bleiben mussten, ist an dieser Stelle darauf hinzuweisen und zu erklären, weshalb dies geschah. Gründe hierfür können in der fehlenden Sachkunde liegen, wenn zum Beispiel ein medizinischer Faktor vermutet wird. Falls möglich, kann darauf hingewiesen werden, wie diese Lücke in der Beantwortung der Fragestellung zu schließen ist.

Wenn es der Gutachtenauftrag erlaubt, können nachfolgend qualifizierte Empfehlungen im Hinblick auf die Fragen des Auftraggebers gegeben werden (Westhoff et. al., 2006). Diese können zum Beispiel spezielle Förderungen einschließen. Wichtig sind hierbei die realistischen Gegebenheiten vor Ort zu berücksichtigen. Sie sollten keine Spieltherapie empfehlen, wenn diese aus welchen Gründen auch immer für dieses Kind nicht realisierbar ist.

Strukturierungsvorschlag nach Bundschuh (2010)

Bundschuh hat einen alternativen Strukturierungsvorschlag vorgegeben, der in Schlagworten, ebenfalls die oben ausgeführten Punkte benennt:

1. Situation, Untersuchungsanlass, Fragestellung, Untersuchungsbedingungen
2. Kennzeichnung bisheriger Entwicklungsumstände
3. Auswahl diagnostischer Verfahren
4. Darstellung der Ergebnisse
5. Diskussion und Interpretation der Ergebnisse
6. Zusammenfassung wesentlicher Untersuchungsergebnisse
7. Beantwortung der Fragestellung
8. Empfehlungen

Förderpläne

Förder- und/oder Entwicklungspläne gibt es für Menschen über die gesamte Lebensspanne hinweg. Dabei muss es sich nicht allein um Förderpläne für Menschen mit Beeinträchtigungen handeln; auch in großen und kleinen Wirtschaftsbetrieben gibt es heutzutage Förderpläne, die der Planung von „Entwicklungsverläufen“ für MitarbeiterInnen dienen.

Ein Förderplan fasst wichtige Informationen über einen Menschen zusammen und formuliert auf dieser Grundlage und in Absprache mit dem Menschen Ziele und Wege zur Zielerreichung (Suhrweier & Hetzner, 1993).

Unser Augenmerk soll auf den Entwicklungs- und Förderplänen für Menschen mit Unterstützungsbedarfen liegen. Es gibt verschiedene Bezeichnungen, wie z.B. „Individueller Förderplan (IFP)“, „Sonderpädagogischer Förderplan“, „Persönlicher Entwicklungsplan (PEP)“, „Individueller Förder- und Entwicklungsplan (IFEP)“ oder „Individual Education Plan“ (Feyerer, 2009). Der Schwerpunkt der Ausarbeitungen, die in der Literatur seit den 1970er Jahren vorzufinden sind, liegt für Kinder im schulischen und neuerdings im frühkindlichen Bereich. Dies hängt ganz offensichtlich mit bildungspolitischen Anforderungen und rechtlichen Vorgaben zusammen, die zu einer jeweiligen Epoche vorherrschen.

Möglichkeiten und Chancen der Förderplanung

„Förderpläne erlauben eine längerfristig dokumentierte, kontinuierliche Förderorientierung, im Hinblick auf eine subjektiv bestmögliche Kompetenzentfaltung, welche sich insbesondere für eine Orientierung an individuellen Stärken als wichtig erweist“ (Bundschuh, 2010, S. 430).

„Ein Förderplan kann sehr unterschiedlich im Umfang und in der Ausdifferenzierung einzelner Bereiche sein, je nach den Fragestellungen der Benutzer und der Menge der erhobenen Daten“ (Suhrweier & Hetzner, 1993, S. 166).

Zur Frage, wozu Förderpläne sinnvoll sind, hat Feyerer (2009) eine Zusammenstellung getroffen. Förderpläne ermöglichen:

- eine systematische Auswahl aus dem Spektrum von Handlungsmöglichkeiten,
- eine koordinierte Zusammenarbeit von Fachkräften, mit gemeinsamer verschriftlicher Planung,
- eine zielgerichtete Förderung,
- eine sorgfältige Passung des Angebotes für eine heterogene Gruppe unter Berücksichtigung individuell unterschiedlicher Ausgangssituationen,

- eine systematische Verbindung von diagnostischen und handlungsleitenden Informationen,
- einen verantwortungsvollen Umgang gegenüber den Eltern,
- eine Kommunikation über Ziele, Inhalten und Methoden und damit verbunden eine Argumentationshilfe gegenüber beteiligten Personen sowie
- eine Kontrolle von Förderung im Sinne einer Evaluation.

Elemente der Förderplanung

Wie bereits erwähnt, gibt es zahlreiche Formen von Förderplänen. Die Form, der Aufbau und die Inhalte sind abhängig von dem Arbeitsfeld, für der der Förderplan genutzt wird und von den Bedürfnissen der dort tätigen (Heil-/Sonder-) Pädagogen. Dementsprechend sollte ein Förderplan mindestens diese drei Kriterien erfüllen: Übersichtlichkeit, Flexibilität und Praktikabilität (Feyerer, 2009).

Inhaltlich sollten Förderpläne folgende **Elemente** beinhalten (Feyerer, 2009; Bundschuh et al., 2007; Bundschuh, 2010):

- Beschreibung des Ist-Standes, einschließlich Fähigkeiten/Kompetenzen
- Schwerpunkte der Förderbereiche und den damit verbundenen Lern- und Entwicklungszielen,
- Rahmenbedingungen der Förderung (personell, materiell, organisatorisch),
- Fördermaßnahmen und weitere Unterstützungsressourcen,
- Evaluationsergebnisse und Schlussfolgerungen für die Weiterentwicklung.

Seit den 1970er Jahren gibt es zahlreiche Überlegungen, wie Förderpläne aufgebaut sein können und welche Inhalte hier dokumentiert werden sollen. Mit zunehmender Diskussion für eine Inklusion wurde die **direkte Beteiligung des Klienten** und auch seiner Bezugspersonen in Form von eigener Positionierung und individueller Beteiligung an der Zukunftsplanung immer wichtiger. Eine zielführende Förderplanung in Einverständnis mit der Klientel kann durchgeführt werden und trägt zur Aufklärung (bzgl. Aufgaben, Erwartungen, Konsequenzen) und zur Transparenz des Vorgehens bei (Bundschuh et al., 2007).

Weiterhin heben einige Autoren (u. a. Eggert et al., 2007 sowie Matthes et al., 2004) hervor, dass die Arbeit mit dem Förderplan in das **Konzept** der Einrichtung integriert werden muss und gegenüber kontinuierlichen Veränderungen im Sinne von Flexibilität und **Weiterentwicklung** offen sein soll.

Förderpläne – Materialen zur Erstellung und Dokumentation

Wir möchten an dieser Stelle exemplarisch sechs Möglichkeiten der Förderplanung in Kürze vorstellen, die sich für verschiedene Altersgruppen eignen. Die Fragen dazu lauten:

- *Wie* heißt das Verfahren??
- Für *wen* wurde das Verfahren konzipiert?
- *Wer* beobachtet?
- *Was* wird beobachtet?
- *Wie* wird dokumentiert?

Das Buch bzw. der Ordner

A) „Beurteilen, Beraten, Fördern. Materialien zur Diagnose, Therapie und Berichterstattung bei Lern-Sprach-, und Verhaltensauffälligkeiten in der Grund- und Sonderschule"

von Heuer (1997) stellt einen Klassiker in der Förderplanung dar. Es ist vor allem für Vor-, Grund- und Sonderschulkräfte entwickelt worden, kann jedoch auch im außerschulischen Bereich eingesetzt werden. Ziele des Verfahrens sind eine Kind-Umfeld-Analyse, eine Beschreibung von Fähigkeiten und Fertigkeiten, eine Planung nächster Entwicklungsschritte sowie ein Aufzeigen möglicher Ursachen. Im Buch bzw. dem Ordner finden sich sowohl Dokumentationsmaterialien wie auch Arbeitsblätter und Anregungen für die Praxis. Überprüft bzw. beobachtet werden Wahrnehmung, Bewegung, sozial-emotionaler Bereich, Sprache/Kommunikation sowie der schulische Lernbereich. Abgesehen von eigenen Beobachtungen werden Informationen des Kindes, der Eltern und Lehrer einbezogen. „Diagnostik, Beratung, Förderung und Didaktik werden hier als Einheit gesehen" (Heuer, 1997, S. 7). Eine Dokumentation von erhaltenen Informationen erfolgt entweder per Ankreuzen oder in Textform.

Kretschmann und Arnold (1999): haben einen umfangreichen

B) Leitfaden für Fördergutachten und Entwicklungspläne

erstellt. Der Leitfaden ist vor allem für Sonderpädagogen im schulischen Bereich konzipiert, kann jedoch aufgrund der Inhalte auch sehr gut im außerschulischen Bereich angewendet werden. Der Leitfaden umfasst insgesamt zehn Bereiche:

- Person- und Untersuchungsdaten,
- Anlass der Begutachtung,
- Fragestellung des Gutachtens,
- Ergebnisse der diagnostischen Untersuchungen und Erhebungen,
- Erklärung und Deutung der Problematik,
- Förderplan,
- Verlauf der Ergebnisse der Förderung,
- Bewertung des Fördererfolgs,
- Vorschläge zur Fortführung bzw. Modifikation der Angebote,
- Zeitpunkt erneuter Überprüfung.

Auch wenn diese Bereiche stark den Inhalten eines Gutachtens gleichen, so legen Kretschmann und Arnold sehr viel Wert auf den Punkt der Förderplanung. Es werden umfangreich Hinweise zur Auswahl und Erfassung von Informationen gegeben. Eine Dokumentation erfolgt in schriftlicher Form prozessbegleitend.

C) „Individueller Förder- und Entwicklungsplan (IFEP)"
von Matthes, Endler, Katzmarek und Köhn (2004)

Das Verfahren wurde für Lernsituationen in der Sekundarstufe I konzipiert. Die AutorInnen betonen den gesamten Entwicklungszusammenhang sowie eine „variable Orientierung an der jeweiligen Zone der nächsten Entwicklung" (ebd., 2004, S. 76). Der IFEP muss „die Kompetenzen eines Schülers und seinen Innensichtperspektive charakterisieren, ein Förderkonzept entwickeln und die notwendigen pädagogischen Ressourcen, organisatorischen Bedingungen und unterstützenden Mittel herausarbeiten" (Matthes et al., 2004, S. 75). Damit dies gelingt, sehen die AutorInnen eine Einordnung der Förderplanarbeit in das Schulkonzept, eine positive Gestaltung der Förderplanberatungen, einen pädagogisch orientiertem Aufbau des Förderplans sowie einer Kontinuität als wesentlich an. Eine Kooperation mit allen Beteiligten, auch KollegInnen ist selbstverständlich. Inhaltlich geht der IFEP auf folgende Bereiche ein:

- Vorgeschichte,
- Ausgangssituation (Entwicklungsstand),
- Anknüpfungsmöglichkeiten und Entwicklungsaufgaben,
- Förderkonzept (Ziele, Bedingungen),
- Fördermaßnahmen,
- Koordination (Aufgaben, Termine).

Es erfolgt eine handschriftliche Dokumentation.

Der
D) Trierer Beobachtungs- und Förderbogen
von Verbeek (2006) ist für *Erzieherinnen* entwickelt worden, die *5–6-jährige Kinder* im letzten Kindergartenjahr beobachten möchten. Das kindliche Verhalten wird beobachtet, um den Entwicklungsstand einschätzen zu können und daraus eine Förderung abzuleiten, die auf die individuellen Bildungs- und Lernprozesse des Kindes eingeht. Es werden verschiedene Entwicklungsbereiche- und -aspekte angesprochen (Motorik, sozial-emotionale Entwicklung, Kognitive Entwicklung, ...). Ziele bestehen darin:

- Beobachtungen von Kindern besser strukturieren zu können,
- Beobachtungen und Bewertungen zu unterscheiden,
- Fördermaßnahmen einzuleiten,

- die Vorbereitung von Gesprächen mit Eltern über die Entwicklung zu vereinfachen und vorzubereiten

Das Verfahren soll einen geringen organisatorischen Aufwand des Dokumentationsprozesses ermöglichen. Die ersten drei Spalten des Beobachtungsbogens sind inhaltlich vorstrukturiert, die weiteren Spalten werden mit Beobachtungsergebnissen und mit den sich daraus resultierenden Schlussfolgerungen für jeden Entwicklungsbereich ausgefüllt.

Die
E) Individuellen Entwicklungspläne
von Zetterström (2006) haben das Ziel, Schüler optimal zu begleiten und zu fördern. Der vorgelegte Förderplan basiert auf einem schwedischen Modell. Der IEP umfasst festgelegte Ziele für verschiedene Fächer und deren Teilbereiche, die verbindlich erreicht werden sollen. Zieltransparenz, regelmäßige Entwicklungsgespräche – auch im Hinblick auf Lernmethoden und -strategien – sollen geführt, Verantwortung übernommen und eine Evaluation durchgeführt werden. Die Schüler werden direkt einbezogen, in dem sie z.B. ihre Ziele mit Arbeitsbeispielen belegen (sog. Lernbeweise).
In diesem IEP wird festgehalten:

- Woran soll gearbeitet werden, um dem Rahmenplan gerecht zu werden?
- Wie soll die Arbeit aussehen?
- Was können die Schule, der Schüler und die Eltern zum erfolgreichen Gelingen beitragen?

Eine genaue Überprüfung und Dokumentation erfolgt in den Fächern Mathematik, Muttersprache und soziale Entwicklung.
Jeder Schüler führt seinen eigenen Entwicklungsplan mit individuellen Lernzielen auf verschiedenen Stufen.

Das
F) Programm Förderdiagnose 2.0
von Bettinger und Ledl (ohne Jahr) ist eine Weiterentwicklung der Überlegungen von Ledl (2003) zur Förderdiagnostik. Ziel ist es Kinder mit sonderpädagogischem Förderbedarf bzw. mit besonderen Bedürfnissen zu beobachten, zu überprüfen und zu fördern. Das Verfahren „Förderdiagnose" möchte das Erstellen von fachgerechten förderorientierten Gutachten sowie das Finden von geeigneten individuellen Fördermaßnahmen erleichtern. Klientel sind Kinder im vorschulischen Bereich, im Schuleingangsbereich und in der Frühförderung. Das Verfahren umfasst alle Entwicklungsbereiche: Motorik, Wahrnehmung, Sprache, Kognition und sozial-emotionaler Bereich (Verhalten). Zur Dokumentation stehen Schülerbeobachtungen durch Lernfortschrittskarteien, Klassenbögen (Übersicht über Fähigkeiten aller Schüler der Klasse) sowie individuelle Beobachtungs- und

Diagnosebögen als Dokumentationsgrundlage für schriftliche Gutachten zur Verfügung.

Individueller Entwicklungsplan (IEP)
(Eggert, 1997; Eggert et al., 2007)

Im Folgenden möchten wir den IEP etwas ausführlicher vorstellen, da er für jede Altersgruppe und für jedes Arbeitsfeld ausgerichtet werden kann.

Der **Individuelle Entwicklungs- und Förderplan** (IEP) wurde erstmals 1997 von Eggert entworfen und 2007 von Eggert und Mitarbeiterinnen komplett überarbeitet.

Das **Ziel** der IEPs besteht darin, Entwicklungsmöglichkeiten von Menschen mit Beeinträchtigungen zu beschreiben. Ein IEP wird fortlaufend bzw. prozessbegleitend geführt. Er dient dazu, Informationen strukturiert zu sammeln, um dann prozessbegleitend eine Förderung zu planen. Weiterhin dient er als **Dokumentations- und Strukturierungshilfe** zur Begleitung von Lernprozessen. Wird ein IEP beispielsweise von Kostenträgern anerkannt, so kann er auch das Schreiben von Gutachten ersparen oder erleichtern.

Der IEP schließt die Arbeit mit dem Menschen von Beginn an ein und eignet sich – auch wenn lebenslang möglich – besonders für Menschen ab dem vorschulischen Bereich bis ins hohe Alter (**Klientel**).

Inhalte eines IEP nach Eggert et al. (2007) sind:

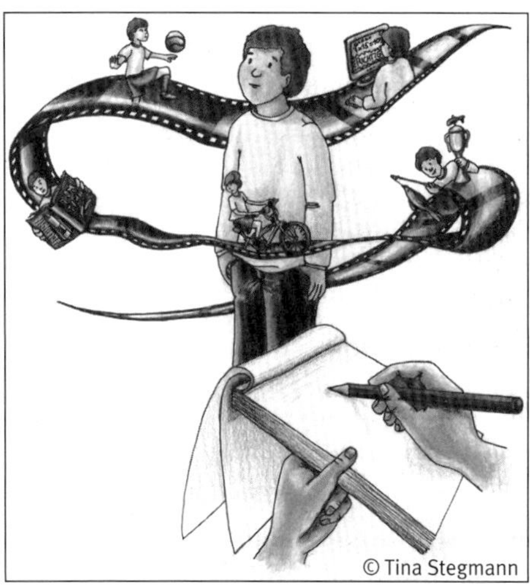

- allgemeinen Daten,
- eine Mensch-Umfeld-Analyse,
- die Beschreibung von Basiskompetenzen,
- die Herausstellung individueller Lernkompetenzen und Lernvoraussetzungen in verschiedenen Entwicklungsbereichen sowie
- ein Förderplan.

Der Förderplan besteht aus einem **Berichtsformular**, in dem zu den genannten Bereichen speziellere Hinweise sowie ein **Glossar** zu finden sind; alles befindet sich auf einer beigefügten CD. Das Formular kann frei in der Praxis eingesetzt bzw. genutzt und variiert werden und bedarf keiner kompletten Ausfüllung. Das hat zum einen den Vorteil, dass sich der Beobachter prozessbegleitend einen Beobachtungsschwerpunkt auswählen kann. Zum anderen ist er/sie unabhängig von vorgefertigten Manualen. Das Formular versteht sich als offene Anregung und Orientierungshilfe und birgt keine festen Vorschriften bzgl. der Informationssammlung und -auswahl.
Das heißt, dass jeder Anwender/jede Anwenderin mittels der CD seinen eigenen IEP für den individuellen Arbeitsbereich zusammenstellen kann.

Neben dem langen Formular gibt es auch ein **Entwicklungsprotokoll**, in dem Datum, Lern- und Entwicklungsbereich, Ist-Zustand, Fördervorschlag, Fördermaßnahme und Bemerkungen tabellarisch aufgeführt sind. Dieses Protokoll stellt einen Minimalkonsens für einen IEP dar und soll mindestens alle 4 Wochen ergänzt und überprüft werden.

Der IEP soll möglichst prozessbegleitend, d.h. mindestens über ein Jahr geführt werden. Optimal ist es, wenn es in der Institution für jedes Kind auf einem PC ein IEP-Formular gibt. In dieses Formular kann dann jeder (Heil-/oder Sonder-) Pädagoge bei Bedarf bzw. nach einem Kontakt mit dem Klienten neue Informationen hinzufügen. So bleibt der IEP stets aktuell und kann bei Erfordernis für Gespräche etc. ausgedruckt werden.

Feststellung Sonderpädagogischer Förderbedarf

(Heil- und/oder Sonder-) Pädagogen werden alltäglich mit Fragestellungen zur Entwicklung von Kindern und Jugendlichen konfrontiert und in diesen Rahmen fällt auch die Beteiligung an Verfahren zur Feststellung des sonderpädagogischen Förderbedarfs. Wir möchten hier einen Einblick in die Entstehung und Ziele des Verfahrens geben sowie wesentliche Inhalte und Abläufe des Verfahrens vorstellen.

KMK-Empfehlungen

Die Empfehlungen der Kultusministerkonferenz (KMK) zur sonderpädagogischen Förderung in Schulen in der BRD und die damit einhergehende(n) Verordnung(en) zur Feststellung des sonderpädagogischen Förderbedarfs löste(n) 1994 das SAV (Sonderschulaufnahmeverfahren) ab. Statt „Sonderschulbedürftigkeit“ gilt es seit dem einen „sonderpädagogischen Förderbedarf“ festzustellen. Dadurch wurde ein vorrangig institutionsbezogenes Verfahren (SAV) durch ein institutionenunabhängiges sowie individuumsbezogenes Verfahren ersetzt. Konkret meint dies, dass nicht mehr die Frage „auf welche Sonderschule kommt das Kind?" im Vordergrund steht, sondern Fragen nach individuell passenden Lernbedingungen und -bedürfnissen, die unabhängig von der Institution gesehen werden.

Nicht allein aufgrund bereits seit den 70er Jahren auftretender Kritik an der Vorgehensweise zur Feststellung von „Sonderschulbedürftigkeit", sondern auch mit dem Ziel einer gemeinsamen Orientierung aller alten und neuen Bundesländer wurden seit Mai 1991 bis Mai 1994 Empfehlungen zum Unterricht und zur Feststellung des sonderpädagogischen Förderbedarfs entwickelt.
Laut Pluhar (2003) bestätigte die KMK mit den 1994er Empfehlungen einen Wandel der Sichtweisen im Rahmen der (sonder-)pädagogischen Fachdiskussionen. Sie macht dies an drei Punkten fest:

1. anstelle des Konzepts der Sonderschule trat das Konzept der Förderung in Förderschwerpunkten,
2. anstelle des Konzepts der Sonderschulbedürftigkeit trat das Konzept des individuellen sonderpädagogischen Förderbedarfs,
3. anstelle der Sonderschule als ausschließlichen Förderort trat die Idee des sonderpädagogischen Förderzentrums, das Fördermaßnahmen in allen Schulen möglich machen sollte.

„Bei der Ermittlung des sonderpädagogischen Förderbedarfs geht es nicht mehr darum, was das Kind nicht kann (Defizitbeschreibung) und welche Ursache dieses Unvermögen hat. Es geht vielmehr darum herauszufinden, was das Kind sicher kann und wozu es in seiner Situation und in seinem Umfeld welche Hilfe und Unterstützung braucht, damit es am Unterricht erfolgreich teilnehmen kann" (Pluhar, 2003, S. 71).

Ein großer Vorteil wird zudem darin gesehen, dass mit den Empfehlungen der KMK (1994) und den damit neu formulierten landesspezifischen Verordnungen der bereits seit den 70er Jahren bestehende Gedanke einer Kind-Umfeld-Diagnostik leichter umgesetzt werden kann.

Inhalte und Ablauf des Verfahrens

Wir möchten im folgenden Abschnitt auf aktuelle Sichtweisen, Diskussionen, Tendenzen sowie Regelungen hinweisen. Je nachdem in welchem Bundesland Sie arbeiten, unterscheiden sich die Landesregelungen bzw. Verordnungen zu rechtlichen Grundlagen und zum Verfahren der Feststellung (Färber et al., 2004).

„Hierbei sind die Vorgaben unterschiedlich präzise ausformuliert und versäumen es, einheitliche Vorgaben für die Strategien und Diagnoseverfahren zu explizieren" (Petermann & Petermann, 2006, S. 3). Das bedeutet, dass zum einen in jedem Bundesland unterschiedliche Regelungen und Vorschriften existieren und zum anderen diese bei unklarer Formulierung verstärkt individuell ausgelegt werden. Eine Kenntnis der gesetzlichen Regelungen und Verordnungen ermöglicht, sich mittels verschiedener Methoden ein Bild vom Schüler zu verschaffen und sich nicht allein auf die Methode des Tests zu begrenzen.

Es würde an dieser Stelle zu weit führen alle Unterschiede für die einzelnen Bundesländer im Detail aufzuführen. Sie finden jedoch einen Link für jedes Bundesland, so dass Sie hier sehr schnell individuell und spezifisch nachsehen können.

Die **Verfahrenseinleitung** kann immer durch die aktuelle oder ggf. zukünftige Schule sowie durch die Eltern erfolgen. In einigen Bundesländern ist es auch möglich, dass das Verfahren durch den schulärztlichen oder schulpsychologischen Dienst, den Kindergarten/die Kindertagesstätte, das Jugendamt oder durch das Kind selbst (ab dem 14. Lebensjahr) eingeleitet wird.
In der Regel müssen sich die Eltern mit der Einleitung des Verfahrens einverstanden erklären; es gibt aber auch Bundesländer, in denen die Feststellung des Sonderpädagogischen Förderbedarfs ohne Zustimmung der Personensorgeberechtigten stattfinden kann.

Die **Verfahrensleitung** selbst obliegt zumeist dem Staatlichen Schulamt oder der Schulaufsichtsbehörde. In einigen Bundesländern liegt die Verfahrensleitung aber auch in der Hand von Förderzentren, allgemeinbildenden Schulen oder Förderschulen.

Das Kernstück des Feststellungsverfahrens stellt i.d.R. das **Sonderpädagogische Gutachten** dar. Dieses wird je nach Bundesland entweder allein durch eine Sonder-/Förderschulkraft oder in Kooperation von Lehrern der Förderschule und der allgemeinen Schule verfasst. Zum Teil ist es eine Kooperation zwischen Förderschullehrern und Schulpsychologischem Dienst. Vereinzelt ist das Gesundheitsamt für die Erstellung des Sonderpädagogischen Gutachtens zuständig. Dieses Team oder diese Fachkraft erstellt ein ausführliches Förderdiagnostisches Gutachten, um den individuellen Förderbedarf möglichst detailliert und ausführlich darzustellen.

Weiterhin bestehen Unterschiede in der Anzahl der Gutachten. Zum Teil werden für das Feststellungsverfahren neben dem sonderpädagogischen Gutachten verpflichtend oder empfehlend medizinische oder/und psychologische Gutachten sowie Berichte aus der Kindertagesstätte und anderen Institutionen gewünscht. Es ist möglich, dass die Gutachten nebeneinander stehen oder miteinander verknüpft werden im Rahmen eines Gesamtgutachtens. Es gibt aber auch Bundesländer, wo ausschließlich das Gutachten des Sonderpädagogen zählt. Diesem kommt damit erhebliche Bedeutung zu, da es maßgeblich das zukünftige „Bildungsschicksal" eines Kindes bestimmt.

Bei der Durchsicht der Verordnungen der einzelnen Bundesländer wird deutlich, dass LehrerInnen allgemeinbildender Schulen oder auch ErzieherInnen nicht generell einbezogen und bei der Erstellung des Gutachtens nicht direkt beteiligt sind. Das ist insofern sehr bedauerlich, da gerade die Fachkräfte im vorschulischen Bereich das Kind bereits über einen längeren Zeitraum kennen und einzuschätzen vermögen.

Weiterhin ergibt sich ein großer Unterschied darin, ob explizit geschrieben wird, dass ein Sonder-/Förderschullehrer aus der „voraussichtlich zuständigen Förderschule" kommen soll oder, dass er explizit *nicht* aus einer möglichen Förderschule kommen soll, um ein gewisses Maß an Neutralität zu wahren. Hierzu gibt es interessante Ausführungen von Mand (2002), der feststellte, dass Förderschullehrer als Gutachter dazu neigen, die Schulform zu empfehlen, in der sie selbst unterrichten, was an der Qualität des Verfahrens zweifeln lässt.

Einbezogen werden bei Bedarf ein medizinisches Gutachten oder psychologisches Gutachten und je nach Bundesland auch Berichte aus Kindertagesstätten, allgemeinbildenden Schulen oder von anderen Fachkräften (z. B. Heilpädagogen).

Zur Erstellung des Sonderpädagogischen Gutachtens ist laut Verordnungen kein verbindliches Instrumentarium diagnostischer Methoden oder spezieller Verfahren vorgegeben (**Diagnostik-Instrumentarium**). Es werden verschiedene Methoden angewendet, wobei die Auswahl sich je nach Einzelfall entscheidet und vor allem von der Entscheidung der Gutachter abhängig ist. In den bundeslandspezifischen Handreichungen erfolgen dann Hinweise für Methoden, wie z. B.: Verhaltens- und Unterrichtsbeobachtungen, Leistungsproben und informelle Tests, Arbeitsprodukte, Fragebogen, Entwicklungsgitter, Screenings, standardisierte Testverfahren, etc..
Vom Verband deutscher Sonderschulen (vds) wird darauf hingewiesen, dass die Gutachter sicherstellen müssen, dass ihre diagnostische Kompetenz ständig aktualisiert wird.

Zur diagnostischen Qualifikation und Kompetenz finden sich in diesem Buch Überlegungen und Hinweise (s. S. 169 ff.), die hier auch ihre Berechtigung haben.
Wichtig an dieser Stelle ist der Hinweis, dass – entgegen der Sichtweise vieler Sonderpädagogen – keine standardisierten und normierten Testverfahren angewandt werden müssen. Diese „Verpflichtung" beruht auf alten Vorstellungen zum „Sonderschulaufnahmeverfahren (SAV)" und ist spätestens 1994 mit den Empfehlungen der KMK zur sonderpädagogischen Förderung aufgehoben.

Inhalte des Gutachtens sind je Bundesland verschieden. Sie können einzelne oder auch alle der genannten Punkte enthalten:

- Beschreibung der Persönlichkeitsentwicklung des Kindes/Jugendlichen,
- Selbstkonzept (Selbst- und Fremdeinschätzung verschiedener Bezugspersonen),
- Einbezug familiären, schulischen und sozialen Umfeldes,
- Kind-Umfeld-Analyse,
- Anamnese der familiären und häuslichen Bedingungen,
- Biographie des Kindes/Jugendlichen,

- Feststellung des Grades und der Art der Behinderung bezogen auf verschiedene Entwicklungsbereiche (u. a. Motorik, Wahrnehmung, Sprache),
- Beschreibung der Lernausgangslage,
- Beschreibung Lernstand und Darstellung spezifischer Fähigkeiten in unterschiedlichen Lernkontexten,
- Arbeits- und Sozialverhalten (in unterschiedlichen Lernkontexten),
- Informationen von bisherigen Fördermaßnahmen,
- Auswertung medizinischer Untersuchungsberichte und Stellungnahmen der Jugendhilfe oder anderer Maßnahmeträger,
- Darstellung von Bedingungen für eine gelingende (schulische) Förderung,
- Darstellung notwendiger Lehr- und Lernmittel,
- Empfehlung über weitere Fördermaßnahmen,
- Zusammenfassung der Einschätzung der Erziehungsberechtigten.

In einigen Bundesländern gibt es „Maßgaben" bzw. Vorgaben zur Erstellung eines sonderpädagogischen Gutachtens. Hier sind in landesspezifischen Handreichungen Gliederungsvorschläge zu finden und dazugehörige Inhaltsangaben und/oder auch ein formaler Aufbau des Gutachtens.

Das Gutachterteam beschreibt die Möglichkeiten des Kindes in der gegenwärtigen schulischen Situation, zeigt Chancen und Schwierigkeiten bei der bisherigen Förderung auf, sucht nach möglichen Ursachen für die Schwierigkeiten und nach Hilfestellungen, zieht Konsequenzen für die weitere Förderung, beurteilt, inwieweit dies mit den Möglichkeiten der allgemeinen Schule realisiert werden kann und inwieweit sonderpädagogische Förderung nötig erscheint.

Ziele des Gutachtens sind zum einen das Aufzeigen bzw. die Beschreibung des Förderbedarfs und zum anderen die Formulierung eines Vorschlags bzw. einer Empfehlung hinsichtlich geeigneter Fördermaßnahmen und des Förderortes.
Die Empfehlungen können zum Teil eher allgemein erfolgen, zum Teil wird mit den Vereinbarungen auch vorgegeben, dass beispielsweise mittels des Gutachtens auch ein Rahmenplan für den Unterricht formuliert werden soll, der sich in direktem Vergleich mit den Anforderungen der allgemeinen Schule orientiert.
Vereinzelt wird in den Verordnungen zur Feststellung des sonderpädagogischen Förderbedarfs geschrieben, dass die Art, der Umfang, die Voraussetzung, die Dauer, die personellen und sachlichen Voraussetzungen für sonderpädagogische Fördermaßnahmen benannt und Hinweise zur Erstellung eines Individuellen Förderplans gegeben werden sollen.

Ergeben sich Anhaltspunkte dafür, dass ein Kind/Jugendlicher gefördert werden kann, so wird im Verfahren zur Feststellung des sonderpädagogischen Förderbedarfs i. d. R. nach folgenden Behinderungen bzw. Beeinträchtigungen „gesucht" bzw. dahingehend diagnostiziert:

- Lern- und Entwicklungsstörungen in den Bereichen Lernen, Sprache, sozial-emotionale Entwicklung,
- geistige Entwicklung,

- körperlich-motorische Entwicklung,
- Hören,
- Sehen,
- Autismus.

Allerdings hat eine Behinderung nicht in jedem Fall einen sonderpädagogischen Förderbedarf zur Folge.

Das Gutachterteam empfiehlt Art, Umfang und Dauer der Fördermaßnahme (**Empfehlung**).

Förderorte können sein:
- Förderschule,
- Allgemeine Schule,
- Integrative Lerngruppe,
- Gemeinsamer Unterricht,
- Förderschulklasse an einer allgemeinen Schule,
- Sonderpädagogische Fördergruppe als Teil einer allgemeinen Schule,
- Sonderpädagogische Förderklasse an allgemeinen Berufskollegs,
- Schule für Kranke.

Derjenige Lernort ist zu wählen, „der auf bestmögliche Weise den Förderbedürfnissen des Kindes bzw. Jugendlichen, seiner Selbstfindung und Persönlichkeitsentwicklung gerecht werden und auf die gesellschaftliche Eingliederung sowie auf berufliche Anforderungen vorbereiten kann“ (KMK-Empfehlungen, 1994, S. 31).

Für die Entscheidung über den Lernort sollten Fragen hinsichtlich der pädagogischen Bedingungen, der personellen Bedingungen, der organisatorischen Bedingungen sowie der räumlichen und der materiellen Bedingungen beantwortet werden.

Die zuständige Schulaufsichtsbehörde entscheidet über den sonderpädagogischen Förderbedarf und den möglichen schulischen Förderort (**Entscheidung**).

Vor der Entscheidung sind die Erziehungsberechtigten einzuladen und möglichst ein Einvernehmen ist anzustreben. Dabei haben die Erziehungsberechtigten die Möglichkeit eine Person ihres Vertrauens hinzuzuziehen.

Ein **Mitwirkungsrecht** der Erziehungsberechtigten besteht durchgängig darin, dass sie selbst das Verfahren beantragen können und die Möglichkeit haben, alle Unterlagen einzusehen. In einigen Bundesländern erhalten die Personensorgeberechtigten das Gutachten ausgehändigt und haben ein Entscheidungsrecht. In einzelnen Bundesländern ist in den Verordnungen explizit verankert, dass sowohl das Kind/der Jugendliche als auch die Personensorgeberechtigten vor einer Entscheidung anzuhören sind. Oftmals wird ausgeführt, dass Personensorgeberechtigte *kein* Entscheidungsrecht haben.

Der zuletzt genannte Punkt muss sowohl unter ethischen als auch im Hinblick auf die UN-Behindertenrechtskonvention, sowie auf die UN-Kinderrechtskonvention sehr kritisch betrachtet werden.

Eine **Mitwirkungspflicht** haben in den meisten Bundesländern die Kinder/ Jugendlichen sowie die Erziehungsberechtigten in Form von Kooperation.
Vereinzelt sind Eltern auch direktes Mitglied im Förderausschuss und haben eine Stimme. Sie werden in einigen Bundesländern umfassend informiert und erhalten Abschriften der Gutachten.

Der **Feststellungsbescheid** erfolgt in der Regel durch das Staatliche Schulamt bzw. die Schulaufsichtsbehörde.

Inhalte des Feststellungsbescheides sind die Festlegung der Art und des Umfangs der Fördermaßnahmen sowie der geplanten Förderortes. Weiterhin sollten erforderliche personelle und sächliche Voraussetzungen angegeben werden. Eine Begründung der Entscheidung sollte deutlich werden.

Personensorgeberechtigte haben die Möglichkeit einen Widerspruch einzulegen. Die **Widerspruchsfrist** beträgt, soweit in den Verordnungen benannt, in jedem Bundesland übereinstimmend einen Monat.
Vereinzelt wird ausdrücklich bekannt gegeben, dass auch das staatliche Schulamt Widerspruch gegen den Entschluss der Erziehungsberechtigten einlegen kann, wenn z. B. Sach- oder Personalmittel unzureichend sind.

Angaben zur (wiederholten) **Überprüfung des sonderpädagogischen Förderbedarfs** unterscheiden sich dahingehend, wann diese erfolgt und durch wen diese erfolgt.
Zum einen wird festgelegt, dass eine Überprüfung fortlaufend oder in „geeigneten“ Abständen oder zum Schulhalbjahreswechsel oder mindestens einmal im Jahr oder nach zwei Jahren oder ausschließlich auf Antrag stattfindet. All diese Varianten sind in den Verordnungen der einzelnen Bundesländer zu finden. Diese Varianten sind sehr groß und werfen Fragen im Hinblick auf das Verständnis von Entwicklungs- und Zuschreibungsprozesse auf.

Die Entscheidung über eine Rückschulung veranlasst das Schulamt oder die Schule.

Verordnungen und Richtlinien der 16 Bundesländer

Im Folgenden haben wir einen Überblick der Verordnungen und Richtlinien der Bundesländer zusammengestellt mit einem Verweis, wo sie diese im Internet finden können. Dies erweist sich nicht immer als einfach und selbstverständlich.

Bundesland	Verordnung	Jahr
Baden-Württemberg	Sonderpädagogischer Förderbedarf – Feststellung http://tinyurl.com/bx9pomc	2003
Bayern	VSO-F (§ 16) http://tinyurl.com/ap9h4x6	2012
Berlin	Verfahren zur Feststellung sonderpädagogischen Förderbedarfs (SopädVO) http://tinyurl.com/c9zlvnl	2012
Brandenburg	Verfahren zur Feststellung sonderpädagogischen Förderbedarfs http://tinyurl.com/cl3hwzx	2010
Bremen	Verordnung zur Feststellung des sonderpädagogischen Förderbedarfs http://tinyurl.com/crkye4p	2009
Hamburg	Verordnung über die Ausbildung von Schülerinnen und Schülern mit sonderpädagogischem Förderbedarf (AO-SF) http://tinyurl.com/c46n9nq	2012
Hessen	Verordnung über Unterricht, Erziehung und sonderpädagogische Förderung von Schülerinnen und Schülern mit Beeinträchtigungen oder Behinderungen (VOSB) http://tinyurl.com/d7d8x6o	2012
Mecklenburg-Vorpommern	Förderverordnung Sonderpädagogik – FöSoVO http://tinyurl.com/d7ldtrp	2009
Niedersachsen	Verordnung zur Feststellung des sonderpädagogischen Förderbedarfs http://tinyurl.com/ckfvmgj	2013
Nordrhein-Westfalen	Ausbildungsordnung sonderpädagogische Förderung (AO-SF) http://tinyurl.com/6dl57gb	2013
Rheinland-Pfalz	Feststellung sonderpädagogischer Förderbedarf http://tinyurl.com/cpgvt5h	2006
Saarland	Verordnung – Schulordnung – über die gemeinsame Unterrichtung von Behinderten und Nichtbehinderten in Schulen der Regelform (Integrations-Verordnung) http://tinyurl.com/d8bmlk8	2003
Sachsen	Verordnung des Sächsischen Staatsministeriums für Kultus über Förderschulen im Freistaat Sachsen (Schulordnung Förderschulen – SOFS) http://tinyurl.com/c93znt9	2012
Sachsen-Anhalt	Verordnung über die sonderpädagogische Förderung http://tinyurl.com/cev5fqw	2010

Schleswig-Holstein	Landesverordnung über sonderpädagogische Förderung (SoFVO) http://tinyurl.com/crllacx	2007
Thüringen	Thüringer Verordnung zur sonderpädagogischen Förderung – ThürSoFöV http://tinyurl.com/bpjjxtw	2009

Unterstützend zu den Verordnungen haben einige Ministerien Handreichungen herausgegeben, die Hinweise und Erklärungen für die Feststellung des sonderpädagogischen Förderbedarfs geben. Zum Teil gibt es konkrete Vorlagen, wie das sonderpädagogische Gutachten formal zu gestalten ist und welche Inhalte überprüft werden sollen.

Sonderpädagogischer Förderplan

Die KMK hat als Arbeitsmittel einen Förderplan empfohlen. In einem individuellen Förderplan sollen von den Lehrkräften möglichst gemeinsam mit den Erziehungsberechtigten und dem Kind/Jugendlichen Ziele der Förderung formuliert und die Erreichung regelmäßig überprüft werden (Eggert, 1997; Eggert et al., 2007).Weitere Ausführungen dazu finden sich im Kapitel zu Gutachten und Förderplänen in diesem Buch (s. S. 116 ff.).

Kritik an der Umsetzung des Verfahrens

Schuck weist insgesamt auf einen **widersprüchlichen Fachdiskurs** hin, der sich auch in den KMK-Empfehlungen von 1994 wiederspiegeln. Es besteht stets ein Widerspruch zwischen Entwicklungs- und Defizitorientierung, „der sich in einem additiven Nebeneinander unvereinbarer Theoriesplitter zeigt" (2003, S. 55). Einerseits geht es um die Erweiterung von Handlungsmöglichkeiten der Kinder bzw. Jugendlichen und andererseits geht es um die Herausstellung von Teilleistungen und eine damit verbundene Pathologisierung.

Auch wenn sich der **Auftrag** seit knapp 20 Jahren offiziell geändert hat und es nicht mehr primär darum geht, festzustellen, welche Schule ein Kind besuchen soll, sondern welche Bedingungen geschaffen werden müssen, damit das Kind erfolgreich lernen kann, so sieht die Praxis oftmals deutlich anders aus.

Schuck schreibt, dass der Begriff ‚Sonderpädagogischer Förderbedarf' „nichts anderes bezeichne als das **Etikett** ‚Sonderschulbedürftigkeit', nämlich zuallererst Erkenntnisvorgänge, die nach verwaltungstechnischen Regeln vor dem Hintergrund eines kaum veränderten selektiven Schulsystems ablaufen" (2003, S. 54). In der Praxis herrscht nach wie vor die **Feststellung von Defiziten** mittels normierter Testverfahren vor, verbunden mit dem Glauben, dass diese etwas über Schulfähigkeit oder Förderbedarfe aussagen würden. Bereits Probst hat 1973 darauf hingewiesen, dass ein Intelligenztest nicht aussagekräftiger ist als eine Analyse sozialer Bedingungen u. a., die im hohen Maße bereits Schulversagen voraussagen. Es würde weniger ein Persönlichkeitsmerkmal (Intelligenz) gemessen als ein soziales Merkmal. Der Einsatz von Intelligenztests kann zu einer Verfestigung des abweichenden Verhaltens beitragen und zu einer selbsterfüllenden Prophezeiung führen (Pluhar, 2003). Dennoch wird, wie bereits erwähnt, nach wie vor das Argument eingebracht, dass diese Verfahren gemacht werden müssen. Dies ist allerdings formal in keiner Verordnung verankert und ist somit eine reine persönliche Interpretation und ein Irrglaube. Welche irrtümlichen Annahmen gerade bei der einseitigen Verwendung von Intelligenztestverfahren entstehen können, ist im vorliegenden Buch beschrieben. Allerdings scheint ein Großteil der Behörden die vorhandenen Erkenntnisse nicht zu berücksichtigen, denn anders lässt es sich nicht erklären, dass ausschließlich in der Verordnung eines Bundeslands ein Hinweis darauf zu finden ist, dass psychologische Diagnostik von Psychologen durchzuführen ist, die in der Regel besser um die Interpretationsweite und Zuverlässigkeit eines Verfahrens wissen.

Natürlich beansprucht eine gewünschte **Förderdiagnostik** mehr Zeit und zeitaufwendige Analysen kommen eher selten vor (Hartke, 2012). Wenn aber eine Förder- und damit prozessorientierte Diagnostik als alltägliche Aufgabe in allen Bildungseinrichtungen etabliert werden soll – so wie es auch bereits seit über einem Jahrzehnt diskutiert wird – dann würde zur Einschulung eine so genannte „Platzierungsdiagnostik“ entfallen und die damit eingesparten Ressourcen in eine lernprozessbegleitende Diagnostik investiert werden können (Pluhar, 2003). Allerdings wäre dazu in jedem Fall eine gesicherte und umfassende diagnostische Ausbildung sowohl von GrundschullehrerInnen als auch von ErzieherInnen im Vorschulbereich erforderlich, damit ein Erkenntnis- und nicht ein Überforderungsprozess eintritt.

Absolut notwendig wäre bei einer Förderdiagnostik, einer Diagnostik, die auf **„special needs“**, also besondere Bedürfnisse der Kinder und Jugendlichen und pädagogische Notwendigkeiten, ausgerichtet ist, der tatsächliche direkte Einbezug der Kinder und Jugendlichen. Es findet äußerst selten bis gar nicht statt, dass die Betroffenen selbst zu Wort kommen (Schuck, 2003; Eggert et al., 2003, 2007). „Sie können im üblichen diagnostischen Prozedere nicht anmelden, was sie lernen möchten, worin sie gefördert werden wollen, wie sie sich im unterrichtlichen Prozess und in der Schule fühlen und wie sie über die Schule, sich selbst und ihre Zukunftschancen vor dem Hintergrund ihrer emotionalen und sozialen Schulerfahrungen denken“ (Schuck, 2003, S. 58). Nur wenn ein Mensch die Möglichkeit hat, selbst gefragt zu werden und zu antworten, was und wie er lernen möchte, kann Lernen Freude bringen und erfolgversprechend sein.

Pluhar führt auf, dass seit den 90er Jahren eine deutliche **Zunahme von Verfahren** zur Überprüfung sonderpädagogischen Förderbedarfs stattfinden, die gerade im

Hinblick auf Inklusion als sehr kritisch anzusehen sind. Als Argumente werden u. a. angeführt, dass:

- eine Förderung von Kindern an Grundschulen zu viel wird,
- immer mehr Kinder mit Lern- und Verhaltensproblemen zu finden sind,
- Lehrer bzw. Schulen noch Kinder benötigen, um integrativ arbeiten zu können (Integrationsklassen) und damit personelle Unterstützung erfahren.

Das zuletzt genannte Phänomen bezeichnet Kretschmann als **„Ressourcensicherungsdiagnostik"**. Dieses Phänomen ist nicht allein auf Schule begrenzt, sondern auch schon in Kindertagesstätten anzutreffen, in denen zum Erhalt oder zur Sicherung von Integrationskräften, meist Kinder mit Auffälligkeiten im Verhalten oder in der Sprache „gesucht" werden, um Stellen neu zu schaffen oder bestehende zu sichern.

Bis heute dauert die **Diskussion** um den Bestand eines solchen Verfahrens an und hat sich im Zusammenhang mit der Unterzeichnung der UN-Behindertenrechtskonvention wieder neu entfacht. Laut Hartke besteht ein Widerspruch zwischen dem Bestreben nach einer inklusiven Schule für alle und der aktuell praktizierten und historisch gewachsenen „Feststellungsdiagnostik" insofern, „als die historisch gewachsene Feststellungsdiagnostik von sonderpädagogischem Förderbedarf, die ihr inhärenten Abläufe und Verfahren nicht anschlussfähig an die Pädagogik einer inklusiven Schule sind" (2012, S. 70). Anstelle der bisherigen Praxis sollten in der Schule Früherkennung und Förderung von Anfang an stattfinden, es sollten diagnostische Verfahren mit Förderrelevanz verwendet und theoriegeleitete Förderentscheidungen getroffen werden. In diesem Sinne argumentiert auch die KMK, in dem eine den Lernprozess begleitende Diagnostik und eine kontinuierliche Dokumentation der Lernentwicklung empfohlen wird (2011, S. 11).

Intelligenz- und Entwicklungsdiagnostik

Besonderheiten einer Intelligenz- und Entwicklungsdiagnostik

In vielen heil- und sonderpädagogischen Anwendungsfeldern spielt Entwicklungs- und/oder Intelligenzdiagnostik eine Rolle, auch wenn es in der Regel nicht den Kern der Tätigkeit ausmacht. So werden entsprechende Tests beispielsweise in Frühförderstellen und sozialpädiatrischen Zentren eingesetzt. In vielen Klienten-Akten, zum Beispiel in stationären Settings wie Wohnheimen, sind ebenfalls diagnostische Ergebnisse enthalten, die von den dort arbeitenden Heil- und Sonderpädagogen zur Kenntnis genommen und in das Leben und die Interaktion mit den Betroffenen integriert werden.
Da wir die Erfahrung gemacht haben, dass die Anwendung und Interpretation dieser Tests nicht immer fachgerecht erfolgt – oft zum Nachteil der Klienten – ist

es uns ein Anliegen, Wichtiges aus diesen beiden Bereichen nochmals kurz zu skizzieren und auf aus unserer Sicht oft gemachte Fehler und Missverständnisse aufmerksam zu machen.

Intelligenzdiagnostik

Die Intelligenz ist das psychologisch am besten untersuchte Persönlichkeitsmerkmal des Menschen überhaupt. Erstaunlicherweise existiert trotzdem keine einheitliche wissenschaftliche **Definition von Intelligenz**. Obwohl sich keine einheitliche Definition von Intelligenz durchgesetzt hat, so gibt es natürlich verschiedene Autoren, die Definitionen vorgeschlagen haben.

Binet und Simon, die Entwickler des ersten Intelligenztests heutiger Prägung, definierten Intelligenz 1905 noch sprachlich unpräzise als: „Intelligenz ist die Art der Bewältigung einer aktuellen Situation. Konkreter: Gut urteilen, gut verstehen und gut denken."
Spearman definierte 1975 Intelligenz als „die Fähigkeit Relationen und Korrelationen herzustellen". Dabei meint er mit Relationen das Schließen von Beziehungen, mit Korrelationen meint er das Schließen von Zusammenhängen. Die von ihm entwickelten Testverfahren messen maßgeblich den von ihm geprägten Generalfaktor der Intelligenz, der nachfolgend noch genauer beschrieben wird.
Atkins (1971) hingegen definierte Intelligenz deutlich konkreter als „die Fähigkeit, Probleme zu lösen, sich an neue Situationen anzupassen, abstrakte Vorstellungen, Ideen und Begriffe zu entwickeln und von Erfahrung zu profitieren."
Schwierig bei dieser Definition von Atkins ist jedoch, konkrete Testaufgaben zu entwickeln, die in standardisierter und reproduzierbarer Form die Problemlösefähigkeit und die Fähigkeit zur Entwicklung von Ideen und Begriffen prüft.

Neben den Versuchen, Intelligenz mit bestimmten Denkleistungen in Zusammenhang zu bringen, versuchen andere einen Zusammenhang zwischen gesellschaftlichem Erfolg und Intelligenz zu ziehen. Dies tut zum Beispiel Hofstätter (1957), der Intelligenz definiert als „das Ensemble von Fähigkeiten, das den innerhalb einer bestimmten Kultur Erfolgreichen gemeinsam ist". Offen bleibt natürlich hierbei, was Intelligenz inhaltlich ist. Zudem kann nach dieser Definition – je nach Kultur – Intelligenz etwas anderes sein, und es wird nicht berücksichtigt, dass mindestens ein offenes Bildungssystem und durchlässige Hierarchien nötig wären, damit ein solcher Zusammenhang überhaupt plausibel wäre.

Manche Forscher gingen ganz andere Wege und definierten: „Intelligenz ist das, was die Tests testen" (Boring, 1923). Diesem Definitionsversuch liegt ein Zirkelschluss zugrunde, der es erlaubt, letztlich jede Art von Test, auf den der Autor „Intelligenztest" schreibt, auch als solchen zu bezeichnen. Sie kann darüber hinaus nicht erklären, weshalb sich ein bestimmter Test besser (oder schlechter) zur Erfassung von Intelligenz eignet, und sie ermöglicht keine Auseinandersetzung zwischen der empirischen Erfassung und den theoretischen Vorstellungen und Forschungsergebnissen hinsichtlich des Konstrukts Intelligenz (Amelang & Bartussek, 1997).

> Insoweit zeigt sich zusammenfassend, dass es nach über einem Jahrhundert Forschung noch keine allgemein akzeptierte Definition gibt. Nach Holling, Preckel und Vock (2004) liegt das daran, dass Intelligenz ein vom Menschen erdachtes Konstrukt ist, das nicht direkt beobachtbar ist. Vielmehr muss es durch ein Verhalten in Leistungssituationen erschlossen beziehungsweise beobachtet werden.

Intelligenzdiagnostik

Binet und Simon entwickelten 1905 wie bereits benannt den ersten **Intelligenztest** heutiger Prägung. Sie identifizierten dazu Denkaufgaben und staffelten sie nach Schwierigkeit, wobei diejenigen Aufgaben zusammen gruppiert wurden, die 75% der Kinder einer Altersgruppe lösen konnten. Die Aufgaben für vierjährige Kinder umfassten also diejenigen Aufgaben, die 3 von 4 vierjährige Kinder lösten. Die Aufgabenschwierigkeit wurde dann bei der konkreten Testvorgabe für ein Kind so weit gesteigert, bis es nicht mehr erfolgreich war. Abschließend konnte dann der Entwicklungsstand eines Kindes mit seinem biologischen Alter verglichen werden. So konnte beispielsweise die Aussage getroffen werden, dass ein biologisch 4-jähriges Kind die Aufgabengruppen bis zu einer Schwierigkeit der 6-jährigen lösen konnte. Es war also kognitiv gesehen auf dem Entwicklungsstand eines 6-jährigen Kindes.
Allerdings stellte sich das Problem, dass ein Entwicklungsrückstand von beispielsweis einem Jahr für ein vierjähriges Kind eine andere Bedeutung hat als für ein zehnjähriges Kind. Dieses Problem löste der deutsche Psychologe Stern 1912 mit der Entwicklung des sogenannten Intelligenzquotienten (IQ), indem er das Intelligenzalter eines Kindes durch sein biologisches Alter teilte. Um Komma-Zahlen zu vermeiden multiplizierte er das Ergebnis abschließend mit 100. Der IQ war geboren.

Eine solche Art der Berechnung führt jedoch zu ungewünschten Konsequenzen. Nehmen wir dazu beispielhaft ein Kind, welches seinem biologischen Alter immer um ein Jahr voraus ist. Ist dieses Kind vier Jahre, so ergibt sich ein Intelligenzquotient von 125 (Intelligenzalter von 5, biologisches Alter von 4 ergibt: 5 geteilt durch 4 mal 100 = 125). Wird dieses Kind zehn, so hat dasselbe Kind noch einen IQ von 110 (Intelligenzalter von 11, biologisches Alter von 10 ergibt: 11 geteilt durch 10 mal 100 = 110). Obwohl das Kind also immer seinen Altersgenossen genau ein Lebensjahr kognitiv voraus ist, sinkt sein IQ. Das setzt sich weiter fort – nehmen wir an dieses Kind ist fünfzig Jahre alt, dann ist sein IQ nur noch 102 (Intelligenzalter 51, Lebensalter 50 ergibt 51 geteilt durch 50 mal 100 = 102). Darüber hinaus ergibt sich die Schwierigkeit, Aufgaben zu finden, die ein 51-jähriger Mensch löst, aber ein 50-jähriger Mensch nicht. Solche Aufgaben existieren schlichtweg nicht. Es zeigt sich also, dass diese Art der Berechnung des Intelligenzquotienten nach

Stern große Schwierigkeit aufwirft, weshalb sie auch bei heutigen Testverfahren kaum mehr verwendet wird.

Heutzutage wird sich vielmehr an der zwar etwas komplizierter wirkenden aber dafür deutlich flexibleren Methode nach Wechsler (1939) orientiert. Bei Wechsler richtet sich ein individueller Testwert immer am Mittelwert und an der Standardabweichung seiner Altersgenossen aus (zur Formel vgl. z. B. Holling, Preckel & Vock, 2004, S. 13). Diese Art der Berechnung findet sich – obgleich es dem statistisch nicht so interessierten Leser vielleicht nicht immer auffällt – praktisch angewandt in jedem Intelligenztest in Form der sogenannten Normtabelle. Diese findet sich in der Regel im Testmanual und erlaubt es dem Testauswerter, jedem Testwert eines Klienten den entsprechenden Intelligenzquotienten (IQ) zuzuordnen.

Zwar gibt es keine einheitliche Definition des Konstrukts Intelligenz, es gibt aber diverse Intelligenztests mit ihren jeweiligen Aufgaben. Um mehr über die Zusammenhänge und die innere Struktur dieser Intelligenztestaufgaben herauszufinden, wurden zunehmend elaborierter werdende statistische Auswertungsverfahren wie die Faktorenanalyse genutzt. Es wurde also eine Analyse von Zusammenhängen und Hierarchien verschiedener Typen von Intelligenztestaufgaben erstellt. Eine solche Art der Auswertung erlaubt Rückschlüsse auf die Struktur der Intelligenz.
Die Ergebnisse dieser Analysen sind insbesondere für die Auswahl von Tests eines Heil- oder Sonderpädagogen für einen bestimmten Klienten sehr bedeutsam. Warum? Es wird zwar bei allen Intelligenztests ein IQ als Endergebnis ermittelt, allerdings unterscheidet sich das, was dieses IQ-Testergebnis inhaltlich bedeutet deutlich zwischen den Tests.

Ein und dieselbe Person kann bei verschiedenen Intelligenztests verschiedene Ergebnisse erzielen, also verschiedene IQs haben. Die Unterschiede kommen zustande, weil verschiedene Tests verschiedene Arten bzw. inhaltliche Facetten von Intelligenz erfassen. Je nach unterschiedlichem Schwerpunkt ergeben sich deshalb andere Ergebnisse.

Wichtig ist also bei der Auswahl eines Tests, dass im Manual deutlich wird, welche Facette(n) von Intelligenz er erfasst. Noch besser ist es, wenn diese Facetten auf einem wissenschaftlich anerkannten Intelligenzmodell basieren.

Die gebräuchlichsten Intelligenzmodelle werden im nächsten Absatz ausführlicher vorgestellt. Manchmal kann bei Tests leider nur indirekt aufgrund des Literaturverzeichnisses innerhalb eines Manuals auf das zugrunde liegende Intelligenzmodell geschlossen werden. Manchmal fehlen jegliche Angaben im Testmanual komplett und es wird darauf verwiesen, dass der Test aus praktischen Erwägungen heraus so konstruiert wurde wie er eben konstruiert ist. Das ist keine besonders gute Begründung. Ein solcher Test sollte nicht oder wenn überhaupt nur mit Vorsicht angewendet werden.

Klassische Modelle von Intelligenz

Die g-Faktoren-Theorie von Spearman (1904)

Spearman (1863–1945) war der erste Forscher, der feststellte, dass die Ergebnisse einer Person bei verschiedenen Aufgabentypen von Intelligenztests oftmals ähnlich sind. Er stellte konkret fest: Wenn eine Person bei einem Aufgabentyp, zum Beispiel den Wortanalogien, gute Ergebnisse aufwies, so war sie oft auch bei allen anderen Aufgabentypen ähnlich gut, zum Beispiel den Zahlenreihen. Aus dieser Ähnlichkeit der Ergebnisse schlussfolgerte Spearman, dass ein Generalfaktor, abgekürzt *g-Faktor*, das Lösen aller Aufgabentypen innerhalb eines Intelligenztests maßgeblich beeinflussen müsse. Gewisse Unterschiede zwischen den Testaufgaben seien durch sogenannte spezifische Faktoren (*s-Faktoren*) zu erklären, die pro Aufgabentyp vorhanden seien. Insoweit wird das Testergebnis einer Person bei einem Aufgabentyp durch zwei Aspekte definiert, nämlich zum einen durch den Generalfaktor (*g-Faktor*) und zum anderen durch einen spezifischen Faktor für diesen Aufgabentyp (*s-Faktor*). Während also manche Menschen allgemein durch einen hohen g-Faktor gute Leistungen in fast allen Intelligenztestbereichen erbringen, erzielen andere besonders gute Werte auf den s-Faktoren, während ihre allgemeine Intelligenz niedriger zu bewerten ist. Umgangssprachlich würde dann von einer besonderen Begabung in einem bestimmten Intelligenzbereich gesprochen werden.
Als Aufgaben, die besonders geeignet sind den g-Faktor zu erfassen, gelten figurale Matrizenaufgaben, wie sie beispielsweise von Raven, einem Schüler von Spearman, entwickelt wurden. Raven entwickelte die auch heute noch erhältlichen Standard Progressive Matrices (SPM) oder die entsprechende Kinderversion des Tests, die Coloured Progressive Matrices (CPM). Auch Wechsler konstruierte seine Tests entsprechend dem Modell von Spearman, also die bekannten Hamburg-Wechsler-Intelligenztest für Kinder (HAWIK IV 2010) und die entsprechende Version für Erwachsene Wechsler Adult Intelligence Scale (HAWIE/WAIS IV).

Das Modell der Primärfaktoren nach Thurstone (1924)

Thurstone (1887–1955) bezweifelte die Theorie von Spearman, die sich zwar tatsächlich statistisch in Teilen beweisen ließ, aber nicht alle Fragen zufriedenstellend beantworten konnte (vgl. für Details z. B. Holling, Preckel & Vock, 2004). Thurstone nahm hingegen an, dass bei der Lösung von Denkaufgaben immer verschiedene, voneinander unabhängige Faktoren beteiligt seien. Diese Faktoren bezeichnete er als Primärfaktoren. Die Berechnung eines einzigen Wertes für die Denkleistung, den IQ, lehnte er folgerichtig ab, sondern er nutzte Profillinien, mit einem Wert für jeden von ihm angenommenen Primärfaktor. Als Primärfaktoren identifizierte er durch verschiedene aufwändige statistische Analysen die folgenden sieben Faktoren: verbales Verständnis, Wortflüssigkeit, schlussfolgerndes Denken, räumliches Vorstellungsvermögen, Merkfähigkeit (Kurzzeitgedächtnis), Rechenfähigkeit und Wahrnehmungsgeschwindigkeit. Als konkretes Beispiel für ein Verfahren, dem diese Theorie zugrunde liegt, gilt im deutschen Sprachraum der Intelligenz-Struktur-Test (IST) von Amthauer, der jedoch abweichend von der Theorie von Thurstone die Berechnung eines IQ zulässt.

Die Theorie von fluider und kristalliner Intelligenz nach Cattell (1957)

Die Theorie von Cattell (1905–1988) gilt als eine der einflussreichsten und auch heute noch populären Theorien. Er unterteilt in seinem Modell Intelligenz in zwei Aspekte.
Der erste Aspekt ist die sogenannte **fluide Intelligenz**, die angeboren und von kulturellen Einflüssen weitgehend unabhängig ist. Sie bezeichnet die Fähigkeit, neue Probleme zu lösen und sich ungewohnten Umgebungen anzupassen, ohne dass dafür erlerntes Wissen eine Rolle spielt. Die fluide Intelligenz ermöglicht es einem Menschen unbekannte Probleme zu lösen, ohne dass dabei auf bekanntes Wissen zurückgegriffen werden kann. Die fluide Intelligenz unterliegt ab dem frühen Erwachsenenalter einem langsamen, natürlichen Abbauprozess (Horn & Hofer, 1992).

Der zweite Aspekt ist die sogenannte **kristalline Intelligenz**, die sich durch Lerneffekt aus der Umgebung ergeben. Die kristalline Intelligenz ist somit maßgeblich von der Außenwelt eines Menschen geprägt. Die kristalline Intelligenz kann bis in das hohe Alter hinein gesteigert werden.

Nach Holling, Preckel und Vock (2004, S. 21) gilt: „Während die fluide Intelligenz neuartige Informationen verarbeitet, beschäftigt sich die kristalline Intelligenz mit der Verarbeitung vertrauter Informationen und der Anwendung von Wissen".

Da nach Cattells Theorie die beiden Faktoren durch verschiedene, andere Primärfaktoren gebildet werden, verknüpft sie die Theorien von Thurstone und Spearman. So postuliert Cattell, dass die fluide Intelligenz maßgeblich beeinflusst wird von den Primärfaktoren „figurale Beziehungen", „Induktives Schließen" und „Intellektuelle Geschwindigkeit", während die kristalline Intelligenz beeinflusst wird von den Primärfaktoren „Verbales Verständnis" und „Mechanische Kenntnisse". Cattell nahm weiterhin an, dass die kristalline Intelligenz vom Ausmaß der fluiden Intelligenz beeinflusst sei – wer eine höhere fluide Intelligenz habe, dem falle es leichter kristalline Intelligenz zu erlangen, weil er – vereinfacht ausgedrückt – schneller und besser lernt. Diese Annahme konnte allerdings bislang nicht hinreichend empirisch abgesichert werden.

Als konkretes Beispiel für ein Testverfahren im Sinne der Theorie nach Cattell gilt der Cultur-Fair-Test (CFT 20-R, 2008). Es gibt auch bei diesem Test eine entsprechende Version für Kinder (CFT 1-R, 2012).

Weitere Modelle

Weitergehend wurden diverse weitere Modell aufgestellt. Die bekanntesten dürften das Berliner-Intelligenz-Strukturmodell von Jäger (1982, 1984) mit dem zugehörigen Test BIS, Carrolls 3-Stratum-Theorie (Carroll, 1993) und das Modell von Sternberg (1997) sein, an welches sich aufgrund seiner speziellen Annahmen noch kein Testverfahren anlehnen konnte. Diese Modelle werden aufgrund des Überblickscharakters dieses Buches nicht ausführlicher vorgestellt. Interessierte finden zum Beispiel bei Amelang und Zielinski (2002) detailliertere Informationen zu den genannten Modellen. Darüber hinaus gibt es verschiedene Entwicklungen, die versuchen alternative Konstrukte, wie zum Beispiel soziale Kompetenzen in Form von „emotionaler Intelligenz“, (Goleman, 1995, 2004) zu integrieren. Andere Modelle wie zum Beispiel das Modell multipler Intelligenzen von Gardner (1983) konnten empirisch nicht belegt werden und spielen deshalb im wissenschaftlichen Diskurs keine Rolle mehr.

Auswahlkriterien für Tests

In manchen Fällen ist zur Beantwortung einer diagnostischen Fragestellung der (ergänzende) Einsatz von (Intelligenz-)Tests nötig. In diesem Fall stellt sich die Frage, nach welchen Kriterien ein solcher Test ausgewählt werden sollte. Nachfolgend sollen deshalb diese Kriterien kurz vorstellt werden.

Die aus unserer Sicht besonders wichtigen Kriterien sind:

1. Passung von Theorie des Tests und Fragestellung: Die vom Test gemessene Facette von Entwicklung ist für die Beantwortung der Fragestellung bedeutend,
2. Psychometrische Qualität: Die wissenschaftlichen Gütekriterien sind hinreichend erfüllt (vgl. Statistische Grundlagen, S. 48),
3. Berücksichtigung der zeitlichen Stabilität des erfassten Konstrukts.

Passung von Theorie des Tests und Fragestellung

Was oft vernachlässigt wird, ist, dass jeder Intelligenztest eine andere **Facette** der Intelligenz erfasst (s.o.). Genauso erfasst jeder Entwicklungstest andere Facetten der Entwicklung und jeder Motorik-Test andere Facetten der Motorik.

Obwohl also jeder Test im Ergebnis zu einem IQ, MQ etc., kommt, kann dieses **Gesamtergebnis** inhaltlich etwas anderes bedeuten. Deshalb ist es wichtig, sich mit den verschiedenen Verfahren und ihren Unterschieden auseinander zu setzen, um ein bestimmtes Ergebnis auch entsprechend interpretieren zu können. Genauso wichtig ist es, sich möglichst intensiv mit den theoretischen Grundlagen verschiedener Tests auseinander zu setzen, um den „richtigen" Test für diesen einen Klienten zu finden, der in einer bestimmten Situation eine bestimmte Fragestellung an den Heil- oder Sonderpädagogen richtet.

Beispiel CFT-20-R

Beispielhaft sei hier der CFT-20-R herausgegriffen (Weiß, 2008). Der CFT-20-R ist ein kulturfairer Test, der also insbesondere dann angezeigt ist, wenn der Klient sprachliche Probleme oder einen Migrationshintergrund aufweist. Der CFT20-R orientiert sich am theoretischen Modell von Cattell. Er erfasst besonders genau die sogenannte fluide Intelligenz. Darüber hinaus gibt es mit dem Wortschatztest und dem Zahlenfolgetest zwei ergänzende Bestandteile, die die kristalline Intelligenz erfassen. Der Test bietet aber kein detailliertes Profil über andere kognitive Denkbereiche, es lassen sich also beispielsweise keine Stärke oder Schwäche im räumlichen Vorstellungsvermögen, in der Gedächtniskapazität etc. erfassen. Aufgrund des ähnlichen Aufgabentyps kann der Test auf manche Klienten langweilig und thematisch zu eingegrenzt wirken. Zudem ist die Messung der kristallinen Intelligenz im Vergleich zu fluiden Intelligenz deutlich weniger umfassend und insoweit deutlich weniger informativ.
Obgleich sich also ein IQ bestimmen lässt, sagt der IQ des CFT 20-R maßgeblich etwas über die fluide Intelligenz aus; Spearman würde sagen, es wird hauptsächlich gemessen, inwiefern ein Klient in der Lage ist, Relationen und Korrelationen herzustellen.
Voraussetzung zur Bearbeitung des Tests ist eine hinreichend gute Wahrnehmungsfähigkeit (es müssen kleine Striche erkannt und grafisch abgegrenzt werden) und eine hinreichend gute Motorik (es besteht eine knappe Zeitvorgabe). Bei Kindern mit ADHS-Problematik kann es vorkommen, dass diese bei der Bearbeitung der Papier-und-Bleistift-Version des Tests in der Zeile optisch verrutschen und deshalb schlechter abschneiden. Deshalb sollte geprüft werden, ob eine computergestützte Darbietung möglich ist, da bei der Computerversion lediglich einzelne Aufgaben dargeboten werden und nicht alle Aufgaben eines Subtests.

Psychometrische Qualität

Es sollte eine Selbstverständlichkeit sein, dass ein Heil- oder Sonderpädagoge ein Verfahren, dass sie oder er einsetzen möchte, auf seine **psychometrischen Qualitäten** hin überprüft. Schließlich erwartet auch jeder Pädagoge von ihrem oder seinem Arzt, dass dieser sich mit den genutzten diagnostischen Instrumenten auskennt und nicht einfach Gewebeentnahmen anordnet, weil gerade der Sonnenstand und die Mondphase entsprechend ist oder weil das schon immer so gemacht wurde. Jeder erwartet von einem Arzt, dass zur Aufklärung meines aktuellen gesundheitlichen Problems geeignete diagnostische Verfahren ausgewählt werden und, dass aus der oft vorhandenen Fülle von Produkten zur diagnostische Klärung einer bestimmten Fragestellung das jeweils bestmögliche und schonendste ausgewählt wird. Nichts anderes erwartet ein Klient zu Recht von seinem Heil- oder Sonderpädagogen.

Gerade bei einem oft einflussreichen Instrument wie einem psychologischen Testverfahren ist deshalb große Sorgfalt und das theoriebezogene Wissen unerlässlich. Gegebenenfalls sollte geprüft werden, ob die eigene Expertise für die Durchführung ausreicht – falls nein wäre das Hinzuziehen eines Experten, zum Beispiel eines Psychologen, sinnvoll.

Es sollte mindestens geprüft werden, ob der Test für einen bestimmten Anwendungszweck hinreichend objektiv, reliabel und valide ist (vgl. Testgütekriterien, S. 53 ff.). Zudem sollte die Normierung hinsichtlich ihrer Aktualität und Gültigkeit geprüft werden. Hilfreich dazu kann die Tabelle 12 sein, in der zu diesem Zweck eine Checkliste erstellt wurde.

Tabelle 12: Checkliste zur Überprüfung der Eignung von diagnostischen Testverfahren

Kriterium	Unterkriterium	Gegeben?
Objektivität	Durchführungsobjektivität	
	Auswertungsobjektivität	
	Interpretationsobjektivität	
Reliabilität	Endergebnis angemessen reliabel (z. B. IQ)	
	Einzeltests angemessen reliabel (z. B. Untertest der IQ-Skalen)	
Validität	Inhaltliche Validität	
	Augenscheinvalidität	
	Kriteriumsvalidität	
	Konstruktvalidität	
Normierung	Repräsentativität der Eichstichprobe	
	Umfang der Eichstichprobe	
	Erstellung/Jahr der Normierung	

Erfahrungsgemäß ist es die Reliabilität, die von den meisten Praktikern am wenigsten beachtet bzw. überprüft wird. Viele prüfen die Reliabilität eines Tests deshalb nicht, weil die Grundlagen, welche in Kapitel zu den statistischen Grundlagen (S. 48) dargestellt sind, im Studium oder der Ausbildung nicht oder nicht hinreichend erworben oder vermittelt wurden und vielen somit auch die erheblichen Folgen einer mangelnden Reliabilität nicht deutlich sind. Deshalb wird nochmals ausführlicher in einem konkreten Beispiel auf den Aspekt der Reliabilität und die sich daraus ergebenden Konsequenzen eingegangen.

Beispiel für die Bedeutung von Reliabilität – IDS

Die Intelligenz- und Entwicklungsskalen für Kinder von 5-10 Jahren (IDS; Grob, Meyer & Hagmann-von Arx, 2010) gibt im Fließtext des Manuals folgende Informationen über die Reliabilität an (S. 164):

„[...] Bezüglich der internen Konsistenzen ist zu erwähnen, dass für die kognitive Entwicklung sowie für die Funktionsbereiche Mathematik, Sprache und Leistungsmotivation die Cronbachs Alphas im mittleren bis hohen Bereich liegen.
Für den Bereich der Psychomotorik, insbesondere für die Untertests Grobmotorik und Feinmotorik, entstehen bei der Überprüfung der Reliabilität mit Hilfe der internen Konsistenz durch den heterogenen Skalencharakter Schwierigkeiten (z.B. erfordern die Turnübungen Balancieren, Ball fangen und werfen sowie Seil seitlich überspringen unterschiedliche grobmotorische Fähigkeiten). Weiter bestehen diese beiden Untertests nur aus sehr kurzen Skalen. So lassen sich im Bereich der Grobmotorik und Feinmotorik mittlere Reliabilitäten als hinreichender Beleg für die Zuverlässigkeit interpretieren. [...]“

Zusammenfassend behaupten die Autoren also in ihrer Interpretation der Daten, dass die Reliabilitäten des IDS für manche Skalen in einem mittleren bis hohen Bereich (z.B. Skalen der kognitive Entwicklung), für andere Skalen zumindest aber in einem mittleren und noch hinreichend zuverlässigen Bereich liegen (Skalen Grobmotorik und Feinmotorik).
In der nachfolgenden Tabelle 13 werden die zugrunde liegenden Reliabilitätsschätzungen nach Cronbachs Alpha und der Retestreliabilität (ermittelt nach 15 Monaten, N = 31) so dargestellt, wie sie dem Testmanual zu entnehmen sind.

Tabelle 13: Reliabilitätsangaben ausgewählter Skalen des IDS gemäß Testmanual

Skala	Anzahl Items	Cronbachs Alpha	Retest-reliabilität
Intelligenz (Gesamtwert)	85	.92	.83
Untertest Wahrnehmung Visuell	7	.77	.62
Untertest Aufmerksamkeit Selektiv	9	.96	.75
Untertest Gedächtnis Phonologisch	12	.73	.45
Untertest Gedächtnis Räumlich-visuell	11	.68	.48
Untertest Gedächtnis Auditiv	24	.87	.81
Untertest Denken Bildlich	10	.70	.74
Untertest Denken Konzeptuell	12	.75	.52
Grobmotorik	5	.57	.67
Feinmotorik	5	.60	.34
Visuomotorik	16	.71	.62

Insgesamt betrachtet ist die Reliabilität des Gesamtwertes Intelligenz mit einer internen Konsistenz (Cronbachs Alpha) von R = .92 zufriedenstellend. Es existieren Testverfahren mit einer höheren Reliabilität, zum Beispiel der CFT-20-R, allerdings weist dieser eine erheblich homogenere Aufgabenstruktur auf. Viele der dem IQ-Gesamtwert des IDS zugeordneten Untertests weisen allerdings deutlich schlechtere Werte auf. Hervorzuheben sind hierbei die Skalen Wahrnehmung Visuell (R = .77), Gedächtnis Phonologisch (R = .73), Gedächtnis Räumlich-visuell (R = .68), Denken Bildlich (R = .70) und Denken Konzeptuell (R = .75). Von den 7 IQ-Untertests befinden sich insgesamt 5 Untertests unter einer Reliabilität von R = .80. So niedrige Reliabilitäten, also Skalen mit einem solch hohen Messfehleranteil, sind in der praktischen Arbeit wenig hilfreich, wenn nicht gar gefährlich, da aus den Ergebnissen irreführende und falsche Schlussfolgerungen gezogen werden können. Um dies zu verdeutlichen wird nachfolgend das Konfidenzintervall für die Skala Gedächtnis Räumlich-visuell berechnet (R = .68). Angenommen wird dafür – wie in den Beispielen zuvor auch – dass sich Wert von 90 auf einer IQ-Skala ergeben hätte (vgl. Abbildung 9 für die Visualisierung des Konfidenzintervalls).

SM = 15*Wurzel (1-0,68) = 8,49
IB = SM * 1,96 = 8,49 * 1,96 = 16,63
uG = TW – IB = 90 – 16,63 = 106,64
oG = TW + IB = 90 + 16,63 = 73,37

Abbildung 9: Konfidenzintervall des IDS für die Skala Gedächtnis Räumlich-visuell (R = .68)

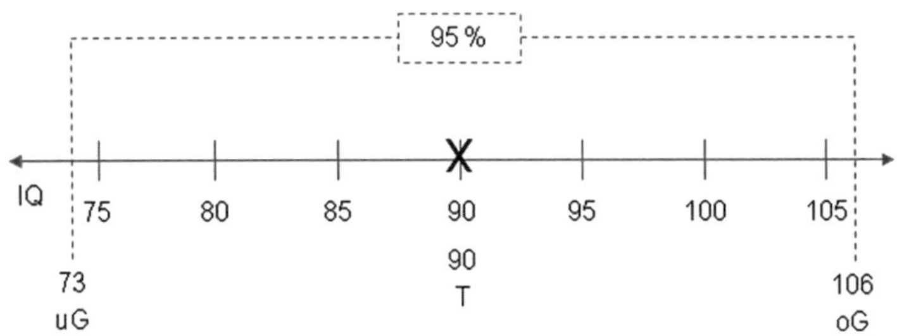

Konkret bedeutet das Ergebnis, dass das räumlich-visuelle Gedächtnis eines Kindes mit einem Wert von 90 auf dieser Skala entweder im leicht überdurchschnittlichen Bereich liegt (wenn er einen wahren Wert von 106 hätte) oder aber im erheblich unterdurchschnittlichen Bereich (wenn der Klient einen wahren Wert von 73 hätte). Beide Extremwerte sind gleichermaßen möglich, genauso wie jeder Wert dazwischen. Eine Rückmeldung an die Angehörigen des Klienten müsste also eigentlich lauten: „Im räumlich-visuellen Bereich ist ihr Kind vielleicht leicht überdurchschnittlich begabt, vielleicht auch durchschnittlich begabt, vielleicht aber auch unterdurchschnittlich begabt. Mit einer gewissen Restwahrscheinlichkeit hat er in diesem Bereich auch deutliche Schwierigkeiten." Mit anderen Worten – ein solcher Wert lässt fast jede Interpretation zu, ausgenommen vielleicht eine besondere Begabung. Eine gezielte Förderung ist aufgrund der Un-Reliabilität des Testinstruments nicht zu begründen. Leider gilt diese Schlussfolgerung in fast ähnlich drastischer Form für alle fünf oben genannten IQ-Unterskalen.
Noch drastischer als im Bereich der Untertests im kognitiven Bereich ist die Un-Reliabilität der IDS bei zwei der drei Skalen innerhalb der Psychomotorik. Die Skala Grobmotorik weist eine Reliabilität von R = .57, die Skala Feinmotorik eine von .60 auf. Auch hier lässt sich das Konfidenzintervall schnell berechnen:

SM = 15*Wurzel (1-0,57) = 9,84
IB = SM * 1,96 = 9,84 * 1,96 = 19,28
uG = TW – IB = 90 – 16,63 = 109,28
oG = TW + IB = 90 + 16,63 = 70,72

Abbildung 10: Konfidenzintervall des IDS für die Skala Grobmotorik (R = .57)

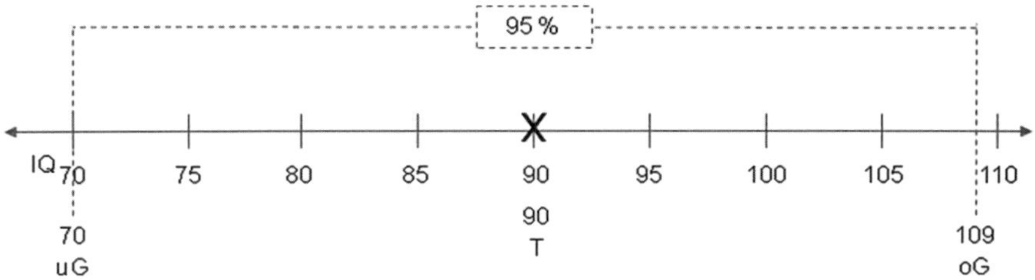

Wäre die Skala Grobmotorik ein Motoriktest mit einem MQ-Ergebnis und würde dieses Ergebnis klassisch interpretiert, so müsste den Eltern mitgeteilt werden, dass ihr Kind entweder motorisch gestört ist, oder aber motorisch auffällig ist, oder aber eine normale motorische Entwicklung vorliegt. Genaueres könne man aufgrund des Testergebnisses nicht feststellen. Es ist also höchst fraglich, ob aus den Testergebnissen der Skalen Grob- und Feinmotorik ein fundierter Schluss getroffen werden kann.

Zusammenfassend ist in der kurzen und natürlich nur ausschnittartigen Betrachtung der IDS festzustellen, dass die IQ-Gesamtskala durchaus Reliabilitäten in hinreichender Höhe aufweist. Viele der IQ-Unterskalen weisen jedoch so schlechte Reliabilitätskennziffern auf, dass eine sinnvolle und für den Klienten hilfreiche Interpretation hinsichtlich eines speziellen Begabungsprofils unterbleiben sollte. Aufgrund der noch niedrigeren Reliabilitäten gilt dies genauso für die Psychomotorik-Skalen der IDS. Auch bei diesen sollte eine Interpretation des Testergebnisses nicht vorgenommen werden.

Stabilität des Konstrukts über die Zeit

In vielen Heil- oder Sonderpädagogischen Zusammenhängen wird oft unhinterfragt angenommen, dass bestimmte Konstrukte eine hohe **Stabilität über die Zeit** hinweg haben. Das führt dann dazu, dass einmal festgestellte Ergebnisse auch nach Jahren noch als zutreffend angenommen werden. Dies betrifft Aspekte der allgemeinen oder spezifischen Entwicklung und auch der Intelligenz.

Beispielsweise begegnet den Autoren in der Praxis das Phänomen, dass in der Vergangenheit durchgeführte Ergebnisse von Intelligenztests unhinterfragt jahrelang in die Arbeit mit Klienten einfließen. Das betrifft manchmal auch Ergebnisse, die vor vielen Jahren, wenn nicht Jahrzehnten, unter ungeklärten und oft auch unhinterfragten Umständen ermittelt wurden (z. B. Intelligenzmessung von Menschen mit Beeinträchtigungen, die ihn Wohnheimen leben).

Dies könnte auf den ersten Blick auch wissenschaftlich begründet wirken – so wird in vielen Artikeln auf die Stabilität der Intelligenz über die Zeit hinweg hingewiesen (vgl. z. B. Asendorpf, 2005). Dies ist in wissenschaftlichen Zusammenhängen gesehen korrekt, da hier oft nur Gruppenzusammenhänge eine Rolle spielen. Zu beachten ist in der konkreten Praxissituation aber nicht ein statistischer Gruppenwert, sondern die Variabilität eines individueller Einzelwertes – und dieser kann erheblich abweichen, wie z. B. Ziegler (2004) eindrücklich unter Verweis auf eine ältere Studie von Honzik (1948) demonstriert (vgl. Abb. 11).

Abbildung 11: Veränderungen des IQs zwischen dem 6. und 18. Lebensjahr nach einer Studie von Honzik, 1948 (zitiert nach Ziegler, 2004)

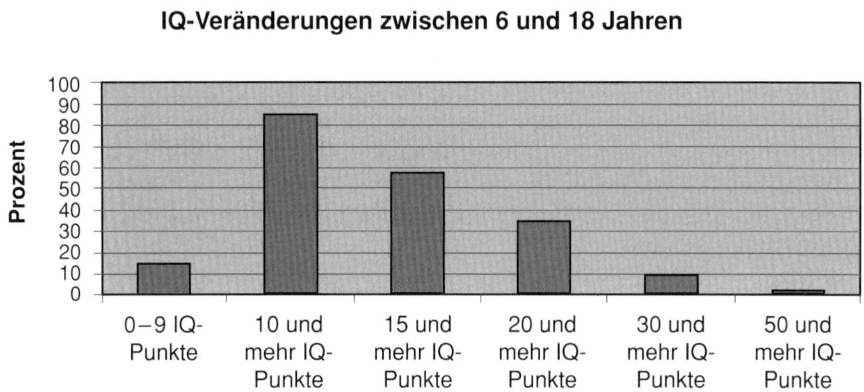

Wie aus Abbildung 11 zu ersehen ist, ändert sich bei ca. 58 % der Untersuchten der gemessene IQ zwischen dem 6. und 18. Lebensjahr um 15 IQ-Punkte. Bei manchen Betroffenen (ca. 10 %) sind sogar Veränderungen von 30 und mehr IQ-Punkten innerhalb dieses Zeitrahmens festzustellen. Insoweit wird deutlich, dass zwar auf einer Gruppenebene, also statistisch berechnet über eine größere Zahl von Kindern bzw. Jugendlichen, eine gewisse Stabilität (berechnet über den Korrelationskoeffizienten; vgl. Kapitel zu statistischen Grundlagen, S. 48 ff.) nachzuweisen ist. Dies bedeutet aber nicht automatisch, dass für ein Kind bzw. einen Jugendlichen das IQ-Ergebnis über die Jahre hinweg konstant bleibt.

Besonders das Alter, in dem ein Test durchgeführt wurde, ist bei der Frage der **Stabilität eines Intelligenztest-Ergebnisses** entscheidend. Es geht aus wissenschaftlichen Studien folgendes hervor: Intelligenztests, die vor einem biologischen Alter von drei Jahren durchgeführt wurden, erlauben keine Vorhersage der späteren Intelligenz (Lipsitt, 1992). Generell gelten Intelligenzmessungen bis zum sechsten Lebensjahr als instabil (Wilson, 1983). Erst ab dem siebten Lebensjahr kann von einer zunehmenden Stabilität gesprochen werden (Moffitt, Caspi, Harkness & Silva, 1993), selbst für Jugendliche ist diese aber noch in einem Bereich, der Fehleinschätzungen in Einzelfällen zur Folge haben kann ($r = 0{,}70$ zwischen den Ergebnissen gleicher Personen zu verschiedenen Testzeitpunkten; Magnusson & Backtemann, 1978). Zu berücksichtigen ist hierbei, **dass „Einzelfälle“ in der Heil- und Sonderpädagogik die Regel darstellen**. Erst bei Erwachsenen hat sich die über den Intelligenztest gemessenen kognitiven Fähigkeiten so deutlich stabilisiert, dass größere Schwankungen bei ein und demselben Intelligenztest kaum mehr zu konstatieren sind (Mortensen & Kleven, 1993).

Koglin, Janke und Petermann (2009) sowie Probst (1973) weisen zudem bei Kindern im Grundschulalter auf einen **Zusammenhang zwischen Intelligenztestleistung und Anzahl der familiären Risikofaktoren** hin. Risikofaktoren sind beispielsweise wenig Aktivitäten und Anregungen, Armut der Eltern, etc.. Je mehr Risikofaktoren ein Kind ausgesetzt ist, desto schlechter sind seine Leistungen in Intelligenztests. Dieser Einfluss von Umweltfaktoren ist gerade im stationären Bereich relevant, da IQ-Ergebnisse nicht selten noch unter einem ungünstigen familiären Einfluss gewonnen wurden, aber bei Verbesserung der Situation, zum Beispiel durch ein länger andauerndes, sicheres, stationäres Setting, gegebenenfalls ein besseres Ergebnis zu erwarten wäre. Oft wird das unter den ungünstigen Umständen gewonnene IQ-Ergebnis von den Heil- und Sonderpädagogen aber als gültig und handlungsleitend angesehen. Eine erneute Testung wäre hier bei manchen Betroffenen die bessere Lösung.

Das bedeutet für die Praxis: Intelligenz als Persönlichkeitsmerkmal gilt erst ab dem Erwachsenenalter als zeitstabil. Eine Stabilität für den Einzelfall ist für Kleinkinder, aber auch für ältere Kinder und teilweise auch noch für Jugendliche wissenschaftlich nicht haltbar.

Konkret ausgedrückt: Der IQ eines zehnjährigen Klienten kann eher schlecht aus seinem IQ-Ergebnis mit sieben Jahren vorausgesagt werden.

Wenn ein Pädagoge also einen Klienten eine geringe kognitive Leistungsfähigkeit unterstellt, weil dieser vor einiger Zeit einen Intelligenztest mit einem als gering erachteten IQ absolvierte, besteht die Gefahr, dass diesem Klienten Unrecht getan wird.

Dies wirft auch erneut die Frage auf, ob es wissenschaftlich gerechtfertigt ist, Kinder in jungen Jahren anhand eines Intelligenztests auf verschiedene Schulformen zu verteilen (vgl. Kapitel Feststellung sonderpädagogischer Förderbedarf, S. 137).

Entwicklungsdiagnostik

Definition Entwicklung

Nickel, Karch, Michaelis und Rennen-Allhoff (1989, S. 36) definieren Entwicklung als einen **„differentiellen, gerichteten und kumulativen Prozess, der sich stets über einen längeren Zeitraum erstreckt; er bezieht sich sowohl auf Veränderun-**

gen im individuellen Lebenslauf, als auch auf relative Konstanz interindividueller Unterschiede; an ihm ist eine Vielzahl innerer und äußerer Faktoren beteiligt, und er vollzieht sich in enger Wechselbeziehung mit den jeweiligen soziokulturellen und historisch-epochalen Gegebenheiten." Insoweit werden insbesondere Veränderungen thematisiert, die sich im komplexen Zusammenspiel mit der Umwelt ausbilden. Es besteht inzwischen Einigkeit darüber, dass Entwicklung – entgegen früherer Sichtweisen – die **gesamte Lebensspanne** umfasst (Ettrich, 2000) und nicht mehr streng in Stufen oder Phasen unterteilt werden kann.

Auch wenn wir hier in Kürze eine Definition von Entwicklung festgehalten haben, so möchten wir darauf hinweisen, dass es in der Entwicklungspsychologie keinen Konsens darüber gibt, was Entwicklung ist. Dementsprechend gibt es **verschiedene Verständnisse und Theorien** von Entwicklung. Entwicklung kann als Abfolge alterstypischer Zustandsbilder, als Veränderung, als reifungsbedingte Veränderung, als Veränderungen zum Besseren oder Höheren, als qualitative oder strukturelle Veränderung, als universelle Veränderung oder als Folge von Sozialisation gesehen werden (Flammer, 2008).

Ein Verständnis von Entwicklung sollte jedem diagnostischen Verfahren zugrunde liegen und dem Anwender transparent gemacht werden. Nur so können die Gedanken der Verfahrensentwickler nachvollzogen und dementsprechend die Befunde interpretiert werden.

Verständnis von Entwicklungsdiagnostik

Aufgabe der Entwicklungsdiagnostik im Rahmen der Heil- und Sonderpädagogik ist es trotz der Öffnung für die gesamte Altersspanne in der Regel, den **Entwicklungsstand eines Kindes** zu beschreiben. Damit sollen mögliche Entwicklungsverlangsamungen oder -störungen frühzeitig entdeckt werden, um im Bedarfsfall möglichst früh gezielt fördern bzw. unterstützen zu können.

Als **Aufgabenbereiche** von Entwicklungsdiagnostik formulierte Montada (1985) folgende Fragen:

- *Was ist?*
  – Die Frage nach dem Entwicklungsstand
- *Wie ist es geworden?*
  – Die Genese von Entwicklungsproblemen
- *Was wird?*
  – Die Frage der Prognose
- *Was sollte werden?*
  – Die Festlegung von Entwicklungszielen
- *Wie kann ein Ziel erreicht werden?*
  – Die Spezifizierung von Mitteln und Methoden der Zielerreichung
- *Was ist geworden?*
  – Die Evaluation der Prognose bzw. Intervention

„Entwicklungsdiagnostik beschäftigt sich mit der wissenschaftlich fundierten Einschätzung motorischen, kognitiv- sprachlichen, emotionalen und sozialen Verhaltens von Kindern anhand weitgehend standardisierter Verfahren. Die Besonderheit der Entwicklungsdiagnostik besteht darin, den aktuellen Entwicklungsstand eines Kinds innerhalb des altersabhängig verlaufenden Entwicklungsprozesses festzustellen“ (Fuiko & Wurst 2003, S. 119).

Entwicklungsdiagnostik umfasst dabei alle **Methoden zur Erfassung** des Entwicklungsstandes eines Menschen. Damit sind insbesondere Gespräche, Beobachtungen, Inventare aber auch Testverfahren gemeint (vgl. Methoden, S. 47 ff.). Dazu können zum Beispiel Gespräche über den Entwicklungsverlauf des Kindes gehören, über Stärken und Schwächen oder bestimmte Verhaltensbesonderheiten, die den Bezugspersonen aufgefallen sind (Sarimski, 2009). Wichtig ist also zu wissen, dass **Entwicklungstests** nur *einen* Mosaikstein der Entwicklungsdiagnostik darstellen, keinesfalls ist Entwicklungsdiagnostik mit Entwicklungstest gleichzusetzen.

Petermann und Rudinger (2002; vgl. auch Petermann, 1998) benennen folgende **Aufgaben** entwicklungsdiagnostischer Verfahren. Es geht um das Erkennen:

- einer Entwicklungsstörung,
- eines Entwicklungsstillstandes,
- eines Entwicklungsrückstandes sowie
- einer beschleunigten Entwicklung.

Diese Erkenntnis kann sich auf die **verschiedenen Entwicklungsbereiche** beziehen: Bewegung, Wahrnehmung, Sprache/Kommunikation, sozial-emotionales Verhalten oder/und Kognition.

Von Bedeutung ist dabei oft ein „normativer“ Vergleich, denn nur von einer **vergleichenden Perspektive** aus ist es möglich, Entwicklungsrückstände oder -störungen zu identifizieren. Dieser Vorgehensweise, die sich an statistischen Entscheidungen orientiert, im Sinne von „Was selten ist, ist gestört“, stößt allerdings oft an ihre Grenzen, da zum Beispiel bei Säuglingen und Kleinkindern sehr viele quantitative und qualitative Veränderungen in kurzer Zeit erfolgen und sich Phasen der Ruhe mit Entwicklungssprüngen abwechseln (Esser & Petermann, 2010).

Wichtig bei der Interpretation von entwicklungsdiagnostischen Erkenntnissen ist zudem die **individuelle Variabilität von Entwicklungsverläufen**. Obgleich manche individuellen Entwicklungsverläufe also im statistischen Sinne selten sind, so können sie doch Bestandteil eines „normalen“ Entwicklungsverlaufes sein. Beispielsweise gibt es sehr viele Möglichkeiten, wie ein Mensch die Fähigkeit zu laufen entwickelt, ohne dass gesagt werden könnte, dass die statistisch „seltenen“ Möglichkeiten nicht auch zum Ziel führten. Zu berücksichtigen ist also immer, dass Entwicklung nicht nur ein biologischer Reifungsprozess ist, der rein statistisch-normativ zu bewerten wäre, sondern von höchst individuellen umweltspezifischen Faktoren und Selbststeuerungsprozessen beeinflusst wird (Montada, 2002).

Entwicklungsdiagnostik ist dabei von einer **hohen praktischen Relevanz** gekennzeichnet. Für den Heil- und Sonderpädagogen soll sie insbesondere Ziele und Schwerpunkte von Förderung identifizieren helfen und für beratende und dokumentierende Anlässe Informationen über einen gegebenen Ist-Zustand liefern (Statusdiagnostik). Dabei spielt – wie immer – insbesondere die Herausarbeitung von Stärken und Ressourcen eine besondere Rolle, nicht das Herausstellen von Defiziten und Nicht-Können. Aus einem gegebenen Ist-Zustand kann unter Berücksichtigung normativer Entwicklungsverläufe und unter Einbezug des Wissens um Entwicklungsmöglichkeiten im sozialen Umfeld sowie unter Hinzunahme der beruflichen Erfahrung oft auch eine erste Entwicklungsprognose abgeleitet werden, die insbesondere als Begründung zur Einleitung förderdiagnostischer Maßnahmen gegenüber Bezugspersonen und/ oder Kostenträgern dient. Nach einer gewissen Zeit der Förderung kann eine Entwicklungsdiagnostik zudem der Bewertung des erreichten Fördererfolgs dienen (also zu Evaluationszwecken) und damit den weiteren Weg der Förderung hypothesengeleitet identifizieren helfen (Esser & Petermann, 2010).

Kennzeichen und Besonderheiten von Entwicklungstests

Das Besondere an einem Entwicklungstest ist im Vergleich zu einem Intelligenztest das **breitere Spektrum an erhobenen Fertigkeiten**. Während Intelligenztests insbesondere kognitive Leistungen erfassen, sind in Entwicklungstests unter anderem auch **Aspekte der Motorik, der Wahrnehmung, der Sprache oder der sozialen wie emotionale Entwicklung** enthalten.

Entwicklungstests sollten – wie eigentlich jeder Test – nach einem **theoretischen Konzept über „Entwicklungsgesetzmäßigkeiten"** und theoretisch begründbare Aussagen konstruiert sein. Dies ist aber regelhaft nicht der Fall. Im Gegensatz zu Intelligenztests, bei denen zumindest mehrere fundierte und empirisch überprüfte Intelligenzmodelle vorliegen (s. o.), wurden und werden Entwicklungstests eher aus pragmatischen Erwägungen heraus konstruiert. Die Auswahl und Konstruktion von Skalen erfolgt eher aus einer Tradition und Bewährung heraus, statt aus einer konsistenten, einheitlichen und empirisch geprüften Theorie (Esser & Petermann, 2010). Das Problem allgemeiner Entwicklungstests ist, dass es keine allgemein gültige Theorie der allgemeinen Entwicklung gibt und auch keine allgemein akzeptierten Theorien der Sprachentwicklung, der motorischen Entwicklung, der Wahrnehmungsentwicklung u.s.w.. Damit steht fest: **„Die theoretische Fundierung vieler entwicklungs-diagnostischer Verfahren ist äußerst unzureichend"** (Filipp & Doenges, 1983).

Michaelis und Niemann (2004) sprechen in diesem Zusammenhang von einer **zufälligen Zusammenfassung heterogener Aufgaben**. Dementsprechend unterscheiden sich verschiedene Testverfahren in ihrem Aufbau deutlich, was die **Vergleichbarkeit von Ergebnissen** einschränkt (Petermann & Winkel, 2005).

Esser und Petermann (2010, S. 15) kommen diesbezüglich zu dem Schluss: „In der Vergangenheit basierte die Konstruktion eines Entwicklungstests häufig nur auf inhaltlicher Plausibilität. Fundierte testtheoretische Überlegungen wie auch ein zugrunde liegendes theoretisches Konzept fehlten. Dieses Vorgehen gilt als wissenschaftstheoretisch überholt.“ **Die Einhaltung gewisser qualitativer Mindeststandards im Hinblick auf die Gütekriterien wissenschaftlicher Tests ist inzwischen auch für Entwicklungstests obligatorisch und sollte entsprechend von den Testanwendern bei der Auswahl der Tests berücksichtigt werden.** Hinweise zu diesen Mindeststandards finden sich allgemein in dem Kapitel zu Methoden, S. 45 ff., allerdings treten bei Entwicklungstests verschiedene Besonderheiten auf, die bei der Testauswahl zu berücksichtigen sind. Auf diese wird nachfolgend kurz eingegangen.

Trotz aktueller Überlegungen muss also stets bedacht werden, dass ein entwicklungsdiagnostisches Verfahren nur so gut sein kann, wie seine entwicklungstheoretischen Grundlagen. Dementsprechend wäre es eine Illusion diagnostische Verfahren zu fordern, die eine perfekte Erkenntnis und wohlmöglich noch Entscheidung gewährleisten. Jedes Verfahren trägt einen Teil zur Entscheidungsfindung bei, unter Berücksichtigung der zugrunde gelegten Entwicklungstheorie.

Besonderheiten von Entwicklungstests bei der Objektivität

Bei der Objektivität ist die Unabhängigkeit der Testergebnisse von Einflüssen des Untersuchers bedeutsam. Dies gilt für die Testdurchführung, die Testauswertung und Testinterpretation. Entscheidend für die Herstellung von Objektivität ist in der Regel eine **gute Standardisierung**.

Diese ist bereits für ältere Kinder gut herstellbar. Dass es bei jüngeren Kindern Probleme bei der Durchführung von Tests gibt, wurde bereits von Bühler und Hetzer (1932) beschrieben. Aufgrund des manchmal unvorhersehbaren, spontanen kindlichen Verhaltens ergeben sich oftmals Umsetzungsprobleme. Zudem ist oft gerade bei jüngeren Kindern spontan gezeigtes Verhalten während der Testdurchführung diagnostisch interessant. Ein stark schematisches Vorgehen würde vermutlich bei Kleinkindern noch unzuverlässigere Werte ergeben als situativ angepasstes, flexibles Vorgehen (Margraf-Stiksrud, 2003). Auch sind insbesondere **Testmotivation und situative Gegebenheiten** (aktuelle körperliche Fitness des Kindes, schwankendes Interesse, aktuelles Aktivitätsniveau, Anwesenheit von Bezugspersonen etc.) zu berücksichtigen, die nicht immer so standardisiert eingehalten werden können (Fuiko, 2003).

Wichtig sind deshalb immer eine **genaue Kenntnis des Verfahrens** und eine intensive Schulung des Testleiters (Esser & Petermann, 2010).

Besonderheiten von Entwicklungstests bei der Reliabilität

Die Reliabilität ist ein Maß für die Genauigkeit, mit der ein Test misst, unabhängig davon, ob er das misst, was er zu messen vorgibt (das würde die Validität betreffen).

Oftmals ist es für Testkonstrukteure eine Herausforderung, einen Entwicklungstest mit guten Reliabilitäten zu konstruieren. Dies liegt daran, dass es nur begrenzte Möglichkeiten der Reliabilitätsbestimmung gibt, die Retest-Reliabilität, die Paralleltest-Reliabilität und die interne Konsistenz (vgl. S. 59 ff.) und gerade diese Berechnungsmethoden von Voraussetzungen ausgehen, die bei Entwicklungstests Schwierigkeiten bereiten.

Die **Paralleltest-Reliabilität** wird bei Entwicklungstests in der Regel nicht verwendet, da es oft schwer fällt, überhaupt hinreichend viele Aufgaben zu identifizieren, die aufgrund des oft rasanten Entwicklungstempos zwischen verschiedenen Altersstufen eines Kindes gut differenzieren. Da Paralleltests aber auf viele, gute Aufgaben angewiesen sind, ist die Durchführung diese Art der Reliabilitätsbestimmung in der Regel nicht möglich.

Die **Retest-Reliabilität** ist eine gut geeignete Schätzmethode für Entwicklungstests, erfordert aber ein gewisses Maß an Stabilität des Konstrukts über die Zeit. Im Rahmen der Entwicklungsdiagnostik ist das zu messende Konstrukt aber gerade nicht stabil, sondern schnellen Veränderungen unterworfen. Insoweit muss hier durch die Testkonstrukteure eine schnelle Re-Testung erfolgen, was ggf. aufwändig ist. Dieser Aufwand kann nicht von allen Testkonstrukteuren bewältigt werden.

Auch die **interne Konsistenz** ist eigentlich ein gutes Maß für die Reliabiltiätsschätzung bei Entwicklungstests (vgl. Ettrich, 2000). Probleme ergeben sich aber dann, wenn es nur wenige Aufgaben gibt und diese einen heterogenen Charakter haben. Das führt dann zu einer schlechten Reliabilitätsschätzung, die für Testkonstrukteure entweder Anlass sein sollte, die Konstruktion bzw. Benennung der Skala zu überdenken, mehr Aufgaben zu entwickeln oder aber auf die Retest-Methode auszuweichen.

Insgesamt gesehen ist die **Reliabilitätsbestimmung bei Entwicklungstests** also mit mehr Schwierigkeiten und Aufwand verbunden als z. B. bei Persönlichkeitstests. Allerdings entheben diese Schwierigkeiten den Testkonstrukteur nicht von der Pflicht ihrer Erhebung, denn wie aufgezeigt handelt es sich um erschwerende Bedingungen, die mit einem Mehr an Aufwand verbunden sind, die aber keinesfalls die Bestimmung eines Reliabilitäts-Kennwertes unmöglich machen. Insoweit kann nur gewarnt werden vor Entwicklungstests, die keine Angaben zur Reliabilität machen – es ist möglich, dass die Autoren bewusst die Werte verschweigen, weil das Verfahren die erforderlichen qualitativen Mindest-Kriterien nicht erfüllt. Bei der Anwendung von Verfahren mit einer geringen Reliabilität ist ebenfalls **Vorsicht** geboten. Wie bereits am Beispiel des IDS (s. o.) gezeigt und berechnet wurde, kann eine geringe Reliabilität den Nutzen eines Verfahrens erheblich einschränken bis gänzlich zu Nichte machen.

Besonderheiten von Entwicklungstests bei der Validität

Validität meint die Frage, ob ein Test das misst, was er zu messen vorgibt.

Leider ist auch die Bestimmung der Validität bei Entwicklungstests eine große Herausforderung. Dies liegt unter anderem daran, dass vielen Entwicklungstests eine **theoretische Fundierung** fehlt, insbesondere auch eine Vorstellung über ein Entwicklungskontinuum (Ettrich, 2000).

Wie bereits dargestellt existieren verschiedene Arten der Validität, die inhaltliche Validität, die Augenscheinvalidität, die kriterienbezogene Validität und die Konstruktvalidität (vgl. statistische Grundlagen, S. 70 ff.).

Die **inhaltliche Validität** ist hierbei noch eine gut erhebbare Methode zur Validitätsbestimmung. Hierbei werden Experten wie Erzieher, Pädagogen oder Psychologen dazu befragt, ob ein Test Aspekte der Entwicklung erfasst. Auch jeder professionelle Testanwender kann sich hierzu ein Bild machen, wenn das Testmanual studiert wird.

Bei der **Augenscheinvalidität** erfolgt eine Bewertung durch den Klienten, was im Falle von Entwicklungstests erst ab einem bestimmten Alter eine gewisse Rolle spielt.

Obgleich theoretisch möglich, verzichten viele Testverfahren darauf, den Zusammenhang zwischen einem Testergebnis und einem (aktuellen oder zukünftigen) externen Kriterium wie z. B. dem Schulerfolg oder anderen Maßen zu erheben (**kriterienbezogene Validität**). Dies liegt möglicherweise am erhöhten Erhebungs- und Forschungsaufwand, der nicht immer zu leisten ist, aber auch an den vielen Einflussfaktoren, die unabhängig von einem Testergebnis Einfluss auf die externen Kriterien haben können. So hat beispielsweise auf die Schulleistung der Entwicklungsstand eines Kindes einen Einfluss, gleichzeitig aber auch die momentane Situation im Elternhaus (Streit, Trennung, etc.), Ehrgeiz und Fleiß, das schulische Interesse etc. Petermann und Macha (2005, S. 137) heben in diesem Zusammenhang die Bedeutung des **Zusammenspiels von Entwicklung und Entwicklungsumgebung** hervor, da „nur die Integration von Testleistungen und Entwicklungsbedingungen seriöse Vorhersagen über Entwicklungsverläufe [ermöglicht]“.

Die beschrieben Komplexität macht es heute unmöglich bei jüngeren Kindern unter zwei Jahren hinreichende **Entwicklungsprognosen** zu treffen, wenn das vorhergesagte Kriterium substanziell in der Zukunft liegt. Gleiches gilt für prognostische Aussagen für Kinder mit durchschnittlichen oder nur leicht von der Norm abweichenden Ergebnissen. Sarimski (2009) schlägt in solchen Fällen vor, lediglich von einem **Entwicklungsstand** zu sprechen und auf eine Entwicklungsprognose zu verzichten.

In Bezug auf die **Konstruktvalidität** wird ein Testverfahren in einen Zusammenhang mit anderen Testverfahren gebracht, die ein ähnliches oder ein andere Konstrukt erfassen, wie der zu prüfende Test (konvergente und divergente Konstruktvalidität). Leider herrscht nach Esser und Petermann (2010, S. 20) im Rahmen der Entwicklungsdiagnostik noch grundsätzliche Uneinigkeit darüber, „ob der allgemeine Entwicklungsstand überhaupt als latente Variable angenommen werden kann, da es sich bei diesem Merkmal um ein sehr **heterogenes Merkmal** handelt, das sich zudem im Verlauf der Entwicklung eines Kindes qualitativ verändert."

Besonderheiten von Entwicklungstests bei der Normierung

In Bereich der Nebengütekriterien ist insbesondere die Normierung für Entwicklungstests von Bedeutung. Dabei steht, wie im Kapitel zu den statistischen Grundlagen (S. 71 ff.) bereits ausgeführt wurde, neben der **Repräsentativität** der Eichstichprobe und ihrem **Umfang** insbesondere die **Aktualität** der Eichstichprobe im Vordergrund (Esser & Wyschkon, 2003).

Dies ist besonders bei der Begutachtung von Kindern mit dem Verdacht auf Lese-Rechtschreibstörungen der Fall, in dem für gewöhnlich das Diskrepanzkriterium verwendet wird. Das bedeutet, dass eine Lese-Rechtschreibstörung dann festgestellt wird, wenn die allgemeine Intelligenz sich deutlich von der Lese-Rechtschreibkompetenz unterscheidet. Zerahn-Hartung, Strehlow, Haffner, Pfüller, Parzer und Resch (2002) konnten feststellen, dass sich die allgemeine Intelligenz im Laufe der letzten 20 Jahre verbesserte, während für die Lese-Rechtschreibkompetenz im gleichen Zeitraum eine Verschlechterung festzustellen ist. Werden veraltete Normen verwendet, führt dieser Trend also automatisch dazu, dass mehr Kinder das Diskrepanzkriterium erfüllen, also mehr Kinder eine entsprechende Diagnose erhalten.

Ähnlich zum **Flynn-Effekt** ist übrigens auch bei Entwicklungstests eine Veränderung der durchschnittlichen Leistungsfähigkeit über die letzten Jahrzehnte hinweg festzustellen (Hanson, Smith & Hume, 1985; Gross, Slagle, D'Eugenio & Mettelmann, 1992). Macha et al. (2005) empfehlen zur Vermeidung von Fehleinschätzungen deshalb darauf zu achten, dass die **Normierung des Entwicklungstests nicht länger als 10 Jahre** zurückliegt.

Insgesamt ist festzustellen, dass Entwicklungstests besonderen Bedingungen ausgesetzt sind, da sie in dem **hochkomplexen Zusammenspiel zwischen Anlage, Umwelt und Selbststeuerung** eines sich rasant entwickelnden und verändernden Menschen Aussagen über Normalität und Abweichung sowie über eine zu erwartende Entwicklung (Entwicklungsprognose) treffen sollen.

Ein dafür eigentlich notwendiges klares, einheitliches und empirisch geprüftes theoretisches Fundament fehlt bislang. Insoweit sind Entwicklungstests in der Regel **pragmatisch konstruiert** und tradieren sich im zeitlichen Verlauf. Sie werden also ohne größere theoretische Weiterentwicklung in die nächste Testgeneration überführt.

Die besonders komplexen Umstände, unter denen Entwicklung stattfindet, das Fehlen eines theoretischen Fundaments wie auch bisweilen festzustellende „handwerkliche" Fehler der Testkonstrukteure führen zu **Schwierigkeiten bei der Einhaltung von Mindeststandards bei den psychometrischen Gütekriterien.**

Für den Anwender gilt deshalb besonders bei Entwicklungstests, dass auf eine **überzeugende theoretische Grundorientierung** des Tests und auf die **Einhaltung der Mindeststandards** hinsichtlich der psychometrischen Gütekriterien geachtet werden sollte. Häufig (aber nicht immer) erfüllen Tests neueren Datums diese Kriterien besser als Tests älteren Datums.

Den zusammenfassenden Interpretationen im Testmanual oder in Beschreibungen des Verlags ist nicht immer zu trauen. Testmanuale werden von den Testautoren verfasst, je nach Autor sind diese hochseriös und wissenschaftlich neutral formuliert, es gibt aber auch verkaufsorientierte, die Wahrheit sehr stark dehnend formulierte Manuale. Das verdeutlicht erneut die **Notwendigkeit, sich mit Testverfahren und der Diagnostik im Allgemeinen fundiert auseinander zu setzen, bevor man sie einsetzt.**

Qualifikation für diagnostische Prozesse

Je nach Arbeitsfeld in der Heil- oder Sonderpädagogik bestehen unterschiedliche **Anforderungen** an den Diagnostiker/die Diagnostikerin.

Wir möchten in diesem Abschnitt verdeutlichen, welcher Qualifikation eine Fachkraft, die in diagnostische Prozesse eingebunden ist und dementsprechend diagnostisch tätig sind, bedarf, um den Menschen als Individuum, mit denen sie in einem spezifischen Tätigkeitsfeld arbeitet, sowie den Fragestellungen gerecht werden zu können.

Ausbildung

In der Regel werden durch das Studium oder die Ausbildung in „Heilpädagogik" oder durch ein Studium im sonderpädagogischen Bereich (z. B. Lehramt, Diplomsonderpädagoge, Rehabilitationspädagoge u. a.) grundlegende Kenntnisse und Fertigkeiten erworben, die eine Vorbereitung, Durchführung und Nachbereitung diagnostischer Prozesse ermöglichen.

Immer wieder kommt die Frage auf, wer diagnostisch arbeiten darf. Es wird die Frage gestellt, ob Heilpädagogen „testen" oder diagnostizieren dürfen (Lotz, 2007), während hingegen bei Förderschullehrern dies fast nie in Frage gestellt wird. Es gibt nirgends ein juristisches Verbot oder Gebot, das besagt, wer diagnostisch tätig sein darf und wir würden auch von der Aussage Abstand nehmen, dass Förderschullehrer über fundiertere theoretische Kenntnisse als Heilpädagogen verfügen (Lotz, 2007). Die Inhalte der Ausbildung an den Hochschulen und Universitäten richten sich oftmals nach den Lehrenden, deren Vorlieben und deren Wissen, auch wenn es ein Curriculum bzw. Modulhandbuch gibt.

Da die Umfänge und auch Inhalte je Studium bzw. Ausbildung zum Teil stark voneinander abweichen, liegt es entweder im eigenen Ermessen oder im Ermessen der Institution, in der die Fachkraft tätig ist, festzulegen, ob weitere Aus- und Fortbildungen empfehlenswert oder unerlässlich notwendig sind.

In Anbetracht der Tatsache, dass es kontinuierlich Weiterentwicklungen im diagnostischen Bereich gibt, vor allem in Bezug auf die Verfahrensvielfalt, empfehlen wir eindringlich, sich – unabhängig von der Ausbildung und dem Beruf - stets auf dem aktuellen Stand zu halten und entsprechende Fortbildungen zu besuchen. Nur so können Sie über den aktuellsten Wissensstand („state of art") verfügen und bleiben nicht auf dem Wissen anderer Jahrzehnte oder Jahrhunderte stehen. In den USA ist es beispielsweise verpflichtend, ein bis zwei Jahre nach Neuerscheinung eines Verfahrens eine Fortbildung zu besuchen, wenn man dieses Verfahren anwenden möchte.

Bereits in den 1980er Jahren wurden Überlegungen zu einem Ausbildungsprogramm für (heil- und sonder-) pädagogische Diagnostik getroffen (Meister, 1994).

Meister (1994) hat hierzu Thesen aufgestellt, die vor allem die Fragen zur Qualifikation im Rahmen von diagnostischer Ausbildung betreffen. *Welche* Qualifikationen sind anzustreben? Und: *Wie* können diese Qualifikationen erworben werden? Genau diese Fragen beschäftigen uns und auch andere Autoren nach wie vor.

Aktuell gibt es im pädagogischen Bereich beispielsweise konkrete Konzepte zur umfangreicheren Weiterqualifikation in „Heilpädagogischer Diagnostik" (HPD) vom BHP (Berufs- und Fachverband Heilpädagogik) oder zur Fachqualifikation „Psychomotorische Diagnostik" von der DAKP (Deutsche Akademie für Psychomotorik).

Eine Ausbildung bzw. **Weiterqualifikation** sollte verschiedene **Inhalte** ansprechen und eine Reflexion hinsichtlich unterschiedlicher Aspekte vorsehen. Wir erachten folgende Aspekte als wesentlich und möchten entsprechende dazugehörige Inhalte in Kürze aufzeigen:

- Fachbezogenes Wissen,
- Methodenkenntnis und -kompetenz,
- Theorie-Praxis-Reflexion,
- Selbstreflexion,
- Kommunikations- und Beratungskompetenzen.

Im Folgenden lehnen wir uns an die Ausführungen von Meister (1994, S. 216ff.), Bundschuh (2010) und Kretschmann (2004) sowie an die Überlegungen bzw. Richtlinien für die Testanwendung (ZPID) an, ergänzen oder aktualisieren sie entsprechend und versuchen zusammenfassende wesentliche Inhalte einer diagnostischen Ausbildung oder Qualifikation aufzuzeigen.

Fachbezogenes Wissen

Hierunter werden alle **Theorien und Konzepte** verstanden, „die ein Experte in seinem Fachgebiet einsetzt, um anstehende Probleme zu analysieren und Lösungsvorschläge entwickeln zu können" (Krapp, 1994, S. XXIX).

Dieses Wissen beinhaltet neben den Grundlagen und vertieftem Fachwissen, auch pragmatische **Alltagstheorien**, die auf Erfahrungen beruhen.

Ein Diagnostiker sollte um Theorien von möglichen **Entstehungsursachen** und -bedingungen sowie um Modelle von Entwicklungsverläufen für eine spezifische Klientel wissen. Welche Entwicklungsverläufe und welche Entwicklungsgefährdungen sind möglich?

Ein Wissen über **Entwicklungsmodelle und Entwicklungstheorien** sowie über psychologische, pädagogische, soziologische (Erklärungs-) und andere relevante Theorien ist ebenfalls grundlegend. „Man sieht nur, was man weiß oder, um es mit anderen Worten zu formulieren, das Diagnosehandeln und die diagnostische Sensibilität ist abhängig von den Modellen und Vorstellungen, die man von einem Sachverhalt hat" (Kretschmann, 2004, S. 126). Je weniger Fachwissen vorhanden ist, desto eingeschränkter ist die Fachkraft hinsichtlich seiner Erklärungen, Hypothesen und Einschätzungen.

Liegen Unsicherheiten in den Gebieten der Psychologie und der (Heil-) Pädagogik vor, tragen diese also dazu bei, dass Diagnostik oberflächlich und unreflektiert erfolgt.

Darüber hinaus ist es ist wichtig, sein zunehmendes **Wissen zu strukturieren** und reflektiert einzusetzen. Dies ermöglicht eine Vermeidung der Anwendung von gerade aktuellem Wissen auf alle spezifischen Fragestellungen.

> *So kann es z. B. vermieden werden, dass nach einer Fortbildung zum Thema „Bindung" darauffolgend alle diagnostischen Fragestellungen mit bindungsrelevanten Argumenten erklärt werden.*

Weiterhin erfordert eine professionelle Arbeit, nicht allein sein Wissen zu strukturieren und zu erweitern, sondern auch sein **Wissen stets um aktuelle Diskussionen** im Bereich der (heil- und sonder-) pädagogischen Diagnostik aufrechtzuerhalten und sich zu positionieren.

Methodenkenntnis

Zur Erfassung bedeutender Informationen im Rahmen eines diagnostischen Prozesses ist „Handwerkszeug" erforderlich. Mit dem Handwerkszeug wird das **Ziel** verfolgt, Informationen zu beschaffen und weiterzuverarbeiten, um letztlich zu aktuellen Handlungsvorschlägen zu gelangen.

Ein diagnostisch Tätiger sollte über das gesamte **Spektrum von Methoden** informiert sein (s. Abschnitt Methoden, S. 47 ff.). Grundlegende Kompetenzen bezüglich der verschiedenen Methoden sollten vermittelt und reflektiert werden. Eine Reflexion umfasst in diesem Zusammenhang vor allem die Frage, wann welche Methode geeignet ist und welche Vor- und Nachteile jede Methode mit sich bringt.

Methoden bzw. Inhalte von Diagnostik sind „Werkzeuge und ihr geschickter Einsatz kennzeichnet den guten ‚Handwerker' " (Hölter 1993, S. 29). Das kann im Zusammenhang mit Diagnostik so gedeutet werden, dass nicht allein die Kenntnis von Methoden und das dazugehörige Material genügen, um wertvolle Informationen zu erhalten, sondern ein Einsatz der Methoden und eine entsprechende Reflexion dergleichen notwendig ist.

Ein Handlungswissen zur Diagnostik kann sich ggf. in einem oder mehreren spezifischen Gebiet(en) angeeignet werden (z. B. im Bereich des Selbstkonzepts), welche dann im Rahmen der diagnostischen Ausbildung im **Schwerpunkt** in der Praxis durchgeführt und reflektiert wird.

Je nach Arbeitsfeld und/oder Klientel gibt es in der Regel eine **Auswahl von Instrumenten**, die genutzt werden können. Der Weg der Informationsbeschaffung ist sicherlich ähnlich (s. Kapitel zum diagnostischen Prozess, S. 16 ff.), jedoch ist die Auswahl der Instrumente vom individuellen Einzelfall abhängig.

Eine Methodenkenntnis umfasst auch eine Kompetenz bzw. eine kompetente **Handhabung** bzgl. der Anwendung der Instrumente sowie einer Methodenkritik.

Die Ausführungen verdeutlichen, dass es einer diagnostischen Kompetenz nicht genügt und nicht gerecht wird, wenn lediglich eine Kenntnis und Unterweisung in ausgewählte oder vom Arbeitsfeld vorgegebene diagnostische Verfahren erfolgt (Kretschmann, 2004; Pawlik, 1974). Vielmehr sollte stets eine Vielfalt von Methoden und Vorgehensweisen bei jedem Einzelfall bedacht werden.

Theorie-Praxis-Reflexion

Es wird immer wieder auf das Theorie-Praxis-Problem aufmerksam gemacht (Krapp, 1994), welches nicht allein die Diagnostik, sondern jede Form professioneller Praxis betrifft. Jeder Praktiker verfügt implizit oder explizit über theoretische Vorstellungen von Entwicklung, welche sich wiederum auf wissenschaftlichen Theorien stützen. Diagnostik will häufig Aussagen über Entwicklung treffen, sei es über momentane Entwicklungsstände oder im Zusammenhang mit anderen diagnostischen Schritten über mögliche Entwicklungsverläufe.

Zum Teil wird beklagt, dass neue Modelle, Konzepte und Methoden vorgestellt werden, ohne einen Bezug zur Praxis herzustellen, d.h. ohne zu verdeutlichen, welche Bedeutung die Neuentwicklungen für die Praxis haben (Krapp, 1994). Andererseits gibt es oftmals neue Praxismaterialien (z. B. diagnostische Verfahren), die in keiner Weise verdeutlichen, welche theoretischen Vorstellungen von Entwicklung dahinter stehen und wie sie sich Entwicklungsstände theoretisch erklären.

Eine fortlaufende ausführliche Reflexion von theoretischen Grundlagen und Annahmen sowie von der Umsetzung in der Praxis ist wesentlich. In diesem Zusammenhang müssen **Vor- und Nachteile** bestimmter Vorgehens- oder Verfahrensweisen analysiert, diskutiert und reflektiert werden.

Wichtig ist es, auf dem aktuellen Stand der Diskussion zu bleiben, **Kontroversen** wahrzunehmen und sich entsprechend argumentativ auseinanderzusetzen und zu positionieren.

Wie Krapp schreibt, ist die ständige Überprüfung eigener diagnostischer Vorgehensweisen leider „keine angenehme Aufgabe. Da sie die Gefahr in sich birgt, daß liebgewordene Gewohnheiten in Frage gestellt werden, ist verständlich, wenn Praktiker ihr lieber aus dem Weg gehen“ (Krapp, 1994, S. XXVIII).

Es gibt **Empfehlungen** für die Einrichtung einer Clearingstelle, „die die verfügbaren wissenschaftlichen Befunde für die Praxis filtert und so aufbereitet, daß der Praktiker die Relevanz der wissenschaftlichen Aussagen auf dem Hintergrund seiner bereits erworbenen und bewährten Denk- und Handlungsschemata erkennen und beurteilen kann“ (Krapp, 1994, S. XXIX). Momentan gibt es Ansätze eines „**Clearings**“, wobei diese in der Praxis sicher weniger geläufig sind. Beispiele sind:

- Es gibt ein **Testbeurteilungssystem** des Testkuratoriums der Föderation Deutscher Psychologenvereinigungen (Testkuratorium, 2006; Kersting, 2006). In schriftlicher Form liegen Besprechungs- und Beurteilungskategorien vor, um die Qualität von Tests zu prüfen und ggf. zu sichern und letztlich eine Bewertung und Empfehlung auszusprechen. Genutzte Kategorien sind: allgemeine Informationen über das Verfahren und seine Zielsetzung, die theoretischen Grundlagen sowie eine detaillierte Betrachtung der Gütekriterien. Hier gibt es mittlerweile eine Reihe von diagnostischen Verfahren, die anhand dieser Kategorien eingeschätzt und unabhängig bewertet sind.

- Internationale **Richtlinien für die Testanwendung** (Version 2000) wurden 2001 von ZPID verfasst. Das Ziel dieser Richtlinien besteht darin, dass sich ein fachlich kompetenter Testanwender mit Tests fachgerecht auseinandersetzt und die Bedürfnisse derer, die am diagnostischen Prozess beteiligt sind, berücksichtigt. Es geht dabei vor allem um eine fachlich kompetente Praxis sowie um ethisches und professionelles Handeln.

So viele Vorteile eine Clearingstelle auch haben mag, so muss letztlich jeder Diagnostiker im Prozess der Auseinandersetzung mit konkreten diagnostischen Verfahren und Handlungsabläufen selbst reflektieren, ob diese für ihn und sein Bild von menschlicher Entwicklung übereinstimmen. Die **Reflexion** ist leichter, je umfangreicher und differenzierter das Wissen um spezifische Theorien im Zusammenhang mit seinem Handlungsbereich ist.

Selbstreflexion

Die **Selbsterfahrung** stellt einen besonders bedeutenden Aspekt in einer diagnostischen Ausbildung dar. Als sinnvoll hat es sich erwiesen, dass nach einer theoretischen Einführung in spezielle diagnostische Verfahren, diese zunächst gemeinsam mit Studierenden vorbesprochen werden.

In der **Vorbesprechung** können Verständnisfragen geklärt und die Durchführung in Form eines Rollenspiels erprobt werden.

Die **Durchführung** selbst sollte dann im Zweier-Team erfolgen. Das ermöglicht eine Absicherung durch einen zweiten Beobachter und ggf. eine Unterstützung bei der Durchführung. Die Durchführung sollte, möglichst nicht allein in der Ausbildung, kontinuierlich auf Video aufgezeichnet werden. Dies ermöglicht eine konkrete Nachbesprechung und Reflexion eigenen Handelns.

Die Reflexion eigenen Handelns bezieht sich auf verschiedene Bereiche, so z. B. auf die Interaktion und die korrekte Durchführung des Verfahrens. Eine **Nachbesprechung** umfasst weiterhin eine fachgerechte Auswertung vorhandener Informationen und Daten und damit verbunden eine Einschätzung eigener Beurteilungstendenzen und Hypothesenbildung.

Weitere Inhalte einer Selbstreflexion beziehen sich auf konkrete Fragestellungen heil- oder sonderpädagogischer Diagnostik und umfassen u. a.:

- eine Reflexion und kritische Würdigung von Motiven der diagnostischen Tätigkeit,
- ein Herausstellen von notwendigen Rahmenbedingungen und persönlichen Ressourcen für eine Diagnostik,
- eine Reflexion der persönlichen Einstellung und Haltung gegenüber der Klientel und gegenüber weiterer am Prozess beteiligter Menschen,
- eine kritische Einschätzung eigener bevorzugter Handlungsgewohnheiten.

Kommunikations- und Beratungskompetenzen

Diese Kompetenz ist vor allem bei der Über- bzw. Vermittlung von einzelnen Befunden wichtig. Hier ist die Frage zu stellen, *wie* ein Bericht bzw. eine Information über erhobene Daten erfolgt und welche Kommunikationsformen eingesetzt werden können. Das Erlernen von **Techniken der Gesprächsführung** ist an dieser Stelle bedeutend. Ebenso treffen die Kriterien zu, die wir bereits im Kapitel zur heil- und sonderpädagogischen Diagnostik (S. 9ff.) besprochen haben, so u.a. zur Durchführung und den Rahmenbedingungen.

Fazit

Allein diese zusammengefasste Auflistung zu erwerbender Kompetenzen und zu reflektierender persönlicher Gedanken in der Auseinandersetzung mit Theorie und Praxis macht deutlich, dass Diagnostik eine sehr verantwortungsvolle Aufgabe ist. Eine Qualifikation zur Diagnostik kann über einen fortlaufenden Prozess der individuellen Weiterentwicklung erfolgen und ist dementsprechend durch kontinuierliche (Ver-)Änderungen geprägt.

Eine Möglichkeit besteht darin, dass der Praktiker für sich bzw. für die Institution, in der er arbeitet, ein Konzept von Diagnostik entwirft, in dem bedeutende Fragen immer wieder reflektiert und ggf. neu beantwortet werden. Dies kann dem individuellen Erkenntnisprozess dienen und trägt zu einer Professionalisierung bzw. zunehmenden Qualifikation bei.

Handlungskonzept heil-/sonderpädagogischer Diagnostik

Mit zunehmender Professionalisierung und auch im Zusammenhang mit der Forderung nach einer Qualitätssicherung, wird die Frage einer Konzeptbildung bedeutsam.

„Das Wort Konzept stammt aus dem Lateinischen und bedeutet so viel wie „erfassen“ bzw. „in sich aufnehmen“. Ein Konzept orientiert sich in der Regel an den realen Bedingungen einer Institution bzw. eines Arbeitsfeldes, um das praktische Handeln real zu beschreiben und/oder geplantes Handeln realitätsnah umzusetzen. Eine Konzeption ist stets sehr individuell, da sie die institutionellen und persönlichen Bedingungen berücksichtigt“ (Reichenbach, 2010, S. 86).

Auch wenn eine Konzeptentwicklung meist in Zusammenhang mit Förderung gedacht wird, so kann dies auch sehr gut auf den diagnostischen Prozess übertragen werden.

Als **Ziele** einer Konzepterstellung können u. a. benannt werden:

- Veranschaulichung eigener Vorstellungen von diagnostischer Tätigkeit,
- Erklärung und Begründung des eigenen Handelns,
- Positionierung im Hinblick auf das Verständnis von Entwicklung,
- Verdeutlichung eigener fachlicher Qualifikation und Kompetenzen,
- Darlegung von Inhalten,
- Veranschaulichung diagnostischer Vorgehensweisen und Strukturierung des Handelns,
- Reflexion eigenen Tuns.

Für die Entwicklung eines Konzeptes zur heil-/sonderpädagogischen Diagnostik werden nun im Folgenden beispielhafte **Fragen** formuliert, die einer Strukturierung eigener konzeptioneller Vorstellungen dienen können. Die Fragen sind so ausgewählt, dass bei einer Beantwortung, dem Außenstehenden wesentliche Aspekte des Konzeptes deutlicher werden und er einen Einblick in die diagnostische Tätigkeit erhält.

1. Welche allgemeinen Ziele verfolge ich mit einer Diagnostik?

2. An wen lehne ich mich in meiner Arbeit an, an welchen Entwicklungstheorien orientiere ich mich? (theoretische Bezugspunkte)

3. Über welche diagnostischen Kompetenzen verfüge ich?

4. Bin ich in einem diagnostischen Bereich besonders qualifiziert?

5. Was erfordert mein diagnostisches Handeln von anderen? (z. B. Transparenz, Kooperation)

6. Für welches Arbeitsfeld habe ich mein diagnostisches Handlungskonzept entworfen?

7. Welches Vorgehen wähle ich (Diagnostischer Prozess)?

8. Wie ist der Klient in den diagnostischen Prozess einbezogen?

9. Wie gestalte ich die Beziehung zum Klienten?

10. Welche diagnostischen Methoden sollen genutzt werden?

11. Wie kann ich weitere konkrete Informationen zu einzelnen Entwicklungsbereichen erhalten bzw. welche Beobachtungssituationen können initiiert werden?

12. Welches sind organisatorische und strukturelle Voraussetzungen? (Rahmenbedingungen)

13. Wie begründe ich die Auswahl diagnostischer Methoden und spezieller Verfahren vor anderen Kollegen und/oder dem Arbeitgeber, dem Auftraggeber, ...?

14. Was sind wesentlich Inhalte und Fragestellungen bei der Erstellung eines Entwicklungs- oder Förderplans?

Dies ist ein erster Vorschlag, den Sie als Leser/Leserin selbstverständlich individuell ändern und ergänzen können.

Ethik in der Diagnostik – Überlegungen zur Bedeutung für die heil-/sonderpädagogische Diagnostik

> ***„Handle nur nach derjenigen Maxime, durch die du zugleich wollen kannst, dass sie ein allgemeines Gesetz werde“*** (Universalisierungsformel des Kategorischen Imperativs nach Kant 1785)

Tagtäglich werden in heilpädagogischen Praxen, in Schulen, in Kliniken oder zu anderweitigen Untersuchungszwecken Kinder, Jugendliche oder Erwachsene mit diversen diagnostischen Verfahren untersucht bzw. „diagnostiziert“. Diagnostische Methoden und Verfahren sind Inhalte in zahlreichen und verschiedenen Studien- und Ausbildungsgängen sowie in speziellen Fortbildungen für HeilpädagogInnen, ErzieherInnen, (Förderschul-) LehrerInnen, MotopädInnen, MotologInnen, SonderpädagogInnen, DiplompädagogInnen, RehabilitationspädagogInnen u. a. Zumeist geht es in der Ausbildung oder Qualifizierung darum, spezielle Verfahren zu vermitteln, die dann ökonomisch in der Praxis angewendet werden können und sollen.

Auch wenn seit einiger Zeit immer wieder betont wird, dass es wichtig ist, „von den Stärken auszugehen“, ressourcenorientiert zu arbeiten und dabei die Haltung des Pädagogen/Diagnostikers sowie die Methoden zu reflektieren (Eggert, 1997; Schuck, 2000), so stellt kaum jemand die Frage, ob es ethisch vertretbar ist, Kinder, Jugendliche oder Erwachsene ohne spezielle Voraussetzungen (z. B. persönliche Einwilligung oder spezifische Qualifikation) zu diagnostizieren.

Im Folgenden werden verschiedene Aspekte ethischen Handelns beleuchtet und deren Bedeutung sowohl allgemein für den Alltag (heil-/ sonder-) pädagogischer Diagnostik veranschaulicht. Der Beitrag versteht sich als Anregung zur Diskussion. Was Ihnen als Leser(in) dabei besonders wichtig erscheint, ist vermutlich sehr individuell und hat seine begründete Berechtigung (Reichenbach, 2010).

Thematisierung

Ethik wird in verschiedenen Bereichen der Wissenschaft sowie in unterschiedlichen Berufsfeldern thematisiert, so z. B. in den Naturwissenschaften (Biologie, Medizin, Informatik...), den Geisteswissenschaften (Theologie, Philosophie, Psychologie,...) oder den Sozialwissenschaften (Medien, Pädagogik, Recht, Soziologie, Wirtschaft,...). Überall werden ethische Diskussionen mit verschiedenen Schwerpunkten geführt.
Mit ethischen Aspekten von Diagnostik wurde sich bisher vor allem umfangreich in Bezug auf pränatale Diagnostik sowie in Ansätzen im Hinblick auf psychologische Diagnostik auseinandergesetzt. Welche Bedeutung Ethik und dementsprechende Werte in einer (heil-/sonder-)pädagogischen Diagnostik hat, ist bisher lediglich in Ansätzen thematisiert worden (Lotz, 1999).

Begriffsverständnis von Ethik

So wie es mit vielen Begrifflichkeiten in der Pädagogik und Psychologie ist, so gibt es auch für den Begriff der Ethik keine allgemeingültige Definition und dementsprechend auch keine generelle Sichtweise.
Ethik heißt aus dem griech. (éthos) übersetzt erst einmal Gewohnheit, Brauch, Herkommen oder Sitte. Der Begriff birgt demnach Aspekte des Handelns und Verhaltens sowie dessen begründete Entstehung. Die Menschen handeln i. d. R. entsprechend der Sitten und Bräuche mit denen sie aufgewachsen und/oder kontinuierlich konfrontiert sind. Das menschliche Handeln, ganz unabhängig in welchem Kontext, ist demnach durch leitende *Handlungsregeln bzw. „Normen“* bestimmt, welche selbst gesetzt oder gesellschaftlich bestimmt sein können. Neben persönlichen Erfahrungen sind Werte und Handlungsnormen von gesellschaftlichen, kulturellen, technischen und wirtschaftlichen Faktoren abhängig (Wuketis, 2006).
„Ethik bestimmt sich aus Menschenbild und Werten, sie begründet eine Haltung“ (Bavastro 1998, S. 3). Im Laufe der Zeit wird eine Gewohnheit (ethos) zum Charakter (äthos), welcher sich wiederum durch Grundhaltungen, Werte oder Tugenden beschreiben lässt (Gebauer, Kres & Moisel, 2002).

In jedem Fall kann gesagt werden: „Es gibt keine objektiven Werte“ (Mackie, 1989, S. 11, zit. nach Wuketits, 2006, S. 7). Ethik und Moral sind die Erzeugnisse von Menschen und damit fehlbar. „Ein Wert ist das, was uns wichtig ist. (...) *Werte* sind Auffassungen von Wünschenswertem“ (Reichenbach, 2006, S. 3).

Weiterführend fragt die ethike theoria (nach Aristoteles) „nach der Vernunft der bestehenden *Sitten und Gebräuche*, um sie nach Möglichkeit zu ändern, wo sie widervernünftig sind“ (Fischer, Gruden, Imhof & Strub, 2007, S. 20).

Verschiedene hier genannte allgemeine Überlegungen zum Ethik-Begriff bieten in Bezug auf Diagnostik Grund zur Diskussion und Anlass zur Reflexion und Bewusstwerdung. Ehe wesentliche Gedanken und Fragen diesbezüglich zusammengefasst werden, folgen nun im Überblick Ausführungen zur ethischen Relevanz und Problematik von Diagnostik.

Ethische Relevanz und Problematik in der Diagnostik

Diagnostik bzw. die Anwendung diagnostischer Verfahren betrifft Menschen und alles, was Menschen anbelangt, ist ethisch relevant. Es hängt natürlich vom Diagnostik-Verständnis ab, ob Diagnostik als alltäglicher natürlicher Vorgang betrachtet wird, oder ob dies stets in Verbindung mit einem Auftrag und damit verbunden einer Auswahl spezifischer Verfahren steht. Nach Borchard (2007) werden oft grundlegende ethische Probleme übersehen. So stellt bereits die **Entscheidung zur Durchführung** diagnostischer Verfahren (nach dem Erhalt eines Auftrages) eine Intervention und damit einen von außen bestimmten Eingriff dar.
Zudem ist diagnostisches Handeln stets in (gesundheits-)politische, ökonomische, soziokulturelle und persönliche **Rahmenbedingungen** eingebunden und dadurch mitbestimmt (Gahl, 2001). Weiterhin können **institutionelle Strukturen** deutliche Auswirkungen auf die diagnostisch-ethische Urteilsbildung haben. Somit muss das ethische Handeln nicht unbedingt mit den eigenen ethischen Vorstellungen übereinstimmen. Eine Trennung von Diagnostik und Förderung oder aber eine mangelnde Transparenz gegenüber anderen Fachkräften können zu einer wertedivergenten Urteilsbildung führen. Das bedeutet, wenn die Diagnostik und damit verbunden eine „Urteilsfindung“ bzw. Einschätzung ausschließlich in der Hand einer Person liegt und kein interdisziplinärer Austausch gegeben ist, wird die Einschätzung vermutlich sehr einseitig ausfallen.
Auch die Vorgabe bestimmter Instrumentarien bzw. Verfahren oder zeitlicher Rahmenbedingungen, wie es in Institutionen vorkommt, können als Einengung der Persönlichkeit und der Werte des Diagnostikers gesehen werden.

Gahl (2001) führt beispielhaft zur **ethischen Urteilsbildung** verschiedene Ebenen auf, die pro Klient bedacht werden müssen und Teil von Diagnostik sind.

- *Sachebene:* Erfassung und Rekonstruktion der Vorgeschichte, Auswahl diagnostischer Verfahren, Entscheidungsfindung,

- *Kommunikation und Interaktion*: Gespräche zwischen Diagnostiker und Klient sowie Bezugspersonen und weiteren Fachkräften,
- *Psychologische Verarbeitung:* wer nimmt welche Informationen wie auf?,
- *Recht:* Schweigepflichtentbindung; Aufklärungspflicht; Selbstbestimmung,
- *Soziale, ökonomische, soziokulturelle Ebene:* Akzeptanz; Kosten-Nutzen-Abwägung,
- *Wertebene individueller Entscheidungen*: Sachlichkeit, Verantwortung, Achtung, Verschwiegenheit, Leitbilder, intuitive Wahrnehmung.

Die Wertungen eines Menschen sagen etwas über ihn aus; es wird deutlich, was ihm wichtig ist, was er anstrebt, was er achtet (Reichenbach, 2006). Übertragen auf die Diagnostik könnte dies bedeuten, dass die Auswahl und damit die individuelle Präferenz und „Wertigkeit“ spezieller diagnostischer Methoden und Verfahren etwas über den Diagnostiker aussagen. Welche Bedeutung die bisherigen Ausführungen für die eigene Diagnostik hat bzw. haben kann, wird im Folgenden anhand von Fragen formuliert. Die Fragen dienen zur Anregung und Bewusstmachung und bedürfen einer individuellen Reflexion.

Bedeutung für eine heil-/sonderpädagogische Diagnostik

- *Jede Fachkraft bringt in der heil-/sonderpädagogischen Diagnostik (bewusst oder unbewusst) seine eigenen Werte ein, die ihm wichtig sind!*
  - *Sagt die Auswahl der diagnostischen Verfahren und Methoden etwas über die Wertungen und Haltungen des Diagnostikers aus?*
  - *Warum wendet wer welche diagnostischen Verfahren an?*
  - *Was ist/wird warum gewünscht? Wer misst was welchen Wert bei?*
  - *Was ist dem Diagnostiker/der Diagnostikerin individuell bedeutsam?*
- *Jedem diagnostischen Verfahren liegen Werte und theorie- oder erfahrungsbasierte Bezugsnormen zugrunde.*
  - *Welche Werte und Bezugsnormen liegen zugrunde?*
  - *Wer hat die Werte und „Normen“ wann und wozu vorgegeben?*
- *Ethik und somit auch ethische Aspekte in der Diagnostik werden von einem zugrunde gelegten Menschenbild bestimmt! In der Heilpädagogik wird in der Theorie von einem humanistischen Menschenbild ausgegangen. In der Praxis gibt es durchdringend kein „einheitliches“ Menschenbild und somit unterscheiden sich auch die Methoden und das Vorgehen in der Diagnostik!*
  - *Welches Menschenbild bzw. welche Menschenbilder liegen den genutzten diagnostischen Verfahren zugrunde?*

- *Die „Vernunft“ von Sitten und Gebräuchen hinsichtlich des diagnostischen Vorgehens sowie der Anwendung „altgedienter“ diagnostischer Verfahren und den damit verbundenen Werten sollte stets reflektiert und ggf. hinterfragt werden!*
  - *Ist etwas „gut“, weil es „alt bewährt“ ist oder weil es auch in neuen wiss. Begründungszusammenhängen überzeugt?*
  - *Passen sich diagnostische Vorstellungen veränderten Zeiten und Lebensgewohnheiten an? Sollten sie dies tun?*
- *Welche Bedeutung haben institutionelle Strukturen für die Auswahl von diagnostischen Methoden und Verfahren?*
- *Welchen Stellenwert haben ethische Aspekte der Diagnostik im Rahmen von Ausbildungen und Professionalisierung?*
- *Welchen Paradigmen heil-/ sonderpädagogischer Förderung/ Intervention entsprechen welchen ethischen Vorstellungen diagnostischen Handelns?*

Zusammenhang von Ethik und Recht – Fragen im Hintergrund

Wie bereits im Hinblick auf das Begriffsverständnis angedeutet wurde, sind ethische Vorstellungen hinsichtlich Diagnostik oftmals an rechtliche Vorgaben gebunden. Dies kann dem Diagnostiker helfen oder ihn einschränken. Eine Einschränkung erfolgt dann, wenn die rechtlichen Vorgaben nicht den eigenen ethischen Vorstellungen entsprechen.

In den gesetzlichen Vorgaben steckt stets auch die Frage der Auftraggeberschaft. In einigen Gesetzen (z.B. im Schulgesetz) ist dies deutlich, in anderen müssen Bezüge hergestellt werden. Für das Ziel einer guten, professionellen und ethisch vertretbaren Diagnostik ist die Frage nach der Auftraggeberschaft und die damit verbundenen Interessen wichtig.
Wenn die zu diagnostizierende Person selbst der **Auftraggeber** ist, dann ist das Prinzip der Freiwilligkeit erfüllt. Es ist klar, um was es geht und es liegen grundlegend keine ethischen Konflikte vor. Wenn Fremde bzw. Außenstehende die Auftraggeber sind, dann müsste geprüft werden, ob die **Erkenntnisinteressen des Auftraggebers über dem Schutz der Persönlichkeitssphäre** stehen. Der Diagnostiker sollte dann solche Instrumente wählen, welche die benötigten Informationen unter minimaler Verletzung der Persönlichkeitssphäre erfassen (Borchard, 2007). Wenn Dritte Entscheidungen treffen, ist dennoch daran zu denken, dass dies den Diagnostiker nicht von seiner **ethischen Verantwortung** entbindet (Bavastro, 1998). Insgesamt sollte abgewogen werden, ob der **Nutzen bestimmter diagnostischer Verfahren** die „Kosten“ (Zeit, Finanzen, Personal und emotionale Belastung) übersteigen. Die Verhältnismäßigkeit der Mittel soll gewahrt bleiben.

In jedem Land wurden berufsethische Verpflichtungen erlassen (Bortz & Döring, 2006). Für Psychologen gibt es Richtlinien des BDP (Berufsverbandes Deutscher Psychologinnen und Psychologen e.V.) und der APA (American Psychological Association); für Nicht-Psychologen, z.B. Heilpädagogen oder Förderschullehrer gibt es keine verbindlichen Richtlinien, sondern maximal Empfehlungen.

Im Folgenden werden wesentliche rechtliche Aspekte in aller Kürze angeschnitten, vor allem, um verschiedene rechtliche Ebenen herauszustellen und, um bewusst zu machen, was diese rechtlichen Vorgaben bedeuten. Hier stehen beispielhaft die Fragen im Hintergrund:

1. Für wen gilt welches Recht, welche gesetzliche Vorgabe?
2. Welche Praxisrelevanz hat das Gesetz?
3. Was sind bzw. wären Erfordernisse für eine optimale Umsetzung der Gesetzestexte?

Auswahl von Gesetzen und ihr Einfluss auf Diagnostik

In verschiedenen Gesetzestexten finden sich Paragrafen, die direkt oder indirekt auf diagnostisches Arbeiten bezogen werden (können). Im Folgenden werden drei Gesetze beispielhaft genannt:

Grundgesetz:
Der zentralste Begriff des Rechts ist in Artikel 1 des Grundgesetzes festgeschrieben: die **Würde des Menschen.** Die Rechtsgrundlage sollte dazu dienen, die „Rahmenbedingungen für eine **freie Entfaltung der Menschen** gemäß ihrer Würde zu schaffen“ (Borchard, 2007, S. 2). Dazu gehört u. a. die freie Entfaltung der Persönlichkeit und Autonomie. Es ist zu fordern, „dass in allen Fällen, in denen die eigene Einschätzung auch nur die geringsten Zweifel an der ethischen Unbedenklichkeit der geplanten Untersuchung aufkommen lässt, außenstehende, erfahrende Fachleute und die zu untersuchende Zielgruppe zu Rate gezogen werden“ (Bortz & Döring, 2006, S. 43).
In der Praxis müsste dies bedeuten, dass Menschen das Recht haben, in Entscheidungen und Entscheidungsprozesse einbezogen zu werden und nicht allein allen Empfehlungen zuzustimmen haben. Wird das Gesetz streng definiert, so stellen diagnostische Verfahren einen Eingriff in das allgemeine Persönlichkeitsrecht dar (vgl. Avenarius, 1990). Es gibt jedoch immer wieder Ausnahmeregelungen, insbesondere, wenn es um die Feststellung der Schulfähigkeit geht (ebd.).

Strafgesetzbuch:
Im StGb § 203, Abs. 1 finden sich Ausführungen über die **Schweigepflicht** bei bestimmten staatlich anerkannten **Berufsgruppen.**
In der pädagogischen Praxis wird oftmals formal schriftlich festgehalten, dass in einer Diagnostik erhobene Daten nicht weiter gegeben werden dürfen. Hier stellt sich die Frage, ob die Klienten oder ihre Eltern lediglich das Recht auf Einblick haben.

Schulgesetz:
Im Schulgesetz für das Land NRW wird es in § 126 als Ordnungswidrigkeit verstanden, wenn Eltern nicht für die Teilnahme ihres Kindes an der **Feststellung des Sprachstandes** sorgen, welche das Schulamt fest stellt (§ 36 Abs. 2 und 3).
Damit werden Eltern dazu verpflichtet, ihr Kind diagnostischer Begutachtung auszusetzen, ohne, dass sie das Recht zur Mitbestimmung haben. Konkret könnte dies jeweils angefochten werden, in dem sich auf das Verhältnismäßigkeitsgebot bezogen wird.

Erfordernisse für die Umsetzung der Gesetzestexte

Auch wenn bestimmte Aspekte, die die Diagnostik betreffen (z. B. Erhebung des Sprachstandes), per Gesetz festgeschrieben sind, so besteht grundsätzlich die Frage nach der Umsetzung und auch der Interpretation der Gesetzestexte.
Im Folgenden wird das Problem in Bezug auf die Erfassung des Sprachstandes beispielhaft veranschaulicht.

Es steht nirgends geschrieben, welche Qualität beispielsweise Verfahren zur „Feststellung des Sprachstandes" und welche Qualifikation entsprechende Anwender/Diagnostiker haben müssen. Wird die praktische Umsetzung des Gesetzestextes betrachtet, so zeigen sich grundsätzlich Lücken und Widersprüche.
So gibt es zum Erlernen von Verfahren in der Praxis mal spezielle längere Fortbildungen, mal Tageskurse, mal wird eine autodidaktische Aneignung verlangt.
In der Durchführung werden Verfahren mal von außen stehenden fremden Personen allein oder im Beisein bekannter ErzieherInnen durchgeführt, ein anderes Mal wiederum ausschließlich von gut bekannten Erzieherinnen. Schlussendlich sollen aber alle Kinder gleich „bewertet" und eingeschätzt werden und es fallen Entscheidungen, die ihr weiteres Leben beeinflussen.
Diese Lücken in Form von mangelnder Qualität und ungenügender Qualifikation greifen zum Teil die Würde des Menschen, in diesem Beispiel der Kinder, an und sind ethisch nicht zu vertreten, wenn professionell gearbeitet werden soll.

Das Beispiel aus dem Kita-Alltag und die dort auftretenden Differenzen, die sich aus unterschiedlicher Qualität und Qualifikation ergeben, lassen sich sehr gut auf (heil-/ sonder-)pädagogische diagnostische Handlungssituationen übertragen. Wichtige Fragestellungen dazu könnten sein:

Bedeutung für heil-/sonderpädagogische Diagnostik

- *Welche Rechte hat der zu diagnostizierende Mensch in der (heil-/sonderpädagogischen) Diagnostik?*
- *Inwiefern wird auf die Selbstbestimmung des zu diagnostizierenden Menschen in der (heil-/sonderpädagogischen) Diagnostik eingegangen und diese akzeptiert?*
- *Wie kann der Diagnostiker der ethischen Verantwortung gerecht werden, wenn Dritte Entscheidungen treffen?*
- *Welche Qualifikationen sind erforderlich, um rechtliche Vorgaben umzusetzen?*
- *Welche fachlichen Kompetenzen und Qualifikationen sind für eine (heil-/sonderpädagogische) Diagnostik erforderlich, die ethische Belange berücksichtigen?*
- *Braucht die (heil-/sonderpädagogische) Diagnostik Richtlinien bzw. Leitlinien, um ethischen Aspekten gerecht zu werden?*

Richtlinien für verantwortungsvolles diagnostisches Handeln

Nicht jeder Forscher und Untersucher sowie auch nicht jeder Praktiker, also Diagnostiker, kann tun und lassen, was er möchte. Es gibt verschiedene Arten von **Richtlinien für (heil-)pädagogisches und auch diagnostisches Handeln**, auch wenn diese nicht immer einer Kontrolle obliegen. Die international einflussreichsten **Ethikrichtlinien** stammen von der American Psychological Association (APA, 2002) und beinhalten zusammengefasst folgende Punkte:

- Verantwortung: „Kosten“ und Nutzen für den Klienten abwägen,
- Individuelle Verantwortung des Diagnostikers und aller Beteiligten,
- Information und Aufklärung über Untersuchung,
- Offenheit und Ehrlichkeit,
- Freiwillige Teilnahme und Möglichkeit des Abbruchs,
- Klienten nicht ausnutzen; Absprachen einhalten,
- Schaden und Stress vermeiden, über Risiken informieren,
- Vollständige Aufklärung,
- Datenschutz; Zusicherung von Anonymität,
- Schädigungsfreiheit von Untersuchungsteilnehmern.

Wie bereits mehrfach erwähnt, so gilt **Verantwortung** als ein Schlagwort in der Diskussion um ethische Aspekte von Diagnostik (Fischer, Gruden, Imhof & Strub 2007, nach Rohpohl, 1998). Hier kann gefragt werden:

- Wer verantwortet etwas? (Individuum, Korporation, Gesellschaft, ...),
- Was wird verantwortet? (Handlung, Produkt, Unterlassung, ...),
- Wofür wird verantwortet? (voraussehbare oder nicht voraussehbare Folgen, Fern- und Spätfolgen, ...),

- Weswegen wird verantwortet? (Moral, gesell. Werte, Gesetze, ...),
- Wovor wird verantwortet? (Gewissen, Urteil anderer, Gericht, ...),
- Wann wird verantwortet? (vorher, aktuell, nachher, ...),
- Wie wird verantwortet? (aktiv, virtuell, passiv, ...).

Diese Fragen können im Rahmen einer Diagnostik von einem Diagnostiker vielfältig beantwortet werden. Sicherlich hängt die Beantwortung der Fragen stets vom spezifischen Kontext bzw. den institutionellen Bedingungen sowie der Persönlichkeit des Diagnostikers ab.

Eine ethische Verantwortung wird auch darin gesehen, wie Untersuchungsbedingungen gestaltet werden. Hierzu gehören nach Heyse eine „klare und angemessene Information über den Zweck der jeweiligen Verfahren und den Ablauf der Untersuchung, geeignete Pausenregelungen und eine funktionierende Organisation, eine motivierende Anordnung der Verfahren (z. B. Wechsel von schriftlichen und mündlichen Verfahren). Es gehört weiterhin zur Wertschätzung des Klienten, ihm die Möglichkeit zu geben, grundsätzliche Fragen zum Ablauf stellen zu können und Befürchtungen und Bedenken zu äußern" (2003, S. 125).

Schuck macht deutlich, dass es in der pädagogischen Diagnostik auch darum geht „die entwickelten und gebräuchlichen Konzepte der Diagnostik hinsichtlich ihrer Menschenbilder, ihrer wissenschaftstheoretischen Annahmen, ihrer ethischen Implikationen und ihrer klassischen Verwertungszusammenhänge wahrzunehmen und im Hinblick auf ihre Brauchbarkeit und Veränderungsnotwendigkeit auf dem Hintergrund der aktuellen gesellschaftlichen Entwicklungen zu prüfen" (2000, S. 246 f.).

In jedem Fall ist es sinnvoll, Richtlinien für eine heilpädagogische und/oder sonderpädagogische Diagnostik zu formulieren. Diese Richtlinien könnten die Qualität der Arbeit steigern und es würde ganz sicher zur Professionalisierung heilpädagogischer/sonderpädagogischer Arbeit beitragen.

Bedeutung für (heil-/sonderpädagogische) Diagnostik

- *Welche Verantwortungen gibt es in der Vielzahl von diagnostischen Vorgehensweisen in der Heilpädagogik/Sonderpädagogik?*
- *Wer verantwortet was? (der Entwickler das Verfahren; die Anwender die Auswahl und die Umsetzung der Verfahren; ...)*
- *Was könnten ethische Maßstäbe einer (heil-/sonderpädagogischen) Diagnostik sein?*
- *Welchen Stellenwert haben ethische Aspekte der Diagnostik im Rahmen von Ausbildungen und Professionalisierung?*

Erfordernisse für eine *(heil-/sonderpädagogische)* Diagnostik unter Berücksichtigung ethischer Aspekte

Interessant wäre die Frage, wie viele der Leser sich schon einmal Gedanken zur Ethik im Rahmen von *(heil-/sonderpädagogischer)* Diagnostik gemacht haben und wenn ja, zu welchen Positionen sie gelangt sind. Eigentlich müsste dies zu einer Vielzahl von Antworten führen, allein wenn man die Verschiedenheit diagnostischer Wege und Vorgehen betrachtet (vgl. Methodenkapitel, S. 45 ff.). Unabhängig davon, welche Methoden oder Verfahren genutzt werden, so greift ein Diagnostiker tagtäglich in den Persönlichkeitsbereich Anderer ein.

Im Folgenden werden zum einen einige ethische Aspekte von Diagnostik herausgestellt, mit denen wir, solange wir in diesem Feld aktiv sind, tagtäglich konfrontiert werden könnten. Zum anderen soll dazu angeregt werden, über die eigene Position und Qualifikation nachzudenken und diese für sich zu reflektieren.

Ethische Aspekte haben Bedeutung für Bereiche, die im Folgenden stichpunktartig zusammengefasst sind (in Anlehnung an Moosbrugger & Höfling, 2006; Heyse, 2003; ITC, 2001):

Fachliche Kompetenz und Qualifikation

- **Kompetenz** als Mischung aus individuellem, professionellem Wissen, Urteilsvermögen, Wertvorstellungen und technischen sowie zwischenmenschlichen Fähigkeiten;
- Vertrautheit mit der **theoretischen Fundierung** des Verfahrens; Kenntnisse des aktuellen wissenschaftlichen Forschungsstandes;
- Wissen und Können in Bezug auf **Methodenvielfalt**;
- **begründete Auswahl** spezifischer Verfahren anstelle „Standard-Satz“; Verantwortung für Auswahl von Verfahren (Untersuchungszweck, Fairness, Ökonomie, etc.);
- Klarwerden über **Bezugsnorm** des angewendeten Verfahrens;
- Klarheit über die **Bewertung**/Einschätzung der Information, die aus dem Verfahren resultiert;
- **Sensibilität** gegenüber unbeabsichtigten Folgen der Anwendung diagnostischer Verfahren bei dem Kind/Jugendlichem/Erwachsenen;
- Kenntlichmachen eigener Werte und/oder **Wertesysteme** im Sinne von Transparenz für alle Beteiligten;
- Bewusstmachung und Einbezug möglicher **Fehlerquellen**.

Auswahl diagnostischer Verfahren

- Warum werden vom Diagnostiker welche **Verfahren** ausgewählt?
- Welche **Vorstellungen von Entwicklung** hat der Diagnostiker und finden sich diese in den genutzten Verfahren wieder? (Theoriebezüge)

- Welche persönlichen **Werte** hat der Diagnostiker, die sich in der Auswahl der diagnostischen Verfahren niederschlagen? An welchen Werten muss bzw. sollte er sich orientieren? Wer bestimmt dies?
- Welche **Fragestellung** bzw. welches Ziel steht im Vordergrund und welche Verfahren geben dem Diagnostiker diesbezüglich welche Auskunft?
- Sind die **Ziele** der durchgeführten Verfahren aktuell überprüft?
- Welche Bedeutung spielt das in der psycholog. Diagnostik angeführte Kriterium der **Ökonomie**, d. h. gesicherte Ergebnisse in kurzer Zeit, in pädagogisch geprägten diagnostischen Arbeitsfeldern?
- Ist die **Aktualität und Repräsentativität der Normen** bei einer Testanwendung gesichert?
- Welcher **Erhebungszeitraum** ist vorgesehen?
- Gibt es weitere **Auswertungskategorien** (z. B. Fehleranalyse, Entwicklungsprofile)?

Es wird ausdrücklich daraufhin gewiesen, dass kein diagnostisches Verfahren alle wesentlichen Aspekte einer Fragestellung eines Auftraggebers erfasst.

Anwendung Diagnostischer Verfahren

Die Auswahl diagnostischer Verfahren entscheidet oder bestimmt ebenso die Art der Anwendung. Die Anwendung unterscheidet sich in Abhängigkeit von der Methode: Test, Screening, Befragung, Arbeitsprodukt, Inventar, Gespräch u. a. Die Rolle des Diagnostikers sowie die Form und Struktur der Situation und die Möglichkeiten zu ihrer Gestaltung werden wiederum in Abhängigkeit von der Methode bestimmt.
Der Anwendung von Tests scheint oftmals in der Fachwelt durch befriedigende Gütekriterien Genüge getan (Avenarius, 1990). Es ist jedoch eindeutig, dass dies keine hinreichenden Bedingungen sind, sondern letztlich ethische Belange durch die Qualität der Testanwendung bestimmt werden (Moosburger & Höfling, 2006).
„Wirklich etwas von Tests zu verstehen heißt auch, sich im klaren darüber zu sein, wie diese adäquat eingesetzt werden. Darüber hinaus sollte man die theoretischen Annahmen kennen, auf deren Grundlage Tests entwickelt werden, und wissen, wie sich diese Annahmen im Laufe der Zeit verändert haben“ (Jackson, 1999, S. 23).

Richtlinien und Qualifikation

Zunehmend wird in der psychologischen Diagnostik gefordert, dass ethische Aspekte zu berücksichtigen sind und sich diesbezüglich auch an Leitlinien orientiert werden sollte. Es gibt verschiedene Leitlinien, so z. B.:
- Leitlinien der APA,
- Internationale Richtlinien für die Testanwendung von der International Test Commission (ITC, 2001),
- Ethische Richtlinien der DGP und des BDP,

- Von verschiedenen Autoren aufgestellte Leitlinien (Moosburger & Höfling, 2006),
- International Guidelines for Test Use (IGTU; International Test Commission, 2000),
- Standards für pädagogisches und psychologisches Testen (SPPT; Häcker, Leutner & Amelang, 1998).

Dabei wird ausdrücklich betont, dass die Richtlinien nicht allein für Tests, sondern für viele diagnostische Verfahren wesentlich sind (ITC, 2001). Die Richtlinien können „für jedes diagnostische Verfahren relevant sein, in dem die diagnostische Erfassung von Menschen einen ernsthaften und bedeutungsvollen Hintergrund hat ..." (ITC 2001, 9). Dementsprechend wird auch formuliert, dass die Richtlinien für alle Personen gelten, die in der professionellen Praxis Diagnostik betreiben oder die in der Ausbildung und Vermittlung von diagnostischen Verfahren tätig sind.

Weiterhin werden vielerorts auch eine Verpflichtung zur Supervision sowie die Einrichtung von Ethikkommissionen gefordert. In Deutschland gibt es verschiedene Ethikkommissionen, jedoch ist außerhalb des medizinischen Bereichs der Einbezug derartiger Kommissionen gesetzlich nicht erforderlich und nicht vorhanden.

Ethische Standards und ihre Geltung sind einer Übereinkunft zu verdanken, die es ermöglicht, nach gemeinsamen Richtmaßen bei unterschiedlichen moralischen Orientierungen zu handeln (Fischer, Gruden, Imhof & Strub, 2007). Moralische Überzeugungen allein sind nicht kompromissfähig, Standards hingegen lassen Kompromisse zu.

Die International Test Commission (2000, S. 6) hat als zentrale Zielsetzung der „International Guidelines for Test Use" formuliert: **„Ein fachlich kompetenter Testanwender setzt Tests in fachgerechter und ethisch korrekter Weise ein und berücksichtigt dabei die Bedürfnisse und Rechte der am Testprozess Beteiligten, die Gründe für die Testung sowie den weiteren Kontext, in dem der Test stattfindet"** (Moosburger & Höfling, 2006, S. 449).
Hier wird deutlich, dass zum einen verschiedene Kompetenzen vom Diagnostiker gefordert sind, und zum anderen, dass es nicht allein um die Anwendung eines Verfahrens geht, sondern auch um die Bedürfnisse und Rechte der beteiligten Menschen sowie um den Einbezug des Kontextes und des Auftrags.

Der Einbezug des Umfeldes, also des Kontextes und auch die Berücksichtigung der Fragestellung der Diagnostik sowie die Berücksichtigung, wer der Auftraggeber ist oder welcher Auftrag von wem formuliert wurde, sollte in der (heil-/sonder-)pädagogischen Diagnostik ausdrücklich Berücksichtigung finden.
Um sich selbst Gedanken über den Einbezug der Bedürfnisse und Rechte zu machen, muss der Diagnostiker sich über die Rechte im Klaren sein und einen Weg finden, um die individuellen Bedürfnisse der Klientel zu erfassen und den Ablauf seines Vorgehens sorgfältig zu planen.

Zur Anwendung gehört außerdem die Gestaltung einer geeigneten Diagnostik-Atmosphäre, zu der auch ein positiver Beziehungsaufbau sowie eine wertschätzende Beziehungsgestaltung beitragen. Mögliche Störquellen sollten beseitigt und eine ablenkungsfreie und angenehme Umgebung (z. B. Licht, Temperatur) geschaffen werden.

Bedenken möglicher Folgen

Jeder Diagnostiker sollte sich über die Funktion, die Bedeutung und den Nutzen der gewählten Verfahren für den Beurteilungs- und Entscheidungsprozess im Klaren sein. Es geht i. d. R. um die Indikation von Fördermaßnahmen und die Frage, welche Förderung genau passend ist und/oder wie der Interventionsprozess geplant wird.

Die Frage, welche möglichen negativen Konsequenzen die Anwendung des Verfahrens für den Klienten mit sich bringen könnte, sollte immer mit bedacht werden. Wenn es um Entscheidungen von großer Tragweite geht, sollte stets versucht werden, die Lebenswirklichkeit der Person zu rekonstruieren (z. B. mittels Exploration) (Borchard, 2007, S. 5). Welche familiären, emotionalen, lebensstilrelevanten, beruflichen oder ökonomischen Folgelasten können durch eine Befunderhebung oder Diagnostik im Leben des Menschen entstehen?

Information, Einverständnis und Transparenz

Der Mensch, der diagnostiziert wird, ist ausreichend über den Zweck der Diagnostik zu informieren und ggf. aufzuklären. Eine Mitwirkung an der Diagnostik darf nicht „erschlichen“ werden. Es wird unterschiedlich diskutiert, was die Information von Kindern betrifft: zum einen wird der gesetzliche Vertreter als ausreichend empfunden, zum anderen wird Wert darauf gelegt, das Kind direkt einzubeziehen und dieses als „entscheidungsfähig“ zu sehen (Borchard, 2007).

Der Klient sollte die Entscheidung darüber haben, wer was von ihm weiß. Jeder Mensch hat das Recht, seine Ergebnisse einzusehen (ITC, 2001). Die Praxis sieht unterschiedlich aus: je nach Institution werden die über den Menschen festgehaltenen Befunde und Berichte persönlich ausgehändigt oder Einblick gewährt.

Die Ergebnisse sollten möglichst in konstruktiver, sprachlich angemessener und inhaltlich verständlicher Form erläutert werden. Das Wohl des Menschen ist zu berücksichtigen und spezifische Empfehlungen sind gemeinsam abzusprechen. Das bedeutet, dass der Mensch die Möglichkeit erhält, sich selbst einzubringen.

Sicherung der Daten

Alle relevanten Daten müssen gesichert aufbewahrt werden. Hierzu können die Institutionen bzw. Diagnostiker spezielle Richtlinien über Verfügbarkeit, Aufbewahrungsdauer und weitere Verwendung formulieren. Bei namentlicher Zuordnung dürfen die Daten ausschließlich mit vorheriger schriftlicher Einwilligung des Klienten anderen Personen (z. B. Ärzte, Therapeuten, Kostenträger) zugänglich gemacht werden.

Fazit

Da, wie eingangs erwähnt, bestimmte ethische Werte von Menschen selbst aufgestellt werden und somit fehlbar sind, kann es ein Ziel sein, aus Fehlern zu lernen und dementsprechend aufgestellte Werte zu revidieren (Wuketits, 2006). Die eigenen jeweiligen Werte und Normen spiegeln Bedürfnisse und Abneigungen wieder und können als Resultate verschiedener Lebensbedingungen gesehen werden (Wuketits, 2006). Aufgrund dessen wird es immer Wertekonflikte geben. Dies zeugt von einer Bejahung der Vielfalt und der Konflikthaftigkeit der individuellen Werte (Reichenbach, 2006).

Die Förderung ethischer Kompetenz, d.h. einer Fähigkeit der verantwortungsvollen Auseinandersetzung mit ethischen Fragen in der *(heil-/sonderpädagogischen)* Diagnostik und eigenen Wertvorstellungen unter Einbezug der jeweiligen Menschen, die diagnostiziert werden, gilt als ein wesentliches Ziel.

Das eingangs erwähnte Zitat von Kant kann auch so gedeutet werden, dass jeder Diagnostiker sich auf sich zurück besinnt, seine Qualifikation auf einem aktuellen Stand hält und seine Arbeit kontinuierlich reflektiert, um sein Handeln auch für andere annehmbar zu gestalten.

> Übertragen auf den kategorischen Imperativ von Kant sollte ein Diagnostiker so fair, unvoreingenommen und ausreichend qualifiziert diagnostizieren und urteilen, wie er es sich für sich selbst, seinen Partner/seine Partnerin und sein Kind wünschen würde.

Ausblick

Im Sinne von Selbstentfaltung und Persönlichkeitsbildung wäre es eine Möglichkeit, mit dem Klienten gemeinsam Situationen zu entwickeln oder zu überlegen (Brühlmann, 2000), die diagnostischen Erkenntnissen dienen oder aber die zu diagnostizierende Person anhand einer Auswahl entscheiden zu lassen, welche Verfahren und welches Vorgehen sie bevorzugt und wählt.

Ansatzpunkte für eine weitere Diskussion sind neben den bereits im Beitrag formulierten Fragen, zusammengefasst die folgenden Thesen. Eventuell regen sie an, die Qualifikation im Rahmen von Ausbildungen und auch die eigene diagnostische Praxis zu reflektieren und ggf. zu ändern.

Thesen

1. Die fachlich-heilpädagogische sowie diagnostische Kompetenz und Qualifikation muss ethische Belange berücksichtigen!

2. Verschiedenen Paradigmen pädagogischer/therapeutischer und damit heil-/sonderpädagogischer Arbeit bedingen verschiedene ethische Vorstellungen diagnostischen Handelns!

3. Die „Vernunft" von diagnostischen Werten sollte stets reflektiert und ggf. hinterfragt werden!

4. Epochale Veränderungen erfordern ein verändertes Werteverständnis, welches sich in diagnostischen Verfahren niederschlagen sollte!

5. Institutionelle Strukturen dürfen nicht die Auswahl und den Umfang von diagnostischen Methoden und Verfahren bestimmen!

6. Diagnostik-Richtlinien sind sinnvoll, um ethischen Aspekten sowie Grundrechten gerecht zu werden!

Literatur

Amelang, M. & Bartussek, D. (1997). *Differentielle Psychologie und Persönlichkeitsforschung.* (4. Aufl.). Stuttgart: Kohlhammer.

Amelang, M. & Zielinski, W. (2002). *Psychologische Diagnostik und Intervention* (3. Aufl.). Berlin: Springer.

Asendorpf, J. B. (2005). Persönlichkeit: Stabilität und Veränderung. In H. Weber & T. Rammsayer (Hrsg.), *Handbuch der Persönlichkeitspsychologie und Differentiellen Psychologie* (S. 15–26). Göttingen: Hogrefe.

Atkins, K. (1971). Zitiert aus Dörner, K., Plog, U., Teller, C. & Wendt, F. (2012). *Irren ist menschlich.* Lehrbuch der Psychiatrie und Psychotherapie. Bonn: Psychiatrie Verlag.

Avenarius, H. (1990): *Anwendung Diagnostischer Testverfahren in der Schule. Ein Rechtsgutachten.* Weinheim: Beltz.

Bavastro, P. (Hrsg.). (1998). *Ethik-Charta.* Zugriff am 13.03.2013, unter www.fuente.de/bioethik/ethkch12.htm

BBC (2003). *Die Macht der Sinne. Sehen & Spüren* [DVD]. München / Grünwald: Komplett-Media GmbH.

Behring, K., Kretschmann, R. & Dobrindt, Y. (1999). *Prozessdiagnose mathematischer Kompetenzen in den Schuljahren 1 und 2. Bd. I: Theoretische Begründung und Vortest; Bd. II: Grundlegende Fertigkeiten des 1. Schuljahres; Bd. III: Grundlegende Fertigkeiten des 2. Schuljahres.* Horneburg: Persen.

Bettinger, T. & Ledl, V. (ohne Jahr). *Förderdiagnose 2.0.* Wien. Zugriff am 13.03.2013, unter http://www.xyz.at/xyz/fd2.php

Betz, D. & Breuninger, H. (1998). *Teufelskreis Lernstörungen: Theoretische Grundlegung und Standardprogramm.* Weinheim. Basel. Berlin: Beltz PVU.

Binet, A. & Simon, T. (1905). Méthodes nouvelles pour le diagnostic du niveau intellectuel des anormaux. *Année Psychologique, 11,* 191-244.

Bodenmann, G. (2006). Beobachtungsmethoden. In F. Petermann & M. Eid (Hrsg.), *Handbuch der Psychologischen Diagnostik* (S. 151–159). Göttingen: Hogrefe.

Boerner, K. (2010). *Das Psychologische Gutachten.* Weinheim: Beltz.

Bös, K. (2001). Handbuch Motorische Tests. Sportmotorische Tests, motorische Funktionstests, Fragebogen zur körperlich-sportlichen Aktivität und sportpsychologische Diagnoseverfahren (2., vollständig überarbeitete und erweiterte Auflage) Göttingen: Hogrefe.

Borchard: www.uni-koeln.de/phil-fak/fs-psych/serv_pro/skripte/diag/spez_ethik_borchard.doc (30.11.2007)

Boring, E. G. (1923). Intelligence as the Tests Test it. *New Republic, 36,* 35–37.

Bortz, J. & Döring, N. (2006). *Forschungsmethoden und Evaluation: für Human- und Sozialwissenschaftler.* Berlin: Springer.

Breitenbach, E. (2007). *Förderdiagnostik. Theoretische Grundlagen und Konsequenzen für die Praxis.* Würzburg: edition bentheim.

Brem-Gräser, L. (1995). *Familie in Tieren. Die Familiensituation im Spiegel der Kinderzeichnung*. München: Reinhardt.

Brodkorb, M. & Koch, K. (Hrsg.). (2012). *Das Menschenbild der Inklusion. Erster Inklusionskongress M-V Dokumentation*. Schwerin: Ministerium für Bildung, Wissenschaft und Kultur Mecklenburg-Vorpommern. Zugriff am 13.03.2013, unter http://www.bildung-mv.de/export/sites/lisa/de/Inklusion/inklusion1-web.pdf

Brühlmann, T. (2000). Selbstentfaltungsethik in der Psychotherapie. *Schweizer Archiv für Neurologie und Psychiatrie*, *151* (5), 218–221.

Bühler, C. & Hetzer, H. (1932). *Kleinkindertests. Entwicklungstests vom 1. bis 6. Lebensjahr*. Leipzig: Barth.

Bundschuh, K. (1983). Probleme der Realisierung von Förderdiagnostik. In R. Kornmann, H. Meister & J. Schlee (Hrsg.), *Förderungsdiagnostik. Konzept und Realisierungsmöglichkeiten* (S. 171–180). Heidelberg: Edition Schindele.

Bundschuh, K., Scholz, M. & Reiter, S. (2007). Konzeptualisierung einer praxisnahen und kompetenzorientierten Förderplanung. *Zeitschrift für Heilpädagogik*, *11*, 430–438.

Bundschuh, K. (2010). *Einführung in die sonderpädagogische Diagnostik*. München: Reinhardt UTB.

Carrier, M. (2006). *Wissenschaftstheorie*. Dresden: Junius.

Carroll, J. B. (1993). *Human cognitive abilities: A survey of factor-analytic studies*. New York: Cambridge University Press.

Cronbach, L. J. (1951). Coefficient alpha and the internal structure of tests. *Psychometrika*, *16* (3), 297–334.

Daseking, M. & Petermann, F. (2006). Anamnese und Exploration. In F. Petermann & M. Eid (Hrsg.), *Handbuch der Psychologischen Diagnostik* (S. 242–250). Göttingen: Hogrefe.

De Vries, C. (2008). *DIFMaB. Diagnostisches Inventar zur Förderung Mathematischer Basiskompetenzen*. Dortmund: borgmann.

Eberwein, H. & Knauer, S. (Hrsg.). (2003). *Handbuch Lernprozesse verstehen. Wege einer (sonder-) pädagogischen Diagnostik*. Frankfurt: Beltz.

Eggert, D. (1997). *Von den Stärken ausgehen* ... Dortmund: borgmann.

Eggert, D. & Bertrand, L. (2002). *RZI. Raum-Zeit-Inventar*. Dortmund: borgmann.

Eggert, D. & Ratschinski, G. (1993). *DMB. Diagnostisches Inventar motorischer Basiskompetenzen*. Dortmund: borgmann.

Eggert, D., Ratschinski, G. & Reichenbach, C. (2008). *DMB. Diagnostisches Inventar motorischer Basiskompetenzen*. Dortmund: borgmann.

Eggert, D. & Reichenbach, C. (2005). *DIAS. Diagnostisches Inventar auditiver Alltagshandlungen*. Dortmund: borgmann.

Eggert, D., Reichenbach, C. & Bode, S. (2003). *Das Selbstkonzeptinventar. SKI*. Dortmund: borgmann.

Eggert, D., Reichenbach, C. & Lücking, C. (2007). *Von den Stärken ausgehen* ... (5. Aufl.). Dortmund: borgmann.

Eggert, D. & Wegner-Blesin, N. (2000). *DITKA. Diagnostisches Inventar taktil-kinästhetischer Alltagshandlungen von Kindern im Vorschul- und Grundschulalter*. Dortmund: borgmann.

Eid, M., Nussbeck, F.W. & Lischetzke, T. (2006). *Multitrait-Multimethod-Analyse*. In F. Petermann & M. Eid (Hrsg.). *Handbuch der psychologischen Diagnostik*. Göttingen: Hogrefe, S. 332–345.

Esser, G. & Petermann, F. (2010). *Entwicklungsdiagnostik*. Göttingen: Hogrefe.

Esser, G. & Wyschkon, A. (2003). Testdiagnostik in der Kinder- und Jugendlichenverhaltenstherapie. In M. Borg-Laufs (Hrsg.), *Lehrbuch der Verhaltenstherapie mit Kindern und Jugendlichen. Bd. 2: Interventionsmethoden* (S. 167–191): Tübingen: dgvt.

Ettrich, K.U. (2000). *Entwicklungsdiagnostik im Vorschulalter. Grundlagen, Verfahren, Neuentwicklungen, Screenings*. Göttingen: Vandenhoeck & Ruprecht.

Färber, C., Lehmann, H., Reichel, C., Reinhardt, J., Reiß, A., Severin, K. u.a. (2004). *Sonderpädagogische Förderung. Ein Vergleich der Landesregelungen zu Rechtlichen Grundlagen, Feststellung des Förderbedarfs und Möglichkeiten der Integration*. Leipzig: Hochschule für Technik, Wirtschaft und Kultur Leipzig. Zugriff am 13.03.2013, unter http://projekte.sozwes.htwk-leipzig.de/fbs/dateien/Praesentation.pdf

Feyerer, E. (2009). Individuelle Förderpläne als Grundlage individualisierter Erziehung, Bildung und Unterrichtung in Österreich. In *Zeitschrift für Inklusion*, *1*, 22–32. Zugriff am 13.03.2013, unter http://www.inklusion-online.net/index.php/inklusion/article/view/22/32

Filipp, S.H. & Doenges, D. (1983). Entwicklungstests. In K.J. Groffmann & L. Michel (Hrsg.), *Enzyklopädie der Psychologie. Intelligenz- und Leistungsdiagnostik* (S. 202–306). Göttingen: Hogrefe.

Fischer, H. & Renner, M. (2011). *Heilpädagogik. Heilpädagogische Handlungskonzepte in der Praxis*. Freiburg: Lambertus.

Fischer, J., Gruden, S., Imhof, E. & Strub, J.-D. (2007). *Grundkurs Ethik. Grundbegriffe philosophischer und theologischer Ethik*. Stuttgart: Kohlhammer.

Fisseni, H.-J. (2004). *Lehrbuch der psychologischen Diagnostik* (3. Aufl.). Göttingen: Hogrefe.

Flammer, A. (2008). *Entwicklungstheorien. Psychologische Theorien der menschlichen Entwicklung*. Göttingen: Verlag Hans Huber.

Flynn, J.R. (1987). Massive IQ Gains in 14 Nations: What IQ Tests Really Measure. *Psychological Bulletin*, *101* (2), 171–191.

Fröhlich, A. & Haupt, U. (2004). *Leitfaden zur Förderdiagnostik mit schwerstbehinderten Kindern*. Dortmund: verlag modernes lernen.

Fuiko, R. (2003). *Entwicklungspsychologische Beurteilung von Kleinkindern: Eine vergleichende Evaluation verschiedener Entwicklungsdiagnostika anhand früh- und reif geborenen Kindern*. Dissertation, Wien.

Fuiko, R. & Wurst, E. (2003). Entwicklungsdiagnostik. In K.D. Kubinger

& R. S. Jäger (Hrsg.), *Schlüsselbegriffe der Psychologischen Diagnostik* (S. 119–123). Weinheim: Beltz.

Gahl, K. (2001). *Ethische Urteilsbildung im Krankenhausalltag.* Vortrag am 19.09.2001. Zugriff am 13.03.2013, unter http://www.ekir.de/krankenhausseelsorge/Downloads/ethurteil.pdf

Gardner, H. (1983). Frames of mind: The theory of multiple intelligences. New York: Basic Books.

Gebauer, D., Kres, L. & Moisel, J. (2002). *Philosophische Ethik.* Freising: Stark.

Gerster, H.-D. (2012). *Schülerfehler bei schriftlichen Rechenverfahren.* Münster: WTM-Verlag.

Gerster, H.-D. & Schultz, R. (2004). *Schwierigkeiten beim Erwerb mathematischer Konzepte im Anfangsunterricht. Bericht zum Forschungsprojekt Rechenschwäche – Erkennen, Beheben, Vorbeugen.* Freiburg im Breisgau: Pädagogische Hochschule Freiburg. Zugriff am 13.03.2013, unter http://opus.bsz-bw.de/phfr/volltexte/2007/16/pdf/gerster.pdf

Goleman, D. (1995). *Emotionale Intelligenz.* München: Deutscher Taschenbuch Verlag.

Goleman, D. (2004). *Emotionale Intelligenz* (17. Aufl.). München: Deutscher Taschenbuch Verlag.

Greving, H. (Hrsg.). (2007). *Kompendium der Heilpädagogik, Bd. 1.* Troisdorf: Bildungsverlag Eins.

Greving, H. & Ondracek, P. (Hrsg.). (2009a). *Spezielle Heilpädagogik. Eine Einführung in die handlungsfeldorientierte Heilpädagogik.* Stuttgart: Kohlhammer.

Greving, H. & Ondracek, P. (Hrsg.). (2009b). *Heilpädagogisches Denken und Handeln. Eine Einführung in die Didaktik und Methodik der Heilpädagogik.* Stuttgart: Kohlhammer.

Grob, A., Meyer, C. S. & Hagmann-von Arx, P. (2010). *IDS. Intelligence and Development Scales. Intelligenz- und Entwicklungsskalen für Kinder von 5–10 Jahren.* Göttingen: Verlag Hans Huber.

Gross, S. J., Slagle, T. A., D'Eugenio, D. B. & Mettelman, B. B. (1992). Impact of a Matched Term Control Group on Interpretation of Developmental Performance in Preterm Infants. *Pediatrics, 90* (5), 681–687.

Haeberlin, U. (1998). *Das Menschenbild für die Heilpädagogik* (4. Aufl.). Bern, Stuttgart, Wien: Haupt.

Häcker, H., Leutner, D. & Amelang, M. (1998). *Standards für pädagogisches und psychologisches Testen.* Göttingen: Verlag Hans Huber.

Hanson, R., Smith, J. A. & Hume, W. (1985). Achievements of infants on items of the Griffiths scales: 1980 compared with 1950. *Child: Care, Health and Development, 11* (2), 91–104.

Hartke, B. (2012). Besteht ein Widerspruch zwischen Inklusion und Diagnostik? In M. Brodkorb & K. Koch (Hrsg.), *Das Menschenbild der Inklusion. Erster Inklusionskongress M-V Dokumentation.* Schwerin: Ministerium für Bildung, Wissenschaft und Kultur Mecklenburg-Vorpommern.

Häußler, A., Fritzsche, J. & Tuckermann, A. (2013). *TEACCH. Informelle Förderdiagnostik. Ansätze für eine Förderung entdecken*. Dortmund: verlag modernes lernen.

Heinemann, K. (1998). *Einführung in Methoden und Techniken empirischer Forschung im Sport*. Schorndorf: Hofmann.

Herné, K.-L. & Naumann, C.-L. (2002). *AFRA – Aachener Förderdiagnostische Rechtschreibfehler – Analyse*. Aachen: Alfa Zentaurus.

Heuer, G.U. (1997). *Beurteilen, Beraten, Fördern. Materialien zur Diagnose, Therapie und Bericht-/Gutachtenerstellung bei Lern-, Sprach- und Verhaltensauffälligkeiten in Vor-, Grund- und Sonderschule*. Dortmund: verlag modernes lernen.

Heyse, H. (2003). Ethische Richtlinien – Deutschland. In K.D. Kubinger & R.S. Jäger (Hrsg.), *Schlüsselbegriffe der Psychologischen Diagnostik* (S. 124–126). Weinheim: Beltz.

Hildeschmidt, A. (1983). Konzeptuelle Probleme einer „Förderdiagnostik in der Sonderpädagogik": Zwei Fragen. In R. Kornmann, H. Meister & J. Schlee (Hrsg.), *Förderungsdiagnostik. Konzept und Realisierungsmöglichkeiten* (S. 38–42). Heidelberg: Edition Schindele.

Hildeschmidt, A. (1988). Kind-Umfeld-Diagnose. Weiterentwicklung des Konzepts und Anwendung in der Praxis. In A. Sander u. a., *Behinderte Kinder und Jugendliche in Regelschulen. Jahresbericht 1987 über schulische Integration im Saarland*. St. Ingbert: Röhrig Universitätsverlag.

Hobusch, A., Lutz, N. & Wiest, U. (2012). *Sprachstandsüberprüfung und Förderdiagnostik für Ausländer- und Aussiedlerkinder (SFD). 1.–4. Klasse*. Horneburg: Persen.

Hölter, G. (1993). *Selbstverständnis, Ziele und Inhalte der Mototherapie*. In G. Hölter (Hrsg.): Mototherapie mit Erwachsenen. Schorndorf: Hofmann, 12–33.

Hofmann, C. (2003). Förderungsdiagnostik zwischen Konzeption und Rezeption. In G. Ricken, A. Fritz & C. Hofmann (Hrsg.), *Diagnose: Sonderpädagogischer Förderbedarf* (S. 106–115). Lengerich: Pabst.

Hofstätter, P.R. (1957). *Psychologie*. Frankfurt am Main: Fischer.

Holle, B. (2000). Die motorische und perzeptuelle Entwicklung des Kindes. Weinheim: Beltz.

Holling, H., Preckel, F. & Vock, M. (2004). *Intelligenzdiagnostik*. Göttingen: Hogrefe.

Honzik, M.P., Macfarlane, J.W. & Allen, L. (1948). The Stability of Mental Test Performance between Two and Eighteen Years. *The Journal of Experimental Education*, *17* (2), 309–324.

Horn, J.L. & Hofer, S.M. (1992). Major abilities and development in the adult period. In R. Sternberg & C.A. Berg (Eds.), *Intellectual development* (S. 44–99). New York: Cambridge University Press.

Ingenkamp, K. & Lissmann, U. (2008). *Lehrbuch der Pädagogischen Diagnostik*. Weinheim: Beltz.

International Test Commission (ITC) (2001). *Internationale Richtlinien für die Testanwendung. Version 2000*. Zentrum für Psychologische Information und Dokumentation (ZPID). Zugriff am 13.03.2013, unter http://www.zpid.de/pub/tests/itc_richtlinien.pdf

Jackson, C. (1999). *Testen und getestet werden*. Göttingen: Verlag Hans Huber.

Jäger, A. O. (1982). *Mehrmodale Klassifikation von Intelligenzleistungen. Experimentell kontrollierte Weiterentwicklung eines deskriptiven Intelligenzstrukturmodells.* Diagnostica, 28, S. 195–226.

Jäger, A. O. (1984). *Intelligenzstrukturforschung: Konkurrierende Modelle, neue Entwicklungen, Perspektiven. Psychologische Rundschau,* 35, S. 21–35.

Kersting, M. (2006). *Zur Beurteilung der Qualität von Tests: Resümee und Neubeginn. Psychologische Rundschau*, 57, S. 243–253.

Klenovský, L. & Ondracek, P. (2011). Beobachtung. In P. Ondracek & N. Störmer (Hrsg.), *Diagnostik und Planung* (S. 102–108). Berlin: Frank & Timme.

Klenovský, L. & Ondracek, P. (2011). Gespräch. In P. Ondracek & N. Störmer (Hrsg.), *Diagnostik und Planung* (S. 108–113). Berlin: Frank & Timme.

Kobi, E. E. (1994). Diagnostische Zielsetzungen und Praxis der Heilpädagogik. In R. Kornmann, H. Meister & J. Schlee (Hrsg.), *Förderdiagnostik. Konzept und Realisierungsmöglichkeiten* (S. 9–20). Heidelberg: Edition Schindele.

Koglin, U., Hallmann, A. & Petermann, F. (2011). *Entwicklungsdiagnostische Verfahren für die Arbeit mit Kindern in den ersten drei Lebensjahren*. Zugriff am 13.03.2013, unter http://www.kita-fachtexte.de/fileadmin/website/KiTaFT_Kogl-HallPeterm_2011.pdf

Koglin, U., Janke, N. & Petermann, F. (2009). Werden IQ-Veränderungen vom Kindergarten- zum Schulalter durch psychosoziale Risikofaktoren beeinflusst? *Zeitschrift für Entwicklungspsychologie und Pädagogische Psychologie*, *41* (3), 132–141.

Kohnstamm, R. (2006). *Praktische Kinderpsychologie. Die ersten 7 Jahre: Eine Einführung für Eltern, Erzieher und Lehrer* (S. 32). Bern: Verlag Hans Huber.

Kornmann, R., Meister, H. & Schlee, J. (Hrsg.). (1983). *Förderungsdiagnostik. Konzept und Realisierungsmöglichkeiten*. Heidelberg: Edition Schindele.

Kornmann, R., Meister, H. & Schlee, J. (Hrsg.). (1994). *Förderungsdiagnostik. Konzept und Realisierungsmöglichkeiten*. Heidelberg: Edition Schindele.

Kornmann, R. (2002). Lernbehinderter Unterricht? Vorschläge zur förderungsorientierten Analyse der Lerntätigkeit einzelner Schülerinnen und Schüler in der konkreten Unterrichtspraxis. In W. Mutzeck (Hrsg.), *Förderdiagnostik. Konzepte und Methoden* (S. 75–102). Weinheim: Beltz.

Kornmann, R. (2006). Testung sprachlicher Minderheiten. Testing Linguistic Minorities. In F. Petermann & M. Eid (Hrsg.), *Handbuch der Psychologischen Diagnostik* (S. 457–464). Göttingen: Hogrefe.

Krapp, A. (1983). Zur Rahmenkonzeption der Förderdiagnostik: Überlegungen zu einigen Grundsatzfragen eines umstrittenen Konzepts. In R. Kornmann, H. Meister & J. Schlee (Hrsg.), *Förderungsdiagnostik. Konzept und Realisierungsmöglichkeiten* (S. XXIII-XXXIII). Heidelberg: Edition Schindele.

Krapp, A. (1994). Zur Rahmenkonzeption der Förderdiagnostik: Überlegungen zu einigen Grundsatzfragen eines umstrittenen Konzepts. In R. Kornmann, H. Meister & J. Schlee (Hrsg.), *Förderungsdiagnostik. Konzept und Realisierungsmöglichkeiten* (S. XXIII-XXXIII). Heidelberg: Edition Schindele.

Kretschmann, R. & Arnold, K.-H. (1999). Leitfaden für Förder- und Entwicklungspläne. *Zeitschrift für Heilpädagogik*, *9*, 410–420.

Kretschmann, R., Dobrindt, Y. & Behring, K. (1998). *Prozessdiagnose der Schriftsprachkompetenz in den Schuljahren 1 und 2*. Horneburg: Persen.

Kretschmann, R. & Rose, M.-A. (2000). *Was tun bei Motivationsproblemen?* Horneburg: Persen.

Kretschmann, R. (2002). Förderdiagnostik in den Lernbereichen Deutsch und Mathematik. In W. Mutzeck (Hrsg.), *Förderdiagnostik. Konzepte und Methoden* (S. 103–136). Weinheim: Beltz.

Kretschmann, R. (2004). *Diagnostikausbildung – für alle Lehrerinnen und Lehrer?* In W. Mutzeck & P. Jogschies (Hrsg.). *Neue Entwicklungen in der Förderdiagnostik*. Weinheim: Beltz, 123–137.

Kubinger, K. D. & Jäger, R. S. (Hrsg.). (2003). *Schlüsselbegriffe der Psychologischen Diagnostik*. Weinheim: Beltz.

Kubinger, K. D., Schrott, A. & Maitz, P. (2001). Retest-Reliability and Stability of Draw Your Family as Animals. In K. W. Kallus, N. Posthumus & P. Jiménez (Eds.), *Current psychological research in Austria. Proceedings of the 4th scientific conference of the Austrian Psychological Society (ÖGP)* (S. 149–152). Graz: Akademische Druck- u. Verlagsanstalt.

Kühn, A. (2010). *BDP-Richtlinien für die Erstellung personenbezogener Gutachten*. München: GRIN Verlag. Zugriff am 13.03.2013, unter http://www.grin.com/de/e-book/98140/bdp-richtlinien-fuer-die-erstellung-personenbezogener-gutachten

Kühne, A. & Zuschlag, B. (2001). Richtlinien für die Erstellung psychologischer Gutachten - Qualitätsstandards psychologischer Begutachtung. Berlin: Deutscher Psychologen Verlag.

Lamnek, S. (2010). *Qualitative Sozialforschung*. Weinheim: Beltz.

Lanwer, W. (2006). *Diagnostik. Methoden in Heilpädagogik und Heilerziehungspflege*. Troisdorf: Bildungsverlag EINS.

Ledl, V. (2003). *Kinder beobachten und fördern*. Wien: Schulbuchverlag Jugend & Volk.

Lienert, G. A. & Raatz, U. (1994). *Testaufbau und Testanalyse* (5. Aufl.). Weinheim: Beltz PVU.

Lienert, G. A. & Raatz, U. (1998). *Testaufbau und Testanalyse* (6. Aufl.). Weinheim: Beltz PVU.

Lipsitt, L. P. (1992). Discussion: The Bayley Scales of infant development: Issues of prediction and outcome revisited. In C. Rovee-Collier & L. P. Lipsitt (Eds.), *Advances in infancy research*. Norwood, NJ: Ablex.

Lotz, D. (1999). *Überlegungen zu einer Berufsethik in der Heilpädagogik*. Referat Tagung „20 Jahre Fachakademie Bayern" am 27.11.1999. Zugriff am 13.03.2013, unter http://www.evhn.de/index.php?binobj=file&cmd=passthru&oid=935

Lotz, D. (2007). Heilpädagogische Diagnostik. In H. Greving (Hrsg.),

Kompendium der Heilpädagogik, Bd. 1. Troisdorf: Bildungsverlag Eins.

Lotz, D. (2009). Heilpädagogische Unterstützung von Familien und Kindern bei Erziehungsproblemen. In H. Greving & P. Ondracek (Hrsg.), *Spezielle Heilpädagogik. Eine Einführung in die handlungsfeldorientierte Heilpädagogik* (S. 83–106). Stuttgart: Kohlhammer.

Magnusson, D. & Backtemann, G. (1978). Longitudinal stability of person characteristics: Intelligence and creativity. *Applied Psychological Measurement, 2*, 841–849.

Mand, J. (2002). Integration oder Sonderschule? Zum Einfluss von Gutachtervariablen auf Förderortempfehlungen. *Zeitschrift für Heilpädagogik, 53*, 8–13.

Mand, J. (2003). Förderdiagnostik als Lernprozessdiagnostik. Begründung, Methodenprobleme und diagnostischer Alltag. In H. Eberwein & S. Knauer (Hrsg.), *Handbuch Lernprozesse verstehen. Wege einer (sonder-)pädagogischen Diagnostik* (S. 39–53). Frankfurt: Beltz.

Mand, J. (2012). *Lese-/Rechtschreibförderung für Migrantenkinder. Grundlagen, Diagnostik, Methoden*. Stuttgart: Kohlhammer.

Margraf-Stiksrud, J. (2003). *Entwicklungsdiagnostik*. In H. Keller (Hrsg.), Handbuch der Kleinkindforschung (3., korr., überarb. u. erw. Aufl., S. 1097–1124). Bern: Huber.

Matthes, G., Endler, S., Katzmarek, M. & Köhn, H. (2004). Wie kann Förderplanarbeit gestaltet werden? In W. Mutzeck & P. Jogschies (Hrsg.), *Neue Entwicklungen in der Förderdiagnostik* (S. 74-84). Weinheim: Beltz.

Meister, H. (1994). Thesen zur Didaktik der Förderdiagnostik. In R. Kornmann, H. Meister & J. Schlee (Hrsg.), *Förderungsdiagnostik. Konzept und Realisierungsmöglichkeiten* (S. 216–218). Heidelberg: Edition Schindele.

Michaelis, R. & Niemann, G. (2004). *Entwicklungsneurologie und Neuropädiatrie. Grundlagen und diagnostische Strategien*. Stuttgart: Georg Thieme Verlag.

Miller, P. (1993). *Theorien der Entwicklungspsychologie*. Heidelberg: Spektrum Akademischer Verlag.

Moffitt, T. E., Caspi, A., Harkness, A. R. & Silva, P. A. (1993). The natural history of change in intellectual performance: Who changes? How much? Is it meaningful? *Journal of Child Psychology and Psychiatry, 34*, 455–506.

Montada, L. (1985). Entwicklungsberatung als Angewandte Entwicklungspsychologie. In J. Brandstätter & H. Gräser (Hrsg.), *Entwicklungsberatung unter dem Aspekt der Lebensspanne*. Göttingen: Hogrefe.

Montada, L. (2002). *Fragen, Konzepte, Perspektiven*. In R. Oerter & L. Montada (Hrsg.), Entwicklungspsychologie (5., überarb.Aufl., S.1–83). Weinheim: Psychologie-Verlags Union.

Moosbrugger, H. & Höfling, V. (2006). Testdurchführung und -auswertung. Test Administration and Interpretation. In F. Petermann & M. Eid (Hrsg.), *Handbuch der Psychologischen Diagnostik* (S. 449–456). Göttingen: Hogrefe.

Moosbrugger, H. & Kelava, A. (2008). *Testtheorie und Fragebogenkonstruktion*. Heidelberg: Springer.

Mortensen, E. L. & Kleven, M. (1993). A WAIS longitudinal study of cognitive development during the life span from ages 50 to 70. *Developmental Neuropsychology, 9* (2), 115–130.

Mutzeck, W. (Hrsg.). (2002). *Förderdiagnostik. Konzepte und Methoden*. Weinheim: Beltz.

Mutzeck, W. (2002). Ansatz und Methoden einer Förderdiagnostik bei Schülern mit Störungen in der sozialen und emotionalen Entwicklung. In W. Mutzeck (Hrsg.), *Förderdiagnostik. Konzepte und Methoden* (S. 205–226). Weinheim: Beltz.

Mutzeck, W. & Jogschies, P. (Hrsg.). (2004). *Neue Entwicklungen in der Förderdiagnostik*. Weinheim: Beltz.

Nickel, H., Karch, D., Michaelis, R. & Rennen-Allhoff, B. (Hrsg.). (1989). *Normale und gestörte Entwicklung*. Berlin: Springer.

Niedermann, A., Meisel-Stoll, M., Sahli, C. & Zeltner, U. (2010). *Heilpädagogische Unterrichtsgestaltung*. Stuttgart: Haupt.

Oerter, R. & Montada, L. (Hrsg.). (2002). *Entwicklungspsychologie* (5. Aufl.). Weinheim: Beltz PVU.

Ondracek, P. & Störmer, N. (Hrsg.). (2011). *Diagnostik und Planung*. Berlin: Frank & Timme.

Ott, M. & Rückert, N. (2011). Fragebögen. In P. Ondracek & N. Störmer (Hrsg.), *Diagnostik und Planung* (S. 127–130). Berlin: Frank & Timme.

Pawlik, K. (Hrsg.). (1976). *Diagnose der Diagnostik*. Stuttgart: Klett.

Petermann, F. (1998). *Methodische Grundlagen der Entwicklungspsychologie*. In R. Oerter & L. Montada (Hrsg.), Entwicklungspsychologie (4. Aufl., S. 1147–1176). Weinheim: Psychologie Verlags Union

Petermann, F. & Eid, M. (Hrsg.). (2006). *Handbuch der Psychologischen Diagnostik*. Göttingen: Hogrefe.

Petermann, F. & Macha, T. (2005). *Psychologische Tests für Kinderärzte*. Göttingen: Hogrefe.

Petermann, F. & Petermann, U. (Hrsg.). (2010). *Hamburg-Wechsler-Intelligenztest für Kinder – IV – (HAWIK-IV)*. Bern: Verlag Hans Huber.

Petermann, F. & Petermann, U. (2012). *Training mit aggressiven Kindern*. Weinheim: Beltz.

Petermann, F. & Rudinger, G. (2002). Quantitative und qualitative Methoden in der Entwicklungspsychologie. In R. Oerter & L. Montada (Hrsg.), *Entwicklungspsychologie* (S. 999–1028). Weinheim: Beltz PVU.

Petermann, F. & Winkel, S. (2005). *Selbstverletzendes Verhalten*. Göttingen: Hogrefe.

Petermann, U. & Petermann, F. (Hrsg.). (2006). *Diagnostik sonderpädagogischen Förderbedarfs*. Göttinen: Hogrefe.

Petersen, S. (1996). Fehler machen – Fehler finden. Oder: Vom Lob des Fehlers. *Grundschulmagazin, 10*, 39–42.

Probst, H. H. (1973). Die scheinbare und wirkliche Funktion des Intelligenztests im Sonderschulüberweisungsverfahren. In I. Abé. u. a., *Kritik der Sonderpädagogik*. Gießen, 107–183.

Plaum, E. (1983). Zum Stellenwert der Förderdiagnostik in den Humanwissenschaften. In R. Kornmann, H. Meister & J. Schlee (Hrsg.), *Förderungsdiagnostik. Konzept und Realisierungsmöglichkeiten*. Heidelberg: Edition Schindele.

Pluhar, C. (2003). Sonderpädagogischer Förderbedarf aus der Sicht eines Mitglieds der KMK-Arbeitsgruppe. In G. Ricken, A. Fritz, & C. Hofmann (Hrsg.), *Diagnose: Sonderpädagogischer Förderbedarf* (S. 68–82). Lengerich: Pabst.

Rammstedt, B. (2006). Fragebogen. In F. Petermann & M. Eid (Hrsg.), *Handbuch der Psychologischen Diagnostik* (S. 109–117). Göttingen: Hogrefe.

Reichenbach, C. (2010). Die Bedeutung ethischer Aspekte diagnostischen Handelns für den psychomotorischen Fachdiskurs. *Motorik, 33* (1), 2–8.

Reichenbach, C. (2010). Psychomotorik. München: Reinhardt.

Reichenbach, C. & Lücking, C. (2007). *DiSb. Diagnostik im Schuleingangsbereich*. Dortmund: verlag modernes lernen.

Reichenbach, R. (2006). *Erziehung zum Guten – 7 Thesen*. Referat an der Tagung „Werte unterrichten. Zur politischen Entdeckung einer schulischen Aufgabe“, Katholische Akademie Berlin, 04.03.2006. Zugriff am 13.03.2013, unter http://www.berliner-runde.net/Flyer/ReichenbachVortrag.pdf

Ricken, G., Fritz, A. & Hofmann, C. (Hrsg.). (2003). *Diagnose: Sonderpädagogischer Förderbedarf*. Lengerich: Pabst.

Rittmeyer, C. (2005). *Kompendium Förderdiagnostik. Prinzipien, Methoden und Einsatzbereiche*. Horneburg: Persen.

Rogers, C. R. (1942). *Counseling and Psychotherapy*. Cambridge, Mass: Houghton.

Rogers, C. R. (1972). *Die nicht-direktive Beratung*. Frankfurt: Fischer.

Sarimski, K. (2009). *Frühförderung behinderter Kleinkinder. Grundlagen, Diagnostik und Intervention*. Göttingen: Hogrefe.

Schlee, J. (1983). Illusionen sogenannter Förderdiagnostik. In R. Kornmann, H. Meister & J. Schlee (Hrsg.), *Förderungsdiagnostik. Konzept und Realisierungsmöglichkeiten*. Heidelberg: Edition Schindele.

Schlee, J. (2002). Was kann Diagnostik für die pädagogische Praxis leisten? Zu den Ansprüchen sogenannter Förderdiagnostik. In W. Mutzeck (Hrsg.), *Förderdiagnostik. Konzepte und Methoden* (S. 181–193). Weinheim: Beltz.

Schlee, J. (2004). Lösungsversuche als Problem. Zur Vergeblichkeit der so genannten Förderdiagnostik. In W. Mutzeck & P. Jogschies (Hrsg.). (2004). *Neue Entwicklungen in der Förderdiagnostik*. Weinheim: Beltz, S. 23–38.

Schöler, H. (2008). *Vom Unsinn der Förderdiagnostik*. Vortrag anl. Kongress der Deutschen Gesellschaft für Sprachheilpädagogik (dgs). Cottbus, 25.–27.09.2008. Zugriff am 13.03.2013, unter http://www.ph-heidelberg.de/wp/schoeler/Datein/Cottbus-2008_Vom%20Unsinn%20oder%20Foerderdiagnostik_27-09-2008.pdf

Schröder, U. (1983). Falsche Ansprüche und notwendige Aufgaben – Kritische Anmerkungen zur

„Förderungsdiagnostik“. In R. Kornmann, H. Meister & J. Schlee (Hrsg.), *Förderungsdiagnostik. Konzept und Realisierungsmöglichkeiten* (S. 57–60). Heidelberg: Edition Schindele.

Schrott, A., Kubinger, K. D. & Maitz, P. (2001). Retest-Reliability and Stability of Draw Your Family as Animals. In K.W. Kallus, N. Posthumus. & P. Jiménez (Eds.), *Current psychological research in Austria. Proceedings of the 4th scientific conference of the Austrian Psychological Society (ÖGP)* (S. 149–152). Graz: Akademische Druck- u. Verlagsanstalt.

Schuck, K. D. (1983). Überlegungen und Erfahrungen zur Entwicklung förderdiagnostischer Konzepte in der Schule. In R. Kornmann, H. Meister & J. Schlee (Hrsg.), *Förderungsdiagnostik. Konzept und Realisierungsmöglichkeiten* (S. 208–215). Heidelberg: Edition Schindele.

Schuck, K. D. (1988). Förderdiagnostik – was ist das eigentlich? *Zusammen, 8*, 29–30.

Schuck, K. D. (2000). Diagnostische Konzepte. In J. Borchert (Hrsg.), *Handbuch der Sonderpädagogischen Psychologie* (S. 233–249). Göttingen: Hogrefe.

Schuck, K. D. (2003). Sonderpädagogischer Förderbedarf oder: Stellen wir die richtigen Fragen im Prozess von Diagnose und Förderung? In G. Ricken, A. Fritz & C. Hofmann (Hrsg.), *Diagnose: Sonderpädagogischer Förderbedarf* (S. 54–67). Lengerich: Pabst.

Skatsche, R., Buchegger, M., Schulter, G. & Papousek, I. (2013). *SKEI. Strukturiertes Interview zur Erfassung der Kind-Eltern-Interaktion.* Göttingen: Verlag Hans Huber.

Speck, O. (1995). *Aktuelle Fragen sonderpädagogischer Förderung.* In Die Sonderschule 40, 3, 166–181.

Ständige Konferenz der Kultusminister der Länder in der Bundesrepublik Deutschland (KMK) (Hrsg.). (1994). *Empfehlungen zur sonderpädagogischen Förderung in den Schulen der Bundesrepublik Deutschland.* Bonn. Zugriff am 13.03.2013, unter http://www.kmk.org/fileadmin/pdf/PresseUndAktuelles/2000/sopae94.pdf

Ständige Konferenz der Kultusminister der Länder in der Bundesrepublik Deutschland (KMK) (Hrsg.). (2011). *Inklusive Bildung von Kindern und Jugendlichen mit Behinderungen in Schulen. Beschluss der KMK vom 20.10.2011.* Zugriff am 13.03.2013, unter http://www.kmk.org/fileadmin/veroeffentlichungen_beschluesse/2011/2011_10_20-Inklusive-Bildung.pdf

Sternberg, R. J. (1997). *The triarchic theory of intelligence.* In D. P. Flanagan, J. L. Genshaft & P. L. Harrison (Hrsg.), Contemporary intellectual assessment: Theories, tests, and issues (S. 92–104). New York:Guilford Press.

Straßburg, K. (2003). Die Fehleranalyse als diagnostische Methode im Prozess des Lernens. In H. Eberwein & S. Knauer (Hrsg.), *Handbuch Lernprozesse verstehen. Wege einer (sonder-)pädagogischen Diagnostik* (S. 209–218). Frankfurt: Beltz.

Süß, H. M. (2003): Intelligenztheorie. In K. Kubinger & R. Jäger: Schlüsselbegriffe der Psychologischen

Diagnostik. Weinheim: Psychologie Verlags Union. S. 217 ff.

Suhrweier, H. & Hetzner, R. (1993). *Förderdiagnostik für Kinder mit Behinderungen*. Berlin: Luchterhand.

Suhrweier, H. (2003). Prinzipien einer Förderdiagnostik. In W. Mutzeck (Hrsg.), *Förderdiagnostik. Konzepte und Methoden* (S. 39–55). Weinheim: Beltz.

Sundet, J. M., Borren, I. & Tambs, K. (2008). The Flynn effect is partly caused by changing fertility patterns. *Intelligence*, *36*, 183–191.

Testkuratorium (2006). TBS-TK. Testbeurteilungssystem des Testkuratoriums der Förderation Deutscher Psychologenvereinigungen. Report Psychologie 31, S. 492–500.

Verbeek, V. (2006). *Trierer Beobachtungs- und Förderbogen*. München: Reinhardt.

Wechsler, D. (1939). *Measurement of adult intelligence*. Baltimore: Williams & Wilkins.

Weiß, R. H. (2008). *Grundintelligenztest Skala 2 – Revision – (CFT 20-R)*. Göttingen: Hogrefe.

Weiß, R. H. & Osterland, J. (2012). *Grundintelligenztest Skala 1 – Revision – (CFT 1-R)*. Göttingen: Hogrefe,

Westhoff, K., Hagemeister, C. & Strobel, A. (2006). Psychologische Begutachtung. In F. Petermann & M. Eid (Hrsg.), *Handbuch der Psychologischen Diagnostik* (S. 396–406). Göttingen: Hogrefe.

Westhoff, K., Hellfritsch, L. J., Hornke, L. F. (Hrsg.) (2004). Grundwissen für die berufsbezogene Eignungsbeurteilung nach DIN 33430 (2. überarbeitete Aufl.). Lengerich: Pabst.

Wilson, R.S. (1983). The Louisville Twin Study: Developmental synchronies in behavior. *Child Development*, *54*, 298–316.

Wocken, H. (1983). Diagnostik? Nein danke! Über Funktionen und Tendenzen der pädagogischen Diagnostik in Alternativschulen. In R. Kornmann, H. Meister & J. Schlee (Hrsg.), *Förderungsdiagnostik. Konzept und Realisierungsmöglichkeiten* (S. 61–67). Heidelberg: Edition Schindele.

Woike, J. K. (2003). Screening. In K. D. Kubinger & R. S. Jäger (Hrsg.), *Schlüsselbegriffe der Psychologischen Diagnostik* (S. 375–377). Weinheim: Beltz.

Wuketits, F. M. (2006). *Bioethik. Eine kritische Einführung*. München: Beck.

Zerahn-Hartung, C., Strehlow, U., Haffner, J., Pfüller, U., Parzer, P. & Resch, F. (2002). Normverschiebungen bei Rechtschreibleistung und sprachfreier Intelligenz. *Praxis der Kinderpsychologie und Kinderpsychiatrie*, *51* (4), 281–297.

Zetterström, A. (2006). *Individuelle Entwicklungspläne. Schüler optimal begleiten und fördern. Das schwedische Modell*. Mühlheim: Verlag an der Ruhr.

Ziegler, M. & Bühner, M. (2012). *Grundlagen der Psychologischen Diagnostik*. Wiesbaden: Springer VS.

Zuschlag, B. (2006). Richtlinien für die Erstellung psychologischer Gutachten, 2. Auflage. Berlin: Deutscher Psychologen Verlag.

Internetquellen

- Ärztekammer:
  - http://www.aerztekammer-bw.de/20/merkblaetter/schweigepflicht.pdf [13.03.2013]
- DGPS:
  - http://www.dgps.de/dgps/aufgaben/003.php [13.03.2013]
  - www.dgps.de, 1998 [13.03.2013]
- Gesetze:
  - http://www.gesetze-im-internet.de/bundesrecht/stgb/gesamt.pdf [13.03.2013]
- KMK:
  - http://www.kmk.org/fileadmin/pdf/PresseUndAktuelles/2000/sopae94.pdf [13.03.2013]
- Schulministerium:
  - http://www.schulministerium.nrw.de/BP/Schulrecht/Gesetze/SchulG_Info/Schulgesetz.pdf [13.03.2013]
- Testbeurteilungssystem:
  - http://psydok.sulb.uni-saarland.de/volltexte/2006/877/pdf/pdf14.pdf [13.03.2013]
- Testkuratorium:
  - http://www.zpid.de/index.php?wahl=Testkuratorium [13.03.2013]
- ZPID:
  - http://www.zpid.de/pub/tests/itc_richtlinien.pdf [13.03.2013]

Verordnungen und Richtlinien zur Feststellung des sonderpädagogischen Förderbedarfs der 16 Bundesländer (Stand: März 2013)

Bundesland	Verordnung	Jahr
Baden-Württemberg	Sonderpädagogischer Förderbedarf – Feststellung *http://www.service-bw.de/zfinder-bw-web/lifesituations.do; jsessionid=185FB818FAE5BCBED63207E6E1F13055?action=processes&vbid=736172&vbmid=0&llid=637346&llmid=0*	2003
Bayern	VSO-F (§ 16) *http://www.schulberatung.bayern.de/imperia/md/content/schulberatung/pdfmuc/dienstinformation/f_s1_aenderungen_vso_f_2012.pdf*	2012
Berlin	Verfahren zur Feststellung sonderpädagogischen Förderbedarfs (SopädVO) *http://www.berlin.de/imperia/md/content/sen-bildung/foerderung/sonderpaedagogische_foerderung/fachinfo/leitfaden_foerderbedarf.pdf*	2012
Brandenburg	Verfahren zur Feststellung sonderpädagogischen Förderbedarfs *http://www.schulaemter.brandenburg.de/sixcms/detail.php?template=formulare_schulamt&_relay=Formblattsammlung%20Feststellungsverfahren*	2010
Bremen	Verordnung zur Feststellung des sonderpädagogischen Förderbedarfs *http://bremen.beck.de/default.aspx?vpath=bibdata%5cges%5cBrSondpaedVO%5ccont%5cBrSondpaedVO.P21.htm&mode=all*	2009
Hamburg	Verordnung über die Ausbildung von Schülerinnen und Schülern mit sonderpädagogischem Förderbedarf (AO-SF) *http://li.hamburg.de/contentblob/3683932/data/download-pdf-handreichung-inklusion-der-bsb.pdf*	2012
Hessen	Verordnung über Unterricht, Erziehung und sonderpädagogische Förderung von Schülerinnen und Schülern mit Beeinträchtigungen oder Behinderungen (VOSB) *http://www.kultusministerium.hessen.de/irj/HKM_Internet?cid=ffc060185758b65c6612427d11c85496*	2012

Mecklenburg-Vorpommern	Förderverordnung Sonderpädagogik – FöSoVO *http://www.landesrecht-mv.de/jportal/portal/page/bsmvprod.psml?showdoccase=1&doc.id=jlr-SoF%C3%B6VMV2009rahmen&doc.part=X&doc.origin=bs&st=lr*	2009
Niedersachsen	Verordnung zur Feststellung des sonderpädagogischen Förderbedarfs *http://www.mk.niedersachsen.de/portal/live.php?navigation_id=1885&article_id=6268&_psmand=8*	2013
Nordrhein-Westfalen	Ausbildungsordnung sonderpädagogische Förderung (AO-SF) *http://www.schulministerium.nrw.de/BP/Schulrecht/APOen/AO_SF.pdf*	2013
Rheinland-Pfalz	Feststellung sonderpädagogischer Förderbedarf *http://www.seminar-becker.de/Hauptskripte1/Paedagogische%20Skripte/Handreichung%20Foerderbedarf.pdf* *http://sonderpaedagogik.bildung-rp.de/sonderpaedagogische-foerderung/foerderbedarf.html*	2006
Saarland	Verordnung – Schulordnung – über die gemeinsame Unterrichtung von Behinderten und Nichtbehinderten in Schulen der Regelform (Integrations-Verordnung) *http://sl.juris.de/cgi-bin/landesrecht.py?d=http://sl.juris.de/sl/gesamt/IntegV_SL.htm#IntegV_SL_G2*	2003
Sachsen	Verordnung des Sächsischen Staatsministeriums für Kultus über Förderschulen im Freistaat Sachsen (Schulordnung Förderschulen – SOFS) *http://revosax.sachsen.de/Details.do?sid=3925215474183*	2012
Sachsen-Anhalt	Verordnung über die sonderpädagogische Förderung http://www.mk-intern.bildung-lsa.de/Bildung/ve-sonderp_foerderung.pdf *http://www.bildung-lsa.de/schule/schulformen/foerderschule/feststellung_des_sonderpaedagogischen_foerderbedarfs.html?historyback=1#art17159*	2010

Schleswig-Holstein	Landesverordnung über sonderpädagogische Förderung (SoFVO) *http://www.gesetze-rechtsprechung.sh.juris.de/jportal/?quelle=jlink&query=SoFVO+SH&psml=bsshoprod.psml&max=true&aiz=true#jlr-SoFVOSH2007rahmen*	2007
Thüringen	Thüringer Verordnung zur sonderpädagogischen Förderung – ThürSoFöV *http://www.thueringen.de/imperia/md/content/schulaemter/worbis/foerderung/verordnung_sonderpaedagogischen_foerderung.pdf*	2009

Sonderpädagogik • Heilpädagogik • Sozialpädagogik

Rita Krämer-Stamm

Handbuch psychomotorischer Begriffe

Das Handbuch psychomotorischer Begriffe ist ein umfassendes Nachschlagewerk, in dem alle wesentlichen Fachbegriffe der Psychomotorik und Motopädie enthalten sind. Der interessierte Leser findet hier neben den Erklärungen der über 1000 Begriffe auch die Ursprünge bzw. wörtliche Herleitung der Begriffe. Dies ermöglicht einen „neutraleren" Blick auf die Begrifflichkeiten, da diese sonst oftmals – durch das Fachgebiet bestimmt – inhaltlich verändert sind. Da das Buch sich auf Kenntnisse aus der Psychologie, Medizin, Pädagogik und auch Soziologie bezieht, ist es nicht allein für Motopäden und Psychomotoriker interessant, sondern auch für andere pädagogische oder therapeutische Fachkräfte.

„Wer im Bereich Psychomotorik und Motopädie tätig ist und schnell die Klärung eines Fachbegriffs benötigt, der liegt mit diesem Handbuch genau richtig. Fazit: Ein Grundlagenwerk für die Motopädieausbildung." Oliver Neumann, lehrerbibliothek.de

● 128 S., Format DIN A5, Ringbindung
ISBN 978-3-8080-0653-5 Bestell-Nr. 1239, € 15,30

Gerd Ulrich Heuer

Beurteilen – Beraten – Fördern

Materialien zur Diagnose, Therapie und Bericht-/Gutachtenerstellung bei Lern-, Sprach- und Verhaltensauffälligkeiten in Vor-, Grund- und Sonderschule – Formular-Kopiervorlagen-Mappe

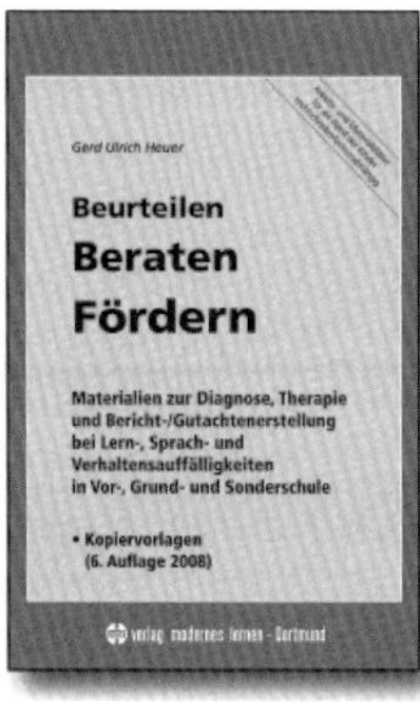

Immer wieder fallen im Unterricht Kinder auf, die in den Bereichen des Lernens, der Sprache und des Verhaltens Auffälligkeiten zeigen. Vor-, Grund- und Sonderschullehrkräfte stehen dann vor der Aufgabe, in möglichst kurzer Zeit Daten zum Beispiel zur bisherigen Entwicklung, zum persönlichen Umfeld und zur Lernausgangslage des Kindes genau und umfassend zu ermitteln, um daraus sinnvolle Ansätze für einen Förderunterricht entwickeln zu können oder auch, um Grundlagen für einen Bericht oder ein sonderpädagogsiches (Beratungs-) Gutachten zu erhalten.

Dieses Handling unterstützt betroffene Lehrkräfte a) **inhaltlich**: bei der umfassenden Betrachtung eines Kindes im Sinne einer Kind-Umfeld-Analyse; bei der Beschreibung der Fähig- und Fertigkeiten des Kindes, sowohl im schulischen als auch im persönlichen Bereich; bei der Ermittlung der Lernausgangslage als Förderansatz zur Planung der nächstmöglichen Entwicklungsschritte; beim Aufzeigen möglicher Ursachen der Auffälligkeiten als Hilfe für eine akzeptierend-unterstützende Arbeit mit dem Kind und dessen Bezugspersonen im Sinne einer systemisch-ökologischen Betrachtungsweise b) **organisatorisch**: bei der notwendigen Dokumentation von Daten durch die als Checklisten gestalteten Seiten; zahlreiche inhaltliche Hinweise und Querverweise; die anliegenden Arbeits- und Materialblätter, u.a. für die Hand des Kindes; umfangreiche Materialhinweise.

● 6., unveränd. Auflage, 280 S., Format DIN A4, im Ordner / Alter: Vor-, Grund- und Sonderschüler
ISBN 978-3-8080-0534-7 Bestell-Nr. 1177, € 34,80

Martin Vetter / Susanna Amft / Karoline Sammann / Irene Kranz

G-FIPPS: Grafomotorische Förderung

Ein psychomotorisches Praxisbuch

Dieses psychomotorische Praxisbuch zur grafomotorischen Förderung richtet sich an Pädagogen und Therapeuten, die mit Kindergruppen im Alter von vier bis acht Jahren arbeiten. Die von den Autoren im Rahmen eines integrativ und präventiv ausgerichteten Forschungsprojektes entwickelte G-FIPPS-Förderkonzeption zur grafomotorischen Unterstützung von Kindern lässt sich ideal im Kindergarten- und Grundschulbereich einsetzen, ist aber auch in Kindergruppen außerhalb des schulischen Settings durchführbar.

Die Besonderheit der G-FIPPS-Förderkonzeption ist es, dass es sich nicht um ein auf den Erwerb von grob- und feinmotorischen Fertigkeiten reduziertes Lernprogramm handelt. G-FIPPS erhebt den Anspruch, zur Verbesserung von grafomotorischen Fähigkeiten auch den persönlichen Ausdruck und die sozial-kommunikativen Fähigkeiten des Kindes, im Sinne eines umfassenden psychomotorischen Grafomotorik-Verständnisses, zu fördern.

● 192 S., farbige Abb., Format DIN A4, Klappenbroschur / Alter: 4-8
ISBN 978-3-938187-52-4 Bestell-Nr. 9402, € 22,80

Helmut Köckenberger

Vielfalt als Methode

Methodische und praktische Hilfen für lebendige Bewegungsstunden, Psychomotorik und Therapie

Kinder benutzen lebendige Bewegungs- und Therapiestunden, um einzuatmen, aufzublühen und sich zu entfalten. Sie verlangen nach vielfältigen Variationen von Stundenaufbau, Materialangebot und Erwachsenenverhalten. Sie fühlen sich durch Pauschalangebote gestört: Vielfalt schafft individuelle Lösungen. Vielfalt stärkt das kindliche Verhalten. Vielfalt ermöglicht der Psychomotorikerin, kind- und situationsgerecht auswählen und reagieren zu können.

Dieses Nachschlagewerk gibt im ersten, kürzeren Teil mit Hilfe der Methodik-Drehscheibe eine klare Übersicht verschiedener didaktisch-methodischer Möglichkeiten. Im zweiten, umfangreichen Teil „Was mache ich, wenn ...?" sind 48 konkrete Fragen aus der Praxis zusammengestellt. Sie betreffen die Organisation von Bewegungsstunden, das Verhalten des Kindes und die Situation des Erwachsenen.

Bisherige Patentrezepte werden durch weiterführende Fragen, kurze Grundlagentheorie und vielfältige Lösungsangebote ersetzt. Die Methode lautet: Vielfalt statt Einfalt! Zahlreiche Skizzen und Farbfotos verdeutlichen die unterschiedlichen Ansatzweisen im Umgang mit der Psychomotorikgruppe oder dem einzelnen Kind. Das Buch ist geeignet für den Umgang mit Kindern in Kindergarten, Schule, Psychomotorik, Heilpädagogik und Therapie.

● 2. Auflage, 384 S., farbige Abb., Format 16x23cm, fester Einband / Alter: 3-10
ISBN 978-3-938187-33-3 Bestell-Nr. 9385, € 24,60